恐怖活动犯罪刑事立法研究

张贵玲 念富强 著

人民出版社

目　录

前　言

　　恐怖主义已成为非传统安全中最严重、最现实的威胁，且其危害性在不断蔓延和升级，已成为人类社会将要长期面临的诸多全球性挑战之一。近年来，国际恐怖活动高发，西方国家尤其是欧洲国家已成为恐怖袭击的重灾区。我国境内虽未遭受大规模的恐怖袭击，但也同样面临着恐怖主义的现实威胁和长期的潜在威胁。我国境内面临的恐怖主义威胁主要来自分裂势力和极端势力，分裂分子和极端分子在国内实施的恐怖活动对中国国家安全、社会稳定、经济发展、民族团结和人民生命财产安全构成重大威胁。同时，境外的恐怖袭击对我国的海外利益和人员安全构成严重威胁，近年来发生了多起针对中国公民和机构的恐怖袭击，"一带一路"沿线国家的反恐怖主义形势的急剧恶化对我国周边安全环境和推进"一带一路"建设也构成现实的重大威胁。再者，全球恐怖活动最为猖獗的国家大多位于环绕中国周边地区的"恐怖活动高危地带"，恐怖主义的威胁已成为我国无法回避的重大问题之一。我国防范和控制恐怖主义的基本立场是：一是反对一切形式的恐怖主义；二是反对恐怖主义不能持双重标准，任何形式的恐怖主义都是国际社会的公害；三是反对恐怖主义应有利于维护人类的和平与安全，促进社会文明进步与繁荣；四是反对恐怖主义要遵守《联合国宪章》和国际法基本准则；五是反对将恐怖主义问题和特定的宗教或民族相联系；六是反对恐怖主义要标本兼治。

　　预防和控制恐怖主义，需要从政治、经济、文化教育、立法、执法、司法等各方面采取一系列行之有效的措施。在一系列反恐怖主义立法措施中，恐怖活动犯罪刑事立法是重要的组成部分，在预防和惩治恐怖活动犯罪中发挥着重要作用，但我国恐怖活动犯罪刑事立法起步晚、欠完善，有待于进一步探讨。本书分为四章：第一章为"中国恐怖活动犯罪刑事立法的沿革"；第二章为"中国关于恐怖活动犯罪的界定及具体罪名"；第三章为"防治恐怖主义犯罪的国际立法"；第四章为"防治恐怖主义犯罪的国际刑事司法合作"。本书拟通过阐述和分析上述内容，尝试较为全面地展现相关立法与学术研究动态，并提出个人观点，以期对有关恐怖活动犯罪刑事立法的学术研究有所裨益。

另外，需要说明的是，在国内学界，通常情况下，根据《中华人民共和国刑法修正案（三）》等刑事立法的规定使用"恐怖活动犯罪"一词，而将国际反恐公约中的相关术语（如 terrorism）翻译为"恐怖主义"或"恐怖主义犯罪"，因而，本书中根据语境的不同，在不同章节中交替使用了"恐怖活动犯罪"、"恐怖主义"或"恐怖主义犯罪"等法律术语或法学术语，并且，为了与我国《刑法》及相关文件中使用的"恐怖活动犯罪"等术语保持一致，将书名确定为《恐怖活动犯罪刑事立法研究》。

第一章　中国恐怖活动犯罪刑事立法的沿革

　　我国反恐立法，以刑法为主，辅之以其他法律。在特定历史背景下诞生的 1979 年《中华人民共和国刑法》（以下或简称 1979 年《刑法》），没有关于恐怖活动犯罪的专门性规定；1997 年《中华人民共和国刑法》（以下或简称 1997 年《刑法》）开创了恐怖活动犯罪刑事立法之路；2001 年《中华人民共和国刑法修正案（三）》补充了恐怖活动犯罪刑事立法；2011 年《中华人民共和国刑法修正案（八）》增加规定了恐怖活动犯罪的特别累犯；2015 年《中华人民共和国刑法修正案（九）》进一步完善了恐怖活动犯罪刑事立法。2012 年《中华人民共和国刑事诉讼法》对恐怖活动犯罪案件适用的特别程序作了规定。

第一节　中国恐怖活动犯罪刑事实体法立法概览

一、中国恐怖活动犯罪刑事实体法的创制

（一）20 世纪 50 年代至 1979 年《刑法》颁布之前的相关立法

　　从新中国刑法的创制史看，20 世纪 50 年代初的刑法草案中就有"恐怖行为"一词或相关术语。1949 年 2 月 28 日，中共中央发布了《关于废除国民党的六法全书与确定解放区的司法原则的指示》，宣布废除国民党六法全书及其一切反动法律。1950 年，在前中央人民政府法制委员会的主持

下，开始了刑法典的起草准备工作。1950 年 7 月 25 日提交了《中华人民共和国刑法大纲草案》，共 157 条，分总则和分则两部分。该草案第四章"反革命罪"中第 41 条（恐怖行为罪）规定：以反革命为目的，袭击机关、部队、团体，或对国家工作人员、民主爱国人士，或各种民主事业中的英雄模范、积极分子及其家属实施杀害，或为其他强暴恐怖行为者，处死刑，终身监禁，或 7 年以上 15 年以下监禁，并没收财产之全部或一部。情节轻微者，处 5 年以下监禁。虽然该草案提及"恐怖行为"一词，但该行为必须具有反革命目的，才能构成犯罪，与本书探讨的恐怖活动犯罪立法中的恐怖行为有区别。

（二）1979 年《刑法》颁布之后至 1997 年《刑法》颁布期间的相关立法

1979 年 7 月 1 日第五届全国人民代表大会第二次会议通过了《中华人民共和国刑法》，1979 年 7 月 7 日由全国人民代表大会常务委员会委员长令第六号公布，自 1980 年 1 月 1 日起施行。1979 年《刑法》明文规定了"反革命罪"这一"类罪名"，却没有"恐怖行为"的措辞。从立法源流看，有关恐怖组织犯罪的立法草案，最早见之于 1988 年 11 月 16 日的《刑法修改稿草稿》。1988 年 12 月 25 日全国人大法工委讨论《刑法修改草案》时，主张将"反革命罪"更名为"危害国家安全罪"。该草案第 98 条规定：以危害国家安全或者引起国际纠纷、制造政治事端为目的，进行绑架、杀害或者其他恐怖活动的，处 10 年以上有期徒刑或者无期徒刑，可以并处没收财产；情节特别严重的，处死刑，并处没收财产；情节较轻的，处 3 年以上 10 年以下有期徒刑。最终，该条因故未被纳入 1997 年《刑法》，该法仅增设了"组织、领导、参加恐怖组织罪"。

（三）1997 年《刑法》中的相关立法

自 20 世纪 80 年代后期至 90 年代，我国出现了恐怖活动，并呈逐渐上升趋势，因此，1997 年修订 1979 年《刑法》时，我们认识到，"现在有些地方已经出现有组织进行恐怖活动的犯罪，危害很大。为了有力地打击这种犯罪"，① 增加规定了专门性条款，即 1997 年《刑法》第 120 条（组织、领导、参加恐怖组织罪）。该条第 1 款规定："组织、领导和积极参加恐怖活动组织的，处三年以上十年以下有期徒刑；其他参加的，处三年以下有期徒刑、拘役或者管制。"该条第 2 款规定："犯前款罪并实施杀人、爆炸、绑架等犯罪的，依照数罪并罚的规定处罚。"该条款的制定，标志着我国正式迈出了恐怖活动犯罪刑事立法的第一步。除《刑法》第 120 条之外，对其他形式的恐怖活动犯罪，司法实践中根据《刑法》第 114 条至第 119 条、第 121 条至124 条之规定定罪处罚。

二、中国恐怖活动犯罪刑事实体法的修订

（一）2001 年《刑法修正案（三）》对恐怖活动犯罪刑事实体法的修订

2001 年 9 月 11 日，美国发生了震惊世界的一系列自杀式恐怖袭击事件，简称"9·11"事件，② 造成至少 2977 人遇难或失踪。"9·11"事件惊醒了世人，使国际社会对恐怖主义的危害及其对人类造成的安全威胁有了更深切的认识。各国尽管所受威胁程度不尽相同，但均意识到恐怖主义是国际公

---

① 1997 年 3 月 6 日在第八届全国人民代表大会第五次会议上时任全国人民代表大会常务委员会副委员长王汉斌发布的《关于〈中华人民共和国刑法（修订草案）〉的说明》。

② 2001 年 9 月 11 日早晨，19 名恐怖分子劫持了 4 架民航客机。劫持者将其中 2 架飞机分别撞向纽约世界贸易中心双子塔，造成机上人员全部罹难，建筑物中大量人员伤亡的严重后果；双子塔在 2 小时以内垮塌，并导致邻近建筑物被毁损。劫持者将第三架飞机撞向位于华盛顿的国防部五角大楼。劫持者将第四架飞机撞向华盛顿特区时，部分乘客和机组人员试图夺回飞机控制权，但以失败告终，导致第四架飞机在宾夕法尼亚州索美赛特县的乡村尚克斯维尔（Shanksville）附近坠毁，机上人员全部死亡。此次事件是继珍珠港事件后境外势力首次对美国本土造成重大伤亡的袭击事件。

害，必须对其予以严厉打击，国际上加强反恐怖主义合作的共识也随之不断深化。"9·11"事件发生后不久，大多数国家迅速出台了"应激式"反恐立法，欧盟委员会于 2001 年 9 月 19 日通过了两项反恐法案，明确界定了恐怖主义行为的概念和相关罪名的量刑标准，并首次提出了在欧盟成员国之间移交被请求逮捕人的欧洲逮捕令制度。英国于 2001 年 9 月 30 日制定了反恐怖主义法。澳大利亚于 2001 年 10 月 8 日制定了反恐怖主义法。美国于 2001 年 10 月 24 日通过了《爱国者法》。在国际层面上，2001 年 9 月 29 日联合国安理会通过了关于《国际合作防止恐怖主义行为》的第 1373（2001）号决议，设立了反恐怖主义委员会。

在 21 世纪初国际国内关注恐怖主义的时代背景下，我们认识到，"当前，恐怖主义对和平与安全的威胁受到各国的普遍重视。我国刑法对惩治恐怖活动犯罪已有一些规定，针对最近出现的恐怖活动的一些新情况，如何适用刑法需要进一步明确，刑法的有关条款也需进一步完善。为了严厉打击恐怖活动犯罪，更好地维护国家安全和社会秩序，保障人民生命、财产安全……拟订了《中华人民共和国刑法修正案（三）（草案）》。"[1] "为了惩治恐怖活动犯罪，保障国家和人民生命、财产安全，维护社会秩序"，[2] 2001 年 12 月 29 日，第九届全国人大常委会第二十五次会议通过了《中华人民共和国刑法修正案（三）》，对《刑法》作了补充修改，具体涉及对《刑法》第 114 条、第 115 条、第 120 条、第 125 条、第 127 条和第 191 条的修改以及对第 120 条、第 191 条的补充。

1. 对既定犯罪罪状的补充修改

（1）对原有罪名的补充

《刑法修正案（三）》第 7 条补充修改了洗钱罪的罪状，将恐怖活动犯罪

---

① 2001 年 12 月 24 日在第九届全国人民代表大会常务委员会第二十五次会议上时任全国人大常委会法制工作委员会副主任胡康生所作的关于《中华人民共和国刑法修正案（三）（草案）》的说明。

② 《中华人民共和国刑法修正案（三）》。

增加规定为洗钱罪的上游犯罪。

1979年《刑法》中没有规定洗钱罪,1990年12月全国人大常委会《关于禁毒的决定》作了规定,但仅限于毒品犯罪。1997年《刑法》在《关于禁毒的决定》相关规定的基础上,将洗钱罪的上游犯罪扩充为"毒品犯罪、黑社会性质的组织犯罪、走私犯罪"。因恐怖组织往往参与洗钱犯罪,《刑法修正案(三)》将《刑法》第191条"明知是毒品犯罪、黑社会性质的组织犯罪、走私犯罪的违法所得及其产生的收益,为掩饰、隐瞒其来源和性质,有下列行为之一的,没收实施以上犯罪的违法所得及其产生的收益,处五年以下有期徒刑或者拘役,并处或者单处洗钱数额百分之五以上百分之二十以下罚金;情节严重的,处五年以上十年以下有期徒刑,并处洗钱数额百分之五以上百分之二十以下罚金:(一)提供资金账户的;(二)协助将财产转换为现金或者金融票据的;(三)通过转账或者其他结算方式协助资金转移的;(四)协助将资金汇往境外的;(五)以其他方法掩饰、隐瞒犯罪的违法所得及其收益的性质和来源的。单位犯前款罪的,对单位判处罚金,并对其直接负责的主管人员和其他直接责任人员,处五年以下有期徒刑或者拘役。"修改为"明知是毒品犯罪、黑社会性质的组织犯罪、恐怖活动犯罪、走私犯罪的违法所得及其产生的收益,为掩饰、隐瞒其来源和性质,有下列行为之一的,没收实施以上犯罪的违法所得及其产生的收益,处五年以下有期徒刑或者拘役,并处或者单处洗钱数额百分之五以上百分之二十以下罚金;情节严重的,处五年以上十年以下有期徒刑,并处洗钱数额百分之五以上百分之二十以下罚金:(一)提供资金账户的;(二)协助将财产转换为现金或者金融票据的;(三)通过转账或者其他结算方式协助资金转移的;(四)协助将资金汇往境外的;(五)以其他方法掩饰、隐瞒犯罪的违法所得及其收益的来源和性质的。单位犯前款罪的,对单位判处罚金,并对其直接负责的主管人员和其他直接责任人员,处五年以下有期徒刑或者拘役;情节严重的,处五年以上十年以下有期徒刑。"新条文将洗钱罪的上游犯罪由"毒品犯罪、黑社会性质的组织犯罪、走私犯罪"扩充为

"毒品犯罪、黑社会性质的组织犯罪、恐怖活动犯罪、走私犯罪",将掩饰、隐瞒恐怖活动犯罪的违法所得及其产生的收益的来源和性质的行为规定为洗钱行为。此外,《刑法修正案(三)》第1条、第2条删除了《刑法》第114条规定的5个罪名的犯罪对象"工厂、矿场、油田、港口、河流、水源、仓库、住宅、森林、农场、谷场、牧场、重要管道、公共建筑物或者其他公私财产"。《刑法修正案(三)》对《刑法》第114条的修改,意味着第114条规定的5个罪名的犯罪对象不再仅限于公私财物,还可以是人,如果行为人直接以人为对象实施了第114条规定的行为,也可以构成该条规定的犯罪。

(2)对原有罪名的修改

一是《刑法修正案(三)》第1条、第2条将《刑法》第114条、第115条中的"投毒"一词修改为"投放毒害性、放射性、传染病病原体等物质"。随之,原来的"投毒罪"和"过失投毒罪"更名为"投放危险物质罪"和"过失投放危险物质罪"。较之于原规定,一方面,新规定所指的危险物质涵盖的范围更加广泛,所涉行为涵盖了当时发生的邮寄炭疽病芽孢菌等恐怖行为;另一方面,新规定针对新情况采用了更加简洁明了的措辞,使法条表述的罪状更明确更具体。二是将《刑法》原第125条第2款"非法买卖、运输核材料的,依照前款规定处罚"修改为"非法制造、买卖、运输、储存毒害性、放射性、传染病病原体等物质,危害公共安全的,依照前款的规定处罚"。首先,新规定扩充了犯罪对象的范围,将原"非法买卖、运输核材料"中的"核材料"修改为"毒害性、放射性、传染病病原体等物质",使得"核材料"被包含在修改后的"放射性物质"中。其次,扩充了该罪行为方式的范围,在"非法买卖、运输"行为的基础上增加了"非法制造、储存"行为。与之相适应,罪名也由原来的"非法买卖、运输核材料罪"更名为"非法制造、买卖、运输、储存危险物质罪"。

2.对原有罪名法定刑的修改

《刑法修正案(三)》将《刑法》原第120条第1款"组织、领导和积极参加恐怖活动组织的，处三年以上十年以下有期徒刑；其他参加的，处三年以下有期徒刑、拘役或者管制。"修改为"组织、领导恐怖活动组织的，处十年以上有期徒刑或者无期徒刑；积极参加的，处三年以上十年以下有期徒刑；其他参加的，处三年以下有期徒刑、拘役、管制或者剥夺政治权利。"首先，新条文针对日益猖獗的恐怖活动犯罪，提高了组织者、领导者的法定刑，将组织、领导恐怖活动组织的刑罚，由"处三年以上十年以下有期徒刑"提高到"处十年以上有期徒刑或者无期徒刑"，加大了惩罚力度。其次，针对组织、领导、参加恐怖活动组织的犯罪中犯罪分子所起的作用、主观恶性程度和犯罪情节，为组织者、领导者和积极参加者分别设置了不同的法定刑，组织、领导恐怖活动组织的，法定刑为"十年以上有期徒刑、无期徒刑"；积极参加恐怖活动组织的，法定刑为"三年以上十年以下有期徒刑"；其他参加恐怖活动组织的，法定刑为"三年以下有期徒刑、拘役、管制或者剥夺政治权利"。再次，对其他参加者增加了较轻的法定刑，即"剥夺政治权利"的资格刑。法定刑的调整，体现了"加重对组织、领导恐怖组织罪的处罚"的立法意图。①恐怖活动犯罪的组织、领导、参加行为原本属于犯罪预备行为，但《刑法》将这些预备行为"实行行为化"，确定为独立的罪名，因此，此次修改后的条文仍保留了1997年《刑法》第120条第2款关于"数罪并罚"规定。《刑法》第26条第3款规定："对组织、领导犯罪集团的首要分子，按照集团所犯的全部罪行处罚。"据此，恐怖活动组织实施杀人、爆炸、绑架等犯罪的，依照数罪并罚的规定处罚；对其中组织、领导恐怖活动组织的犯罪分子，最高法定刑为死刑。

3.新罪名的增设

（1）增设了资助恐怖活动罪

资助恐怖活动罪的增设，主要是为了执行联合国安理会于2001年9月

---

① 2001年12月24日在第九届全国人民代表大会常务委员会第二十五次会议上时任全国人大常委会法制工作委员会副主任胡康生所作的关于《中华人民共和国刑法修正案（三）（草案）》的说明。

29 日通过的关于打击恐怖主义的第 1373 号决议。该决议要求各国冻结恐怖主义嫌疑人的资金并打击协助恐怖主义的团体，不要为那些恐怖攻击的肇事者或支持恐怖攻击的人提供庇护所，应当将为恐怖活动提供或者筹集资金的行为规定为犯罪。安理会于 2001 年 11 月 12 日一致通过了第 1377（2001）号决议，该决议附件《全球努力打击恐怖主义的宣言》呼吁所有国家"采取紧急措施"，全面执行安理会第 1373 号决议。《宣言》强调，国际恐怖主义行为违背《联合国宪章》的宗旨和原则，任何资助、策划和筹备国际恐怖主义活动的行为以及对这种行为的所有其他形式所给予的支持也是违背《联合国宪章》的宗旨和原则的。《宣言》同时强调，要打击国际恐怖主义这一祸害，必须采取持久、全面的办法，需要有联合国所有会员国的积极参与，彼此合作，并按照《联合国宪章》和国际法采取相关措施。为了履行第 1373 号决议，我国在《刑法》中增加了对资助恐怖活动组织或者实施恐怖活动的个人的犯罪及其处罚的规定。《刑法修正案（三）》在第 120 条后增加"资助恐怖活动组织或者实施恐怖活动的个人的，处五年以下有期徒刑、拘役、管制或者剥夺政治权利，并处罚金；情节严重的，处五年以上有期徒刑，并处罚金或者没收财产。单位犯前款罪的，对单位判处罚金，并对其直接负责的主管人员和其他直接责任人员，依照前款的规定处罚。"作为第 120 条之一。2002 年最高人民法院和最高人民检察院《关于执行〈中华人民共和国刑法〉确定罪名的补充规定》，将相应的新罪名确定为"资助恐怖活动罪"。该条款的增设，有助于惩治资助恐怖活动组织或者实施恐怖活动的个人的行为，以便切断恐怖活动组织的物质来源，从而剥夺恐怖活动犯罪人再犯的物质条件。

（2）增设了盗窃、抢夺枪支、弹药、爆炸物、危险物质罪和抢劫枪支、弹药、爆炸物、危险物质罪

《刑法修正案（三）》第 6 条将《刑法》第 127 条"盗窃、抢夺枪支、弹药、爆炸物的，处三年以上十年以下有期徒刑；情节严重的，处十年以上有期徒刑、无期徒刑或者死刑。抢劫枪支、弹药、爆炸物或者盗窃、抢夺国

家机关、军警人员、民兵的枪支、弹药、爆炸物的，处十年以上有期徒刑、无期徒刑或者死刑。"修改为："盗窃、抢夺枪支、弹药、爆炸物的，或者盗窃、抢夺毒害性、放射性、传染病病原体等物质，危害公共安全的，处三年以上十年以下有期徒刑；情节严重的，处十年以上有期徒刑、无期徒刑或者死刑。抢劫枪支、弹药、爆炸物的，或者抢劫毒害性、放射性、传染病病原体等物质，危害公共安全的，或者盗窃、抢夺国家机关、军警人员、民兵的枪支、弹药、爆炸物的，处十年以上有期徒刑、无期徒刑或者死刑。"首先，在第1款中增加了"盗窃、抢夺毒害性、放射性、传染病病原体等物质，危害公共安全的"措辞。其次，在第2款中增加了"抢劫毒害性、放射性、传染病病原体等物质，危害公共安全的"的措辞。相应地，2002年《关于执行〈中华人民共和国刑法〉确定罪名的补充规定》将涉及的犯罪确定为"盗窃、抢夺枪支、弹药、爆炸物、危险物质罪"和"抢劫枪支、弹药、爆炸物、危险物质罪"。

（3）增设了投放虚假危险物质罪和编造、故意传播虚假恐怖信息罪

"为了惩治向机关、团体、企业、事业单位或者个人以及向公共场所或公共交通工具投放虚假的毒害性、放射性、传染病病原体等物质，或者以爆炸威胁、生化威胁，放射威胁，制造恐怖气氛，或者故意传播恐怖性谣言，扰乱社会秩序的行为"，①《刑法修正案（三）》在《刑法》第291条后增加"投放虚假的爆炸性、毒害性、放射性、传染病病原体等物质，或者编造爆炸威胁、生化威胁、放射威胁等恐怖信息，或者明知是编造的恐怖信息而故意传播，严重扰乱社会秩序的，处五年以下有期徒刑、拘役或者管制；造成严重后果的，处五年以上有期徒刑。"作为第291条之一。该条针对恐怖活动犯罪发展中出现的新形式和新手段增加了相应的规

---

① 2001年12月24日在第九届全国人民代表大会常务委员会第二十五次会议上时任全国人大常委会法制工作委员会副主任胡康生所作的关于《中华人民共和国刑法修正案（三）（草案）》的说明。

定。①2002 年《关于执行〈中华人民共和国刑法〉确定罪名的补充规定》将相应的新罪名确定为"投放虚假危险物质罪"和"编造、故意传播虚假恐怖信息罪"。

1997 年《刑法》和《刑法修正案（三）》虽然在恐怖活动犯罪刑事立法上取得了进展，但对《刑法》第 120 条中的"恐怖活动组织"、第 120 条之一中的"恐怖活动"、第 191 条中的"恐怖活动犯罪"等概念没有做出界定。若法律概念不明，则意味着法律制裁对象不明；若法律制裁对象不明，则会导致司法实践中出现无所适从或恣意适用法律的现象。为了解决此类问题，全国人大常委会于 2011 年 10 月 29 日通过了《关于加强反恐怖工作有关问题的决定》。② 该《决定》第 2 条界定了"恐怖活动"、"恐怖活动组织"、"恐

---

① 2001 年 10 月间，被告人肖某某通过新闻得知炭疽杆菌是一种白色粉末的病菌，国外已经发生因接触夹有炭疽杆菌的邮件而致人死亡的事件，因此，认为社会公众对收到类似的邮件会产生恐慌心理。同年 10 月 18 日，肖某某将家中粉末状的食品干燥剂装入两只信封内，在收件人一栏上书写了"上海市政府"和"东方路 2000 号"（上海东方电视台）后，乘车至本市（即上海市）闵行区莘庄镇，将上述信件分别邮寄给上海市人民政府某领导和上海东方电视台新闻中心陈某。同年 10 月 19、20 日，上海市人民政府信访办公室工作人员陆某等人及东方电视台陈某在拆阅上述夹带有白色粉末的信件后，造成精神上的高度紧张，同时引起周围人们的恐慌。经相关部门采取大量措施后，才逐渐消除了人们的恐慌心理。上海市第二中级人民法院对本案审理后认为，被告人肖某某通过向政府新闻单位投寄装有虚假炭疽杆菌信件的方式，以达到制造恐怖气氛的目的，造成公众心理恐慌，危害公共安全，其行为构成了以危险方法危害公共安全罪，公诉机关指控的罪名成立。上海市第二中级人民法院于 2001 年 12 月 18 日以（2001）沪二中刑初字第 132 号刑事判决书对肖某某作出有罪判决，认定其行为触犯了《中华人民共和国刑法》第 114 条的规定，构成以危险方法危害公共安全罪，判处有期徒刑 4 年。在法定上诉期间，被告人肖某某未提起上诉。参见游伟、谢锡美：《肖某某以危险方法危害公共安全罪案——全国首例投寄虚假炭疽恐吓邮件案定性研究》，华东司法研究网：http://www.scxsls.com/a/20151029/110776.html（2017 年 12 月 16 日访问）。该案的判决因法律的缺位而有违背罪刑法定原则之嫌，遭到不少质疑。《刑法修正案（三）》增加规定的《刑法》第 291 条之一，就是为了解决此类问题。

② 《中华人民共和国反恐怖主义法》第 97 条规定："本法自 2016 年 1 月 1 日起施行。2011 年 10 月 29 日第十一届全国人民代表大会常务委员会第二十三次会议通过的《全国人民代表大会常务委员会关于加强反恐怖工作有关问题的决定》同时废止。"

怖活动人员"等概念。该《决定》对前述术语的基本概念的界定，消除了部分法律障碍，为惩治恐怖活动犯罪提供了较为明确的法律依据。

（二）2011 年《刑法修正案（八）》对恐怖活动犯罪刑事实体法的修订

为了应对经济社会发展中出现的新情况和新问题以及贯彻执行中央关于深化司法体制和工作机制改革的意见中提出的进一步落实宽严相济的刑事政策，[①]2011 年 2 月 25 日第十一届全国人大常委会通过了《中华人民共和国刑法修正案（八）》（2011 年 5 月 1 日生效）。《刑法修正案（八）》进一步加大了对恐怖活动犯罪的打击力度，具体如下：

1. 对《刑法》第 66 条（特别累犯）的修改

"累犯"一词含义丰富，语境不同，所指不同，它既是一种特殊类型的犯罪人，也是从重处罚的法定情节，还是一种量刑制度。我国刑法将累犯分为一般累犯与特别累犯。特别累犯，是指曾犯一定之罪，刑罚执行完毕或者赦免以后，又犯一定之罪的犯罪人。1997 年《刑法》第 66 条将 1979 年《刑法》第 62 条"刑罚执行完毕或者赦免以后的反革命分子，在任何时候再犯反革命罪的，都以累犯论处"修改为"危害国家安全的犯罪分子在刑罚执行完毕或者赦免以后，在任何时候再犯危害国家安全罪的，都以累犯论处"。据此，反革命罪的累犯相应地变为危害国家安全罪的累犯。随着恐怖活动犯罪和黑社会性质组织犯罪的日益猖獗和其对国家安全、人民生命财产安全威胁的日益加大，基于"反恐打黑"的现实需要，《刑法修正案（八）》将 1997 年《刑法》第 66 条修改为"危害国家安全犯罪、恐怖活动犯罪、黑社会性质的组织犯罪的犯罪分子，在刑罚执行完毕或者赦免以后，在任何时候再犯上述任一类罪的，都以累犯论处"。此前，实施恐怖活动犯罪的犯罪人如果因实施该类

---

① 参见《中华人民共和国刑法修正案（八）（草案）》及其说明，中国人大网：http://www.npc.gov.cn/huiyi/cwh/1116/2010—08/28/content_1593165.htm（2017 年 12 月 16 日访问）。

犯罪被判处有期徒刑以上刑罚，刑罚执行完毕或赦免以后，在 5 年之内再犯恐怖活动犯罪也应当被判处有期徒刑以上刑罚的，视为一般累犯。一般累犯的构成，必须具备时间、刑度、犯罪主体犯前罪时须年满 18 周岁等条件。① 根据新修改的《刑法》第 66 条之规定，特别累犯的前罪和后罪都是危害国家安全犯罪、恐怖活动犯罪、黑社会性质的组织犯罪等三类犯罪，并且该三类犯罪相互之间可以成为彼此的前罪；特别累犯的前罪所判刑罚和后罪应判刑罚及其轻重均不受限制，即使前后两罪或者其中一罪被判处拘役、管制或者单处附加刑，均不影响特别累犯的成立；特别累犯的后罪可以发生在前罪刑罚执行完毕或赦免以后的任何时候，不受前后两罪间隔时间的限制。该条为恐怖活动犯罪的实施者构成特别累犯设置了低门槛、低标准，对实施恐怖活动犯罪的犯罪分子认定累犯时，不再受时间、刑度等条件的限制，体现了对恐怖活动犯罪更加从严惩处的立法精神。

2. 对《刑法》第 74 条（适用缓刑的限制条件）的修改

由于累犯和犯罪集团的首要分子，均具有较大的主观恶性和人身危险性，有再犯之虞，适用缓刑难以防止其再犯新罪，所以，《刑法修正案（八）》将 1997 年《刑法》第 74 条"对于累犯，不适用缓刑。"修改为"对于累犯和犯罪集团的首要分子，不适用缓刑。"据此，累犯和犯罪集团的首要分子，即使被判处拘役或 3 年以下有期徒刑，也不能适用缓刑。② 其中的"犯罪集团"包括恐怖组织。该新规定间接地加大了对恐怖活动犯罪的惩处力度。

3. 对《刑法》第 81 条（假释的条件）的修改

《刑法修正案（八）》将 1997 年《刑法》第 81 条第 2 款"对累犯以及因杀人、

---

① 《刑法修正案（八）》将《刑法》第 65 条（一般累犯）第 1 款"被判处有期徒刑以上刑罚的犯罪分子，刑罚执行完毕或者赦免以后，在五年以内再犯应当判处有期徒刑以上刑罚之罪的，是累犯，应当从重处罚，但是过失犯罪除外。"修改为："被判处有期徒刑以上刑罚的犯罪分子，刑罚执行完毕或者赦免以后，在五年以内再犯应当判处有期徒刑以上刑罚之罪的，是累犯，应当从重处罚，但是过失犯罪和不满十八周岁的人犯罪的除外。"
② 参见高铭暄：《刑法学》，北京大学出版社 2016 年版，第 285 页。

爆炸、抢劫、强奸、绑架等暴力性犯罪被判处十年以上有期徒刑、无期徒刑的犯罪分子，不得假释。"修改为"对累犯以及因故意杀人、强奸、抢劫、绑架、放火、爆炸、投放危险物质或者有组织的暴力性犯罪被判处十年以上有期徒刑、无期徒刑的犯罪分子，不得假释。"修改后的条文增加规定了"放火"、"投放危险物质"、"有组织的暴力性犯罪"等行为，这些行为不仅是相关普通犯罪的表现形式，也是恐怖活动犯罪通常的表现形式。这些行为的实施者主观恶性深、人身危险性大，需要长期监禁和矫正，《刑法修正案（八）》有针对性地作出了不得假释的规定。

4. 对《刑法》第 50 条（死刑缓期执行）的修改

《刑法修正案（八）》为第 50 条增加了 1 款作为第 2 款。该款规定："对被判处死刑缓期执行的累犯以及因故意杀人、强奸、抢劫、绑架、放火、爆炸、投放危险物质或者有组织的暴力性犯罪被判处死刑缓期执行的犯罪分子，人民法院根据犯罪情节等情况可以同时决定对其限制减刑。"据此，对被判处死刑缓期执行的特别累犯，人民法院根据犯罪情节等情况可以同时决定对其限制减刑。根据最高人民法院《关于死刑缓期执行限制减刑案件审理程序若干问题的规定》（自 2011 年 5 月 1 日起施行）第 1 条之规定，对被判处死刑缓期执行的累犯，人民法院根据犯罪情节、人身危险性等情况，可以在作出裁判的同时决定对其限制减刑。根据《刑法修正案（八）》修改后的《刑法》第 78 条第 2 款第（三）项之规定，人民法院依照《刑法》第 50 条第 2 款规定限制减刑的死刑缓期执行的犯罪分子，缓期执行期满后依法减为无期徒刑的，不能少于 25 年，缓期执行期满后依法减为 25 年有期徒刑的，不能少于 20 年，因此，被判处死刑缓期执行同时被限制减刑的累犯的最低执行刑期为 27 年或者 22 年，而根据《刑法》第 50 条之规定，普通死缓犯在死刑缓期执行期间，如果没有故意犯罪，2 年期满以后，减为无期徒刑，根据《刑法》第 78 条第 2 款第（二）项之规定，无期徒刑减为有期徒刑以后实际执行刑期不能少于 13 年，因此，普通死缓犯减为无期徒刑以后实际执行的最低刑期为 15 年；根据《刑法》第 50 条之规定，普通死缓犯在死刑缓期执行期间,如果确有重大立功表现,2 年期满以后,减为 25 年有期徒刑,根据《刑法》第 78 条第 2 款第 1 项之规定,有期徒刑减刑以后实际执行的刑期,不能少于原判刑期的二分之一,因此,在这种情况下,死缓犯在被减为 25 年有期徒刑以后再减刑的,实际执行的最低刑期为 14 年半。通过比较便可得知,死刑缓期执行限制减刑制度的适用与否,对罪犯的影响非同一般。此外,根据最高人民法院 2010 年《关于贯彻宽严相济刑事政策的若干意见》、2016 年《关于办理减刑、假释案件具体应用法律的规定》,对特别累犯减刑时,应当从严掌握。① 根据最高人民法院 2010 年《关于处理自首和立功若干具体问题的意见》之规定,对于特别累犯倾向于从重处罚。②

(三) 2015 年《刑法修正案(九)》对恐怖活动犯罪刑事实体法的修订

近年来,国际上恐怖事件接续发生,典型案例包括 2011 年挪威奥斯陆

① 2010 年《关于贯彻宽严相济刑事政策的若干意见》第 11 段规定:"要依法从严惩处累犯和毒品再犯。凡是依法构成累犯和毒品再犯的,即使犯罪情节较轻,也要体现从严惩处的精神。尤其是对于前罪为暴力犯罪或被判处重刑的累犯,更要依法从严惩处。"2016 年《关于办理减刑、假释案件具体应用法律的规定》第 9 条规定:"对被判处无期徒刑的职务犯罪罪犯,破坏金融管理秩序和金融诈骗犯罪罪犯,组织、领导、参加、包庇、纵容黑社会性质组织犯罪罪犯,危害国家安全犯罪罪犯,恐怖活动犯罪罪犯,毒品犯罪集团的首要分子及毒品再犯,累犯以及因故意杀人、强奸、抢劫、绑架、放火、爆炸、投放危险物质或者有组织的暴力性犯罪的罪犯,确有履行能力而不履行或者不全部履行生效裁判中财产性判项的罪犯,数罪并罚被判处无期徒刑的罪犯,符合减刑条件的,执行三年以上方可减刑,减刑幅度应当比照本规定第八条从严掌握,减刑后的刑期最低不得少于二十年有期徒刑;减为有期徒刑后再减刑时,减刑幅度比照本规定第六条从严掌握,一次不超过一年有期徒刑,两次减刑之间应当间隔二年以上。"
② 《关于处理自首和立功若干具体问题的意见》第 8 条规定:"对于被告人具有自首、立功情节,同时又有累犯、毒品再犯等法定从重处罚情节的,既要考虑自首、立功的具体情节,又要考虑被告人的主观恶性、人身危险性等因素,综合分析判断,确定从宽或者从严处罚。累犯的前罪为非暴力犯罪的,一般可以从宽处罚,前罪为暴力犯罪或者前、后罪为同类犯罪的,可以不从宽处罚。"

爆炸枪击案、2013年美国波士顿马拉松爆炸案、2015年巴黎恐怖袭击案等。国际恐怖事件的频繁发生，造成了重大人员伤亡。[①] 同时，我国国内恐怖活动犯罪案件也时有发生，对国家安全、公共安全造成了严重损害或威胁。2015年3月12日，在第十二届全国人大第三次会议上最高人民法院院长周强在最高人民法院工作报告中总结2014年的法院工作时说：依法严惩暴力恐怖等严重刑事犯罪。会同有关部门出台办理暴力恐怖和宗教极端刑事案件的意见，依法严惩天安门"10·28"、昆明"3·01"等暴力恐怖犯罪。各级法院审结煽动分裂国家、暴力恐怖袭击等犯罪案件558件，判处罪犯712人，同比分别上升14.8%和13.3%。为了打击恐怖活动犯罪，地方和国家层面采取了进一步措施。

2014年5月24日，新疆维吾尔自治区高级人民法院、人民检察院、公安厅根据《中华人民共和国刑法》等相关法律规定，联合发布了《关于依法严厉打击暴力恐怖活动的通告》。根据该《通告》的规定，下列行为属于涉恐行为：一是组织、领导、参加恐怖组织，实施或者煽动实施暴力恐怖活动，以任何方式直接或者间接资助、支持、庇护恐怖活动、恐怖组织、恐怖活动人员。二是制作、贩卖、运输、传播、复制、持有载有暴力恐怖、宗教极端思想内容的宣传品、移动存储介质、新型电子产品、标识及物品，组织、策划、实施或者煽动实施宗教极端违法犯罪活动。三是非法制造、买卖、运输、储存、托运、寄递、携带枪支、弹药、易燃易爆及管制刀具等危爆物品，传授、传播制枪制爆技术、方法。四是偷越国（边）境或者组织、策划、煽动、运送、协助他人偷越国（边）境。该《通告》指出，实施上述行为的违法犯罪分子，自本通告发布之日起30日内投案自首，争取宽大处理。同时指出，凡在通告期限内主动投案自首的，依法从轻或减轻处罚；投

---

① 根据美国马里兰大学恐怖主义及其应对全国研究联盟（START）提供的统计数据，2013年全球共发生恐怖活动11952起，造成22178人死亡，37529人受伤，无论是发动攻击的数量还是造成的伤亡人数都比2012年有了很大增长。其中，半数以上的袭击和伤亡发生在伊拉克、巴基斯坦和阿富汗三国。

案自首并有重大立功表现的，依法减轻或免除处罚。该《通告》根据恐怖活动犯罪的新情况和新特点，对涉恐行为作了全面规定，有助于当地司法机关对涉恐行为作出正确判断。

2015 年 8 月 29 日，第十二届全国人民代表大会常务委员会第十六次会议以 153 票赞成、2 票反对、4 票弃权的表决结果，通过了《中华人民共和国刑法修正案（九）》（自 2015 年 11 月 1 日起施行）。《刑法修正案（九）》共有 52 个条文，其中涉及《刑法》总则部分的有 4 条，涉及分则部分的有 47 条，涉及时效的有 1 条。其内容涉及死刑、恐怖活动犯罪、网络犯罪、腐败犯罪等。《刑法修正案（九）》通过修改、补充《刑法》有关规定来解决的主要问题之一是：针对一些地方近年来多次发生严重暴力恐怖案件的新特点，从总体国家安全观出发，统筹考虑刑法与本次常委会会议审议的反恐怖主义法、反间谍法等维护国家安全方面法律草案的衔接、配套。① 具体而言，《刑法修正案（九）》针对近年来恐怖活动犯罪出现的新情况、新特点，总结同这类犯罪作斗争的经验，在刑法现有规定的基础上调整了法定刑、修改了原有相关罪名、增设了新罪名，从而构建了较为严密的惩治恐怖活动犯罪的刑事法网。

1. 对原有罪名法定刑的补充

《刑法修正案（九）》第 5 条将《刑法》第 120 条第 1 款修改为："组织、领导恐怖活动组织的，处十年以上有期徒刑或者无期徒刑，并处没收财产；积极参加的，处三年以上十年以下有期徒刑，并处罚金；其他参加的，处三年以下有期徒刑、拘役、管制或者剥夺政治权利，可以并处罚金。"增加了"并处没收财产"、"并处罚金"或"可以并处罚金"的措辞。据此，除对恐怖活动组织的其他参加者"可以并处罚金"外，对恐怖活动组织的组织者、领导者、积极参加者都应当"并处没收财产"或者"并处罚金"。《刑法修正

---

① 参见关于《中华人民共和国刑法修正案（九）（草案）》的说明，中国人大网：http://www.npc.gov.cn/npc/lfzt/rlys/2014—11/03/content_1885123.htm（2017 年 12 月 16 日访问）。

案（九）》为组织、领导、参加恐怖组织罪增设财产刑，旨在剥夺恐怖犯罪人再犯的物质条件，防止其再犯。此外，《刑法修正案（九）》将《刑法》第322条"违反国（边）境管理法规，偷越国（边）境，情节严重的，处一年以下有期徒刑、拘役或者管制，并处罚金。"修改为"违反国（边）境管理法规，偷越国（边）境，情节严重的，处一年以下有期徒刑、拘役或者管制，并处罚金；为参加恐怖活动组织、接受恐怖活动培训或者实施恐怖活动，偷越国（边）境的，处一年以上三年以下有期徒刑，并处罚金。"此次修改，首次将"为参加恐怖活动组织、接受恐怖活动培训或者实施恐怖活动，偷越国（边）境的"情形纳入"偷越国（边）境罪"，并且作为法定刑升格的情形，为其配置了较重的法定刑。

2. 对原有罪名罪状的修改

（1）对纯正的恐怖活动犯罪罪名的修改

《刑法修正案（九）》第6条将《刑法》第120条之一修改为"资助恐怖活动组织、实施恐怖活动的个人的，或者资助恐怖活动培训的，处五年以下有期徒刑、拘役、管制或者剥夺政治权利，并处罚金；情节严重的，处五年以上有期徒刑，并处罚金或者没收财产。为恐怖活动组织、实施恐怖活动或者恐怖活动培训招募、运送人员的，依照前款的规定处罚。单位犯前两款罪的，对单位判处罚金，并对其直接负责的主管人员和其他直接责任人员，依照第一款的规定处罚"。具体而言，一是增加了犯罪的行为方式。该罪的行为方式由原来的"资助"扩大为"资助"、"招募"、"运送"；二是增加了犯罪对象。行为对象由原来的"恐怖活动组织或者实施恐怖活动的个人"扩大为"恐怖活动组织、实施恐怖活动的个人、恐怖活动培训"。随之，罪名由"资助恐怖活动罪"变更为"帮助恐怖活动罪"。

（2）对关联犯罪罪名的修改

《刑法修正案（九）》第38条将《刑法》第311条规定的"拒绝提供间谍犯罪证据罪"修改为"拒绝提供间谍犯罪、恐怖主义犯罪、极端主义犯罪证据罪"；其第40条在《刑法》第322条规定的"偷越国（边）境罪"中增加规定了"为参加恐怖活动组织、接受恐怖活动培训或者实施恐怖活动，偷越国（边）境的"的情形，作为对该罪从重处罚的情形。

3. 新罪名的增设

《刑法修正案（九）》通过在《刑法》第120条之一后增加5条的方式，一举增设了以下5个罪名：准备实施恐怖活动罪（第120条之二）；宣扬恐怖主义、极端主义、煽动实施恐怖活动罪（第120条之三）；利用极端主义破坏法律实施罪（第120条之四）；强制穿戴宣扬恐怖主义、极端主义服饰、标志罪（第120条之五）；非法持有宣扬恐怖主义、极端主义物品罪（第120条之六）。

《刑法修正案（九）》的规定涉及恐怖活动犯罪的组织领导、策划实施、经费保障、宣传煽动、境外联络等各环节，基本涵盖了恐怖活动犯罪的整个链条。至此，刑法中相对完善的关于恐怖活动犯罪的罪刑体系已经形成。

2015年12月27日，第十二届全国人大常委会第十八次会议通过了《中华人民共和国反恐怖主义法》（自2016年1月1日起施行）。《反恐怖主义法》共10章97条，对恐怖活动组织和人员的认定（第二章）、安全防范（第三章）、情报信息（第四章）、调查（第五章）、应对处置（第六章）、国际合作（第七章）、保障措施（第八章）、法律责任（第九章）等方面作了规定，并对"恐怖主义"、"恐怖活动"、"恐怖活动组织"、"恐怖活动人员"等相关术语做了界定，且对恐怖主义性质的行为和极端主义行为作了列举。《反恐怖主义法》是一部综合性的行政法律，其对核心术语的界定、对恐怖主义和极端主义行为的列举，有助于正确理解《刑法》的相关规定以及恐怖活动犯罪的司法认定。

从我国恐怖活动犯罪刑事立法的发展轨迹看，可以总结出以下几点：

第一，恐怖活动犯罪刑事立法呈"应急性、宣示性、警示性"的特点。无论是1997年《刑法》、2001年《刑法修正案（三）》、2011年《刑法修正案（八）》、2015年《刑法修正案（九）》的恐怖活动犯罪刑事立法，还是涉及恐怖活动的其他法律文件，都是在面临恐怖主义现实威胁的背景下诞生的，具有应急性。另外，虽然自 1997 年《刑法》颁布以来，通过频繁修订刑法，增设了不少恐怖活动犯罪的具体罪名，在立法层面上形成了较为完善的罪刑体系，但实效性不强。北大法宝案例库显示，截至 2016 年 12 月 31 日，《刑法修正案（九）》新增的 5 个恐怖活动犯罪的新罪名均为 0 个案例；其他恐怖活动犯罪罪名的案例数量为：组织、领导、参加恐怖组织罪为 3 个，帮助恐怖活动罪为 0 个，投放虚假危险物质罪为 3 个，编造、故意传播虚假恐怖信息罪为 23 个。[①] 根据中国人民银行发布的《中国反洗钱报告（2013）》，2013 年法院审结了 1 起资助恐怖活动案。恐怖活动犯罪在司法实践中的低适用率证明，现行恐怖活动犯罪刑事立法中的大多数条款仅具有宣示意义和警示意义。至于在将来能否实现预期的效果，只能拭目以待。

第二，恐怖活动犯罪刑事立法将众多的预备行为"实行行为化"。《刑法修正案（九）》关于恐怖活动犯罪刑事立法的最大特点就是将恐怖行为入罪的时间节点提前，也就是将预备行为"实行行为化"。预备行为的"实行行为化"体现了"法益保护前置"的立法价值观。《刑法》第 22 条第 1 款规定："为了犯罪，准备工具、制造条件的，是犯罪预备。"该条第 2 款规定："对于预备犯，可以比照既遂犯从轻、减轻处罚或者免除处罚。"根据我国刑法的规定和相关刑法理论，犯罪预备形态是故意犯罪过程中未完成犯罪的一种停止形态，是指行为人为实施犯罪而开始创造条件的行为，由于行为人意志以外的原因而未能着手犯罪实行行为的犯罪停止形态。[②] 一般情况下，预备犯的危害性明显轻于既遂犯。对于多数预备犯，应当比照既遂犯从轻、减轻处罚或者免除处罚；如果有关犯罪预备行为的情节中具有《刑法》第 13 条但书部分规定的"情节显著轻微、危害不大"的情形，则不认为是犯罪。在司法实践中，因为存在预备犯线索不易发现、证据认定困难、社会危害性不大等

---

① 参见刘艳红：《象征性立法对刑法功能的损害——二十年来中国刑事立法总评》，《政治与法律》2017 年第 3 期。

② 参见高铭暄：《刑法学》（第七版），北京大学出版社 2016 年版，第 150 页。

因素，一般对预备犯不予处罚。《刑法修正案（九）》将大量的恐怖活动犯罪的预备行为"实行行为化"，例如，1997 年《刑法》第 120 条规定的"组织、领导、参加恐怖组织罪"中的"组织、领导、参加"行为，相对于将要实施的故意杀人、绑架、放火、爆炸等具体恐怖活动犯罪而言，属于犯罪预备行为。又如，《刑法》第 120 条之二将"为实施恐怖活动准备凶器、危险物品或者其他工具的"、"组织恐怖活动培训或者积极参加恐怖活动培训的"、"为实施恐怖活动与境外恐怖活动组织或者人员联络的"、"为实施恐怖活动进行策划或者其他准备的"等预备行为"实行行为化"。《刑法》将犯罪预备行为"实行行为化"，旨在预防和打击具有现实危险的恐怖活动犯罪的预备行为，从而避免风险转化成现实危害。

第三，为公民设置了在打击恐怖活动犯罪方面的义务。《刑法修正案（九）》关于恐怖活动犯罪刑事立法的另一个特点是增加了公民在打击恐怖活动犯罪方面的义务，将《刑法》第 311 条"明知他人有间谍犯罪行为，在国家安全机关向其调查有关情况、收集有关证据时，拒绝提供，情节严重的，处三年以下有期徒刑、拘役或者管制。"修改为"明知他人有间谍犯罪或者恐怖主义、极端主义犯罪行为，在司法机关向其调查有关情况、收集有关证据时，拒绝提供，情节严重的，处三年以下有期徒刑、拘役或者管制。"第311 条规定的罪名也由"拒绝提供间谍犯罪证据罪"变更为"拒绝提供间谍犯罪、恐怖主义犯罪、极端主义犯罪证据罪"。据此，配合司法机关打击恐怖活动犯罪，是公民必须履行的一种强制性义务。

第四，对恐怖活动犯罪的刑事处罚呈"重刑化"特点。无论是组织、领导、参加恐怖组织罪等有组织型恐怖活动犯罪还是煽动型恐怖活动犯罪抑或持有型恐怖活动犯罪，较之于其他相似类型的犯罪，其刑罚都更加严厉。例如，根据《刑法》第 120 条之规定，组织、领导恐怖活动组织的，处 10 年以上有期徒刑或者无期徒刑，并处没收财产；积极参加的，处 3 年以上 10 年以下有期徒刑，并处罚金；其他积极参加的，处 3 年以下有期徒刑、拘役、管制或者剥夺政治权利，可以并处罚金，而根据《刑法》第 294 条（组织、领导、参加黑社会性质组织罪）之规定，组织、领导黑社会性质的组织的，处7年以上有期徒刑，并处没收财产；积极参加的，处3年以上7年以下有期徒刑，可以并处罚金或者没收财产；其他积极参加的，处3年以下有期徒刑、拘役、管制或者剥夺政治权利，可以并处罚金。可见，组织、领导恐怖活动组织的，最重刑罚是无期徒刑，而组织、领导黑社会性质组织的，最重刑罚是有期徒刑；积极参加恐怖活动组织的，最长刑期是10年，而积极参加黑社会性质的组织的，最长刑期是7年。又如，根据《刑法》第120条之四（利用极端主义破坏法律实施罪）之规定，利用极端主义煽动、胁迫群众破坏国家法律确立的婚姻、司法、教育、社会管理等制度实施的，处3年以下有期徒刑、拘役或者管制，并处罚金；情节严重的，处3年以上7年以下有期徒刑，并处罚金；情节特别严重的，处7年以上有期徒刑，并处罚金或者没收财产，而根据《刑法》第278条（煽动暴力抗拒法律实施罪）之规定，煽动群众暴力抗拒国家法律、行政法规实施的，处3年以下有期徒刑、拘役、管制或者剥夺政治权利；造成严重后果的，处3年以上7年以下有期徒刑。可见，利用极端主义破坏法律实施的，最长刑期是15年有期徒刑，且须并科财产刑，而煽动暴力抗拒法律实施的，最长刑期是7年有期徒刑，且未配置财产刑。再如，根据《刑法》第120条之六（非法持有宣扬恐怖主义、极端主义物品罪）之规定，明知是宣扬恐怖主义、极端主义的图书、音频视频资料或者其他物品而非法持有，情节严重的，处3年以下有期徒刑、拘役或者管制，并处或者单处罚金。较之于《刑法》中规定的持有假币罪、持有伪造的发票罪、非法持有枪支、弹药罪、非法持有国家绝密、机密文件、资料、物品罪等持有型犯罪，非法持有宣扬恐怖主义、极端主义物品罪只具有抽象的危险和间接的危险，不具有现实危险性和直接危险性。另外，刑法将恐怖活动犯罪的预备行为和帮助行为"正犯化"，从另一方面体现了从严惩处的精神。就普通犯罪而言，一方面，犯罪预备与犯罪既遂是直接故意犯罪的不同停止形态，对于预备犯和既遂犯均根据同一法条定罪量刑。根据《刑法》第22条之规定，对于预备犯，可以比照既遂犯从轻、减轻处罚或者免除处罚。另一方面，在刑法理论中，按照作用分类法，将共同犯罪人分为主犯、从犯和胁从犯；按照分工分类法，可以将共同犯罪人分为帮助犯和实行犯。而帮助犯属于从犯，根据《刑法》第 27 条之规定，对在共同犯罪中起次要或者辅助作用的从犯应当从轻、减轻处罚或者免除处罚。可见，无论是对预备犯，还是帮助犯，都可以或应当适用从宽处罚的原则。而《刑法》将恐怖活动犯罪的相当一部分预备行为和帮助行为"正犯化"，独立成罪，意味着在这种情况下，不再适用《刑法》第 22 条和第 27 条之规定，体现了严防和严惩恐怖活动犯罪的立法意图。此外，《刑法》总则关于缓刑、假释、累犯等规定也体现了严厉处罚恐怖活动犯罪的立法意图。较之于相似类型的犯罪行为，对恐怖活动犯罪的处罚更加严厉，主要是因为面对具有严重社会危害性和巨大风险性的恐怖活动，刑法只能发挥规定犯罪和配置相应刑罚两方面的作用，在将有关行为规定为恐怖活动犯罪的同时，只能通过设置较重的刑罚来达到惩罚和预防的目的。

第二节　中国恐怖活动犯罪刑事程序法立法概览

除了恐怖活动犯罪刑事实体法立法取得进展外，涉及恐怖活动犯罪的程序法也向前推进了一步，2012 年《刑事诉讼法》及其他相关文件专门对恐怖活动犯罪的刑事诉讼程序作了特别规定。

一、2012 年《中华人民共和国刑事诉讼法》颁布之前的相关规定

（一）1979 年《中华人民共和国刑事诉讼法》的相关规定

1979 年《中华人民共和国刑事诉讼法》第 15 条规定："中级人民法院管辖下列第一审刑事案件：（一）反革命案件；（二）判处无期徒刑、死刑的普通刑事案件；（三）外国人犯罪或者我国公民侵犯外国人合法权利的刑事案

件。"在当时所处的历史背景下，该条仅对反革命案件在级别管辖方面作了特别规定。

（二）1996 年《中华人民共和国刑事诉讼法》的相关规定

1996 年《刑事诉讼法》第 20 条规定："中级人民法院管辖下列第一审刑事案件：（一）反革命案件、危害国家安全案件；（二）可能判处无期徒刑、死刑的普通刑事案件；（三）外国人犯罪的刑事案件。"该条仅针对反革命罪和危害国家安全犯罪在级别管辖方面作了特别规定。据此，反革命案件、危害国家安全案件由中级人民法院作为第一审法院审理。

（三）1998 年《关于刑事诉讼法实施中若干问题的规定》的相关条款

为了配合实施 1997 年《刑法》第 120 条之规定，1998 年 11 月 16 日最高人民法院、最高人民检察院、公安部、国家安全部、司法部、全国人大常委会法制工作委员会发布了《关于刑事诉讼法实施中若干问题的规定》，[①] 其第 11 条针对犯罪的新情况对 1996 年《刑事诉讼法》第 96 条的实施作了规定，[②] 其中，就"律师参加刑事诉讼"方面对涉及恐怖组织的案件规定了特别程序。根据第 11 条的规定，涉及国家秘密的案件，律师会见在押的犯罪嫌疑人，应当经侦查机关批准。对于不涉及国家秘密的案件，律师会见犯罪

[①] 2012 年 12 月 26 日最高人民法院、最高人民检察院、公安部、国家安全部、司法部、全国人大常委会法制工作委员会发布的《关于实施刑事诉讼法若干问题的规定》自 2013 年 1 月 1 日起施行。1998 年《关于刑事诉讼法实施中若干问题的规定》同时废止。

[②] 1996 年《刑事诉讼法》第 96 条规定："犯罪嫌疑人在被侦查机关第一次讯问后或者采取强制措施之日起，可以聘请律师为其提供法律咨询、代理申诉、控告。犯罪嫌疑人被逮捕的，聘请的律师可以为其申请取保候审。涉及国家秘密的案件，犯罪嫌疑人聘请律师，应当经侦查机关批准。受委托的律师有权向侦查机关了解犯罪嫌疑人涉嫌的罪名，可以会见在押的犯罪嫌疑人，向犯罪嫌疑人了解有关案件情况。律师会见在押的犯罪嫌疑人，侦查机关根据案件情况和需要可以派员在场。涉及国家秘密的案件，律师会见在押的犯罪嫌疑人，应当经侦查机关批准。"

嫌疑人不需要经过批准。不能以侦查过程需要保密作为涉及国家秘密的案件不予批准。律师提出会见犯罪嫌疑人的，应当在 48 小时内安排会见；对于组织、领导、参加黑社会性质组织罪，组织、领导、参加恐怖活动组织罪或者走私犯罪、毒品犯罪、贪污贿赂犯罪等重大复杂的两人以上的共同犯罪案件，律师提出会见犯罪嫌疑人的，应当在 5 日内安排会见。据此，针对组织、领导、参加恐怖活动组织等犯罪案件，律师会见犯罪嫌疑人的权利受到一定限制。

二、2012 年《中华人民共和国刑事诉讼法》的相关规定

2012 年 3 月 14 日第十一届全国人民代表大会第五次会议通过了《全国人民代表大会关于修改〈中华人民共和国刑事诉讼法〉的决定》，该法自 2013 年 1 月 1 日起施行。2012 年《刑事诉讼法》第 20 条、第 37 条、第 62 条、第 73 条、第 83 条、第 148 条、第 280 条等条款针对贪污贿赂犯罪、恐怖活动犯罪等重大犯罪案件，就"管辖"、"辩护与代理"、"证据"、"强制措施"、"技术侦查措施"、"犯罪嫌疑人、被告人逃匿、死亡案件违法所得的没收程序"作了特别规定。

（一）关于"管辖"的特别规定

关于刑事案件的管辖，分为职能管辖和审判管辖两大类。

1. 关于职能管辖

《刑事诉讼法》第 18 条第 1 款规定："刑事案件的侦查由公安机关进行，法律另有规定的除外。"据此，恐怖活动犯罪的立案侦查权由公安机关行使。2012 年《公安机关办理刑事案件程序规定》第 15 条至第 21 条对公安机关系统的地域管辖和级别管辖分别作了规定，即在地域管辖方面，刑事案件由犯罪地或犯罪嫌疑人居住地的公安机关管辖；在级别管辖方面，普通刑事案件由具有管辖权的县级以上公安机关管辖，但涉及恐怖活动犯罪的案件由设

区的市级以上公安机关管辖。

2. 关于审判管辖

1996 年 3 月 17 日第八届全国人民代表大会第四次会议《关于修改〈中华人民共和国刑事诉讼法〉的决定》第一次修订的《刑事诉讼法》，并未针对恐怖活动犯罪的管辖作专门规定。2012 年修订的《刑事诉讼法》将恐怖活动犯罪明确规定为中级人民法院审判管辖的范围。《刑事诉讼法》第 20 条规定："中级人民法院管辖下列第一审刑事案件：（一）危害国家安全、恐怖活动案件；（二）可能判处无期徒刑、死刑的案件。"该条将恐怖活动案件增加规定为中级人民法院管辖的第一审刑事案件。

（二）关于"辩护与代理"的特别规定

2012 年《刑事诉讼法》和 2012 年《公安机关办理刑事案件程序规定》对恐怖活动犯罪等案件的"辩护"作了特别规定。

根据《刑事诉讼法》第 37 条①第 3 款之规定，危害国家安全犯罪案件、恐怖活动犯罪案件、重大贿赂犯罪的共同犯罪案件，在侦查期间辩护律师会见在押的犯罪嫌疑人，应当经侦查机关许可；根据该条第 4 款之规定，危害国家安全犯罪、恐怖活动犯罪、特别重大贿赂犯罪案件，辩护律师同被监视居住的犯罪嫌疑人、被告人会见、通信，也应当经侦查机关许可。也就是，

---

① 《刑事诉讼法》第 37 条规定："辩护律师可以同在押的犯罪嫌疑人、被告人会见和通信。其他辩护人经人民法院、人民检察院许可，也可以同在押的犯罪嫌疑人、被告人会见和通信。辩护律师持律师执业证书、律师事务所证明和委托书或者法律援助公函要求会见在押的犯罪嫌疑人、被告人的，看守所应当及时安排会见，至迟不得超过四十八小时。危害国家安全犯罪、恐怖活动犯罪、特别重大贿赂犯罪案件，在侦查期间辩护律师会见在押的犯罪嫌疑人，应当经侦查机关许可。上述案件，侦查机关应当事先通知看守所。辩护律师会见在押的犯罪嫌疑人、被告人，可以了解案件有关情况，提供法律咨询等；自案件移送审查起诉之日起，可以向犯罪嫌疑人、被告人核实有关证据。辩护律师会见犯罪嫌疑人、被告人时不被监听。辩护律师同被监视居住的犯罪嫌疑人、被告人会见、通信，适用第一款、第三款、第四款的规定。"

《刑事诉讼法》对危害国家安全犯罪、恐怖活动犯罪、特别重大贿赂犯罪案件的律师辩护权作了限制性规定。

2012 年《公安机关办理刑事案件程序规定》第 49 条至第 50 条对侦查阶段律师会见在押的或监视居住的危害国家安全犯罪案件、恐怖活动犯罪案件、特别重大贿赂犯罪案件的犯罪嫌疑人的权利作了特殊规定。①

（三）关于证人保护的特别规定

根据《刑事诉讼法》第 62 条之规定，对于危害国家安全犯罪、恐怖活动犯罪、黑社会性质的组织犯罪、毒品犯罪等案件，证人、鉴定人、被害人因在诉讼中作证，本人或者其近亲属的人身安全面临危险的，人民法院、人民检察院和公安机关应当采取本法规定的一项或者多项保护措施；证人、鉴定人、被害人认为因在诉讼中作证，本人或者其近亲属的人身安全面临危险的，可以向人民法院、人民检察院、公安机关请求予以保护。人民法院、人民检察院、公安机关依法采取保护措施时，有关单位和个人负有配合的义务。

---

① 《公安机关办理刑事案件程序规定》第 49 条："对危害国家安全犯罪案件、恐怖活动犯罪案件，办案部门应当在将犯罪嫌疑人送看守所羁押时书面通知看守所；犯罪嫌疑人被监视居住的，应当在送交执行时书面通知执行机关。辩护律师在侦查期间要求会见前款规定案件的在押或者被监视居住的犯罪嫌疑人，应当提出申请。对辩护律师提出的会见申请，应当在收到申请后四十八小时以内，报经县级以上公安机关负责人批准，作出许可或者不许可的决定。除有碍侦查或者可能泄露国家秘密的情形外，应当作出许可的决定。公安机关不许可会见的，应当书面通知辩护律师，并说明理由。有碍侦查或者可能泄露国家秘密的情形消失后，公安机关应当许可会见。有下列情形之一的，属于本条规定的"有碍侦查"：（一）可能毁灭、伪造证据，干扰证人作证或者串供的；（二）可能引起犯罪嫌疑人自残、自杀或者逃跑的；（三）可能引起同案犯逃避、妨碍侦查的；（四）犯罪嫌疑人的家属与犯罪有牵连的。"第 50 条规定："辩护律师要求会见在押的犯罪嫌疑人，看守所应当在查验其律师执业证书、律师事务所证明和委托书或者法律援助公函后，在四十八小时以内安排律师会见到犯罪嫌疑人，同时通知办案部门。侦查期间，辩护律师会见危害国家安全犯罪案件、恐怖活动犯罪案件、特别重大贿赂犯罪案件在押或者被监视居住的犯罪嫌疑人时，看守所或者监视居住执行机关还应当查验侦查机关的许可决定文书。"

另外，2012年最高人民法院《关于适用〈中华人民共和国刑事诉讼法〉的解释》第209条至第210条对恐怖活动犯罪等案件出庭作证的诉讼参与人的特殊保护作了规定；2012年《公安机关办理刑事案件程序规定》第71条至第73条对恐怖活动犯罪等案件侦查阶段作证人员的特殊保护作了规定；《人民检察院刑事诉讼规则（试行）》第76条对恐怖活动犯罪等案件的作证人员的特殊保护作了规定。

（四）关于"强制措施"

1. 关于"监视居住"的特别规定

根据1996年《刑事诉讼法》第57条的规定，被监视居住的犯罪嫌疑人、被告人未经执行机关批准不得离开住处，无固定住处的，未经批准不得离开指定的居所。该法只对无固定住处的犯罪嫌疑人、被告人作出了指定居所监视居住的特别规定，而2012年《刑事诉讼法》作出了不同规定，其第73条对实施恐怖活动等犯罪的犯罪嫌疑人、被告人作出了指定居所监视居住的特别规定，即对于涉嫌危害国家安全犯罪、恐怖活动犯罪、特别重大贿赂犯罪的犯罪嫌疑人、被告人，在住处执行监视居住可能有碍侦查的，经上一级人民检察院或者公安机关批准，也可以在指定的居所执行。但是，不得在羁押场所、专门的办案场所执行；指定居所监视居住的，除无法通知的以外，应当在执行监视居住后24小时以内，通知被监视居住人的家属。

2012年《公安机关办理刑事案件程序规定》第107条至第119条对涉嫌危害国家安全犯罪、恐怖活动犯罪的犯罪嫌疑人、被告人"指定居所监视居住"的适用情形作了详细规定。

2. 关于"拘留"的特别规定

根据《刑事诉讼法》第83条之规定，公安机关拘留后，应当立即将被拘留人送看守所羁押，至迟不得超过24小时，并应当在拘留后24小时以内，通知被拘留人的家属，但如果属于无法通知或者涉嫌危害国家安全犯罪、恐怖活动犯罪通知可能有碍侦查的情形，则可以不受24小时以内通知家属的限制。其中,"可能有碍侦查的情形",是指如果及早通知其家属,则有可能导致同案犯逃跑或隐匿、毁弃、伪造证据或处置赃款赃物或收买、威胁、报复证人或被害人等情形。

如果公安机关根据《刑事诉讼法》第 83 条的规定,在特定情形下延迟通知被拘留人家属,则会导致被拘留人家属无法为被拘留人及时聘请律师,从而影响被拘留人诉讼权利的行使。

2012 年《公安机关办理刑事案件程序规定》第 123 条规定,除无法通知或者涉嫌危害国家安全犯罪、恐怖活动犯罪通知可能有碍侦查的情形以外,应当在拘留后 24 小时以内制作拘留通知书,通知被拘留人的家属。拘留通知书应当写明拘留原因和羁押处所。同时,该条对其规定的"无法通知"的情形作了列举性规定。

(五)关于"技术侦查措施"

《刑事诉讼法》第 148 条至第 152 条是关于"技术侦查措施"的规定,其中包括技术侦查措施、秘密侦查措施、控制下交付。①

根据《刑事诉讼法》第 148 条之规定,公安机关对于危害国家安全犯罪、恐怖活动犯罪、黑社会性质的组织犯罪、重大毒品犯罪或者其他严重危害社会的犯罪案件,根据侦查犯罪的需要,经过严格的批准手续,可以采取技术侦查措施;人民检察院对于重大的贪污、贿赂犯罪案件以及利用职权实施的严重侵犯公民人身权利的重大犯罪案件,根据侦查犯罪的需要,经过严格的批准手续,可以采取技术侦查措施,按照规定交有关机关执行。

---

① 技术侦查措施,具体包括监听、监视、密取、网络监控、截取电子邮件、秘密拍照、秘密录像、电子通信定位等。秘密侦查措施,具体包括卧底侦查、化装侦查、诱惑侦查等。控制下交付,是指侦查机关发现有关线索或查获毒品等违禁品,在保密的前提下对毒品等违禁品或有关人员进行严密监视、控制,按照犯罪分子事先计划或约定的方向、路线、地点和方式,顺其自然,将毒品等违禁品"交付"给最终接货人,以便侦查机关能将涉案的所有犯罪分子一网打尽的整个侦查过程。

依照 2012 年《公安机关办理刑事案件程序规定》第 254 条至第 264 条之规定，对危害国家安全犯罪、恐怖活动犯罪、黑社会性质的组织犯罪、重大毒品犯罪等案件可以采取技术侦查措施、秘密侦查措施和控制下交付。

（六）犯罪嫌疑人、被告人逃匿、死亡案件违法所得的没收程序

"为严厉打击腐败犯罪、恐怖活动犯罪，对犯罪所得及时采取冻结追缴措施，并与我国已加入的联合国反腐败公约及有关反恐怖问题的决议的要求相衔接"，《刑事诉讼法》增加规定了第 280 条。该条对恐怖活动犯罪等案件的犯罪嫌疑人、被告人逃匿、死亡案件违法所得的没收程序作了特别规定。根据该条之规定，对于恐怖活动犯罪案件，犯罪嫌疑人、被告人逃匿，在通缉 1 年后不能到案，或者犯罪嫌疑人、被告人死亡，依照刑法规定应当追缴其违法所得及其他涉案财产的，人民检察院可以向人民法院提出没收违法所得的申请。没收违法所得的申请应当提供与犯罪事实、违法所得相关的证据材料，并列明财产的种类、数量、所在地及查封、扣押、冻结的情况；公安机关认为有没收犯罪嫌疑人、被告人逃匿、死亡案件违法所得的情形的，应当写出没收违法所得意见书，移送人民检察院；人民法院在必要的时候，可以查封、扣押、冻结申请没收的财产。

另外，2012 年最高人民法院《关于适用〈中华人民共和国刑事诉讼法〉的解释》第 507 条至第 523 条对不能到案的被追诉人财产的追缴程序作了规定，根据其中第 507 条的规定，犯罪嫌疑人、被告人实施了贪污贿赂犯罪、恐怖活动犯罪等重大犯罪后逃匿，在通缉 1 年后不能到案的，或者犯罪嫌疑人、被告人死亡的，依照刑法规定应当追缴违法所得及其他涉案财产，人民检察院可以向人民法院提出没收违法所得的申请。2012 年《人民检察院刑事诉讼规则（试行）》第 523 条至第 538 条对于贪污贿赂犯罪、恐怖活动犯罪等重大犯罪案件的不能到案的被追诉人财产的追缴程序作了类似规定。

前述特别程序针对的是危害国家安全犯罪、恐怖活动犯罪、黑社会性质的组织犯罪、重大毒品犯罪或者其他严重危害社会的犯罪案件，但是，只有

"恐怖活动犯罪"适用于所有具体的特别规定，其他几类犯罪只适用于部分特别规定。

除了前述恐怖活动犯罪刑事法律、行政法律、司法解释外，2015 年《中华人民共和国国家安全法》、1994 年《中华人民共和国国家安全法实施细则》（1993 年《国家安全法》的实施细则）、2009 年《中华人民共和国人民武装警察法》、2007 年《中华人民共和国突发事件应对法》、2013 年《中华人民共和国出境入境管理法》、1994 年《中华人民共和国外国人入境出境管理法实施细则》、2006 年《中华人民共和国反洗钱法》、2007 年中国人民银行《金融机构报告涉嫌恐怖融资的可疑交易管理办法》、公安部 2007 年《普通护照和出入境通行证签发管理办法》等法律法规和部门规章中都有涉及恐怖活动的条款。从立法层面上讲，我国已建立起包括一系列法律（以刑法为主）、行政法规、地方性法规和部门规章的反对恐怖主义法律体系。

第二章　中国关于恐怖活动犯罪的界定及具体罪名

第一节　中国关于恐怖活动犯罪的界定

一、恐怖活动犯罪的界定

在我国刑法中，恐怖活动犯罪是一个包括一系列具体罪名的类罪名，但迄今为止，尚未对恐怖活动犯罪的概念和范围做出界定，除部分专门罪名之外，恐怖活动犯罪与普通刑事犯罪的界限不清，导致理论界和实务界认识不一。但恐怖活动犯罪的界定，在实体上决定着洗钱罪、特别累犯的成立与否，在程序上关涉刑事诉讼法中特别程序的启动问题，同时关乎防治恐怖主义犯罪的国际刑事司法合作问题。故而，恐怖活动犯罪的界定对司法实践具有重要意义，有必要进行探讨。

（一）"恐怖活动"和"恐怖活动犯罪"等法律概念的提出

恐怖活动犯罪是 2001 年 12 月 29 日第九届全国人民代表大会常务委员会第二十五次会议通过的《中华人民共和国刑法修正案（三）》第一次引入的法律概念，[①] 在其为 1997 年《刑法》第 120 条之后增加规定的第 120 条之

---

① 《刑法修正案（三）》规定："为了惩治恐怖活动犯罪，保障国家和人民生命、财产安全，维护社会秩序，对刑法作如下补充修改……"。

一 (帮助恐怖活动罪) 中引入"恐怖活动"一词,但对其内涵并未做出界定。2006 年 10 月 31 日第十届全国人民代表大会常务委员会第二十四次会议通过的《中华人民共和国反洗钱法》、2012 年 3 月 14 日第十一届全国人民代表大会第五次会议通过的《中华人民共和国刑事诉讼法》等法律也采纳了"恐怖活动犯罪"这一概念。①

(二) 法律及相关文件对"恐怖活动"和"恐怖活动犯罪"等概念的界定

2011 年 10 月 29 日第十一届全国人民代表大会常务委员会第二十三次会议通过的《关于加强反恐怖工作有关问题的决定》在国内法中首次为"恐怖活动"下了定义。根据该《决定》第 2 条之规定,恐怖活动,是指以制造社会恐慌、危害公共安全或者胁迫国家机关、国际组织为目的,采取暴力、破坏、恐吓等手段,造成或者意图造成人员伤亡、重大财产损失、公共设施损坏、社会秩序混乱等严重社会危害的行为,以及煽动、资助或者以其他方式协助实施上述活动的行为。

为了保障 2012 年新修改的《刑事诉讼法》的贯彻实施,保证公安机关在刑事诉讼中正确履行职权,规范办案程序,确保办案质量,提高办案效率,2012 年 12 月 3 日,公安部部长办公会议通过了新修订的《公安机关办理刑事案件程序规定》(自 2013 年 1 月 1 日起施行)。根据该《规定》第 374 条之规定,"恐怖活动犯罪",包括以制造社会恐慌、危害公共安全或者胁迫国家机关、国际组织为目的,采取暴力、破坏、恐吓等手段,造成或者

---

① 《反洗钱法》第 2 条规定:"本法所称反洗钱,是指为了预防通过各种方式掩饰、隐瞒毒品犯罪、黑社会性质的组织犯罪、恐怖活动犯罪、走私犯罪、贪污贿赂犯罪、破坏金融管理秩序犯罪、金融诈骗犯罪等犯罪所得及其收益的来源和性质的洗钱活动,依照本法规定采取相关措施的行为。"2012 年《刑事诉讼法》第 37 条第 3 款规定:"危害国家安全犯罪、恐怖活动犯罪、特别重大贿赂犯罪案件,在侦查期间辩护律师会见在押的犯罪嫌疑人,应当经侦查机关许可。上述案件,侦查机关应当事先通知看守所。"此外,该法第 2 条、第 62 条、第 73 条、第 148 条、第 280 条等条款中都包含了"恐怖活动犯罪"一词。

意图造成人员伤亡、重大财产损失、公共设施损坏、社会秩序混乱等严重社会危害的犯罪，以及煽动、资助或者以其他方式协助实施上述活动的犯罪。

2015年12月27日，第十二届全国人大常委会第十八次会议通过了《中华人民共和国反恐怖主义法》。根据《反恐怖主义法》第3条之规定，恐怖主义，是指通过暴力、破坏、恐吓等手段，制造社会恐慌、危害公共安全、侵犯人身财产，或者胁迫国家机关、国际组织，以实现其政治、意识形态等目的的主张和行为。

对比《关于加强反恐怖工作有关问题的决定》、《公安机关办理刑事案件程序规定》、《反恐怖主义法》三个文件分别为"恐怖活动"、"恐怖活动犯罪"、"恐怖主义"三个概念下的定义，便可得知，三个定义对犯罪手段、行为方式、犯罪对象的表述基本相同或相似，但有差异：一是对犯罪目的的表述不同，《关于加强反恐怖工作有关问题的决定》和《公安机关办理刑事案件程序规定》表述为"以制造社会恐慌、危害公共安全或者胁迫国家机关、国际组织为目的"，而《反恐怖主义法》表述为"以实现其政治、意识形态等目的"；二是《反恐怖主义法》将通过恐怖行为以实现其政治、意识形态等目的的主张也作为打击的范围，而《关于加强反恐怖工作有关问题的决定》和《公安机关办理刑事案件程序规定》不涉及主张，只涉及行为。在国际法律文件中，"terrorism"一词，既可以指恐怖主义的主张，也可以指恐怖主义行为。翻译该术语时，是根据其语境来措辞的。该术语在1997年《制止恐怖主义爆炸的国际公约》、1999年《制止向恐怖主义提供资助的国际公约》、2001年《打击恐怖主义、分裂主义和极端主义上海公约》、2005年《制止核恐怖主义行为国际公约》等打击国际恐怖主义犯罪的国际公约中，均指恐怖主义行为，而不是思想或主张。《关于加强反恐怖工作有关问题的决定》对"恐怖活动"的界定较为科学合理，我国不惩罚思想犯。关于恐怖活动犯罪的概念，可以界定为：恐怖活动犯罪，是指以暴力手段或其他手段制造社会恐慌、侵犯人身或财产、破坏社会秩序，或者胁迫国家机关、国际组织从事或不从事某种行为，危害国家安全，以实现其政治目的的行为。

二、恐怖活动犯罪的构成要件

(一) 恐怖活动犯罪侵犯的客体

由于我国对恐怖活动犯罪这一类犯罪未作集中性规定，也未划定这一类犯罪的范围和边界，因而学界对恐怖活动犯罪的客体定位持不同主张，主要有三种学说，具体包括：一是"公共安全说"，认为恐怖活动犯罪侵犯的客体是公共安全。"公共安全说"又分为两种说法：有人认为，恐怖主义犯罪是指组织、策划、领导、资助、实施以对人身和财产造成重大损害或者制造社会恐怖气氛的暴力、威胁或者危险方法，危害公共安全的行为。[1] 有人认为，恐怖活动犯罪的客体是公共安全。[2] 二是"复杂客体说"，认为恐怖活动犯罪的客体为复杂客体，主要客体是国家安全，次要客体是国家机关同恐怖活动犯罪作斗争的正常活动。[3] 三是"国家安全说"，认为只有国家安全才能作为恐怖主义犯罪的法律性质。[4]

本书认为恐怖活动犯罪的客体是国家安全。首先，从恐怖活动犯罪的主观方面看，行为人实施恐怖行为、制造恐怖气氛、胁迫国家机关或国际组织的终极目的是危害国家的主权、安全和领土完整，因而该类犯罪的客体是国家安全。其次，从国际国内反恐怖主义立法史看，恐怖活动犯罪的客体是国家安全。一是从国际反恐怖主义立法史看，1937 年《防止和惩治恐怖主义公约》将恐怖主义行为界定为"……反对一个国家……的犯罪行为"，意味着恐怖活动犯罪危害的是国家安全。二是从新中国刑法的创制史

---

① 黎宏：《〈刑法修正案（九）〉中有关恐怖主义、极端主义犯罪的刑事立法——从如何限缩抽象危险犯的成立范围的立场出发》，《苏州大学学报》（哲学社会科学版）2015 年第 6 期。

② 魏东、吕晓凤：《论组织、领导、参加恐怖组织罪的解释适用——兼议反恐刑事立法的完善》，《山东警察学院学报》2015 年第 3 期。

③ 赵新彬：《我国恐怖活动犯罪刑事立法完善研究》，《河南财经政法大学学报》2015 年第 5 期。

④ 黎宏：《〈刑法修正案（九）〉中有关恐怖主义、极端主义犯罪的刑事立法——从如何限缩抽象危险犯的成立范围的立场出发》，《苏州大学学报》（哲学社会科学版）2015 年第 6 期。

看，20世纪50年代初的刑法草案中就有了"恐怖行为"一词或相关术语。1950年《刑法大纲草案》第四章"反革命罪"中第41条（恐怖行为罪）提及"恐怖行为"一词，如果该行为具有推翻人民民主专政的政权和社会主义制度的目的，就能构成反革命罪。虽然，彼时的"恐怖行为"的含义与当今论述的恐怖活动犯罪立法中的恐怖行为有区别，但都属于危害国家安全的行为。1979年《刑法》保留了《刑法大纲草案》中的"反革命罪"这一"类罪名"，却没有保留"恐怖行为"这一措辞。1988年全国人大法工委讨论《刑法修改草案》时，主张将"反革命罪"更名为"危害国家安全罪"。该《草案》第98条规定：以危害国家安全或者引起国际纠纷、制造政治事端为目的，进行……其他恐怖活动的……该条最后未被纳入1997年《刑法》，该法仅增设了"组织、领导、参加恐怖组织罪"。这段刑事立法史可以证明，恐怖活动犯罪侵犯的客体是国家安全。三是根据《中华人民共和国国家安全法实施细则》（1994年6月4日生效）第8条之规定，"组织、策划或者实施危害国家安全的恐怖活动的"行为，"属于《国家安全法》第四条所称'危害国家安全的其他破坏活动'"。① 该条明确规定，恐怖活动属于危害国家安全的破坏活动。综上所述，恐怖活动犯罪侵犯的客体是国家安全。我国应将恐怖活动犯罪中的各个具体罪名从《刑法》分则各章节中剥离出来，独立归类，并为其设立专节，并置于《刑法》分则第一章"危害国家安全罪"中。

---

① 1993年《中华人民共和国国家安全法》第4条第1款规定："任何组织和个人进行危害中华人民共和国国家安全的行为都必须受到法律追究。"该条第2款规定："本法所称危害国家安全的行为，是指境外机构、组织、个人实施或者指使、资助他人实施的，或者境内组织、个人与境外机构、组织、个人相勾结实施的下列危害中华人民共和国国家安全的行为：（一）阴谋颠覆政府，分裂国家，推翻社会主义制度的；（二）参加间谍组织或者接受间谍组织及其代理人的任务的；（三）窃取、刺探、收买、非法提供国家秘密的；（四）策动、勾引、收买国家工作人员叛变的；（五）进行危害国家安全的其他破坏活动的。"该法已被2015年《中华人民共和国国家安全法》代替。

（二）恐怖活动犯罪的客观方面

恐怖活动犯罪在客观方面表现为恐怖活动。在我国，"恐怖活动"作为法律概念，最早出现在《刑法》第 120 条之一中。2011 年《关于加强反恐怖工作有关问题的决定》对"恐怖活动"做了界定。《反恐怖主义法》第 3 条规定，恐怖活动是指恐怖主义性质的下列行为：组织、策划、准备实施、实施造成或者意图造成人员伤亡、重大财产损失、公共设施损坏、社会秩序混乱等严重社会危害的活动的；宣扬恐怖主义，煽动实施恐怖活动，或者非法持有宣扬恐怖主义的物品，强制他人在公共场所穿戴宣扬恐怖主义的服饰、标志的；组织、领导、参加恐怖活动组织的；为恐怖活动组织、恐怖活动人员、实施恐怖活动或者恐怖活动培训提供信息、资金、物资、劳务、技术、场所等支持、协助、便利的；其他恐怖活动。较之于 2011 年《关于加强反恐怖工作有关问题的决定》对"恐怖活动"的界定，《反恐怖主义法》扩大了"恐怖活动"的范围，增加了"宣扬恐怖主义"、"非法持有宣扬恐怖主义的物品"、"强制他人在公共场所穿戴宣扬恐怖主义的服饰、标志"等行为。

从理论上讲，恐怖活动犯罪的行为包括预备行为、帮助行为、实行行为和关联行为。纯正的恐怖活动犯罪主要是预备行为和帮助行为；非纯正的恐怖活动犯罪主要是实行行为。

（三）恐怖活动犯罪的主体

在我国，恐怖活动犯罪的主体既可以是恐怖活动组织，也可以是恐怖活动人员。

1.恐怖活动组织和恐怖活动人员的界定

根据《关于加强反恐怖工作有关问题的决定》第 2 条之规定，恐怖活动组织，是指为实施恐怖活动而组成的犯罪集团。恐怖活动人员，是指组织、策划、实施恐怖活动的人和恐怖活动组织的成员。根据《反恐怖主义法》第 3 条之规定，恐怖活动组织，是指三人以上为实施恐怖活动而组成的犯罪组织；恐怖活动人员，是指实施恐怖活动的人和恐怖活动组织的成员。

2. 恐怖活动组织和恐怖活动人员的认定

恐怖活动组织和恐怖活动人员的认定包括行政认定与司法认定两方面。

（1）恐怖活动组织和恐怖活动人员的行政认定

恐怖活动组织和恐怖活动人员的行政认定，是指行政机关根据事实和法律，确认恐怖活动组织或恐怖活动人员，以便由相关部门采取冻结其资金或者其他资产等相应措施的行政行为。

第一，《反恐怖主义法》公布之前的相关规定

2003 年 12 月 15 日，公安部公布了第一批认定的恐怖活动组织。① 时任公安部反恐怖局副局长赵永琛解释了中国认定恐怖活动组织和恐怖分子的具体标准。认定恐怖活动组织的具体标准是：（一）以暴力恐怖为手段，从事危害国家安全，破坏社会稳定，危害人民群众生命财产安全的恐怖活动的组织（不论其总部在国内还是国外）。（二）具有一定的组织领导分工或分工体系。（三）符合上述标准，并具有下列情形之一：（1）曾组织、策划、煽动、实施或参与实施恐怖活动，或正在组织、策划、煽动、实施或参与实施恐怖

① 2003 年 12 月 15 日，中国公安部在北京举行新闻发布会，公布第一批正式认定的"东突"恐怖组织和恐怖分子名单。被认定的"东突"恐怖组织有 4 个，被认定的"东突"恐怖分子有 11 名。认定并对外公布的"东突"恐怖组织、恐怖分子的主要依据是：刑法及 2001 年 12 月 29 日第九届全国人大常委会第二十五次会议通过的刑法修正案（三），国家安全法及其实施细则，我国加入的一系列反恐怖国际公约，如联合国通过的制止恐怖主义爆炸的公约、制止向恐怖主义提供资助的国际公约等以及联合国安理会通过的第 1267 号、1373 号、1333 号、1456 号等反恐决议。参见《公安部公布首批认定的"东突"恐怖组织、恐怖分子名单》，人民网：http://www.people.com.cn/GB/shehui/1060/2247158.html；2008 年 10 月 21 日公安部公布了第二批认定的恐怖活动人员，共 8 人。认定的法律依据是《中华人民共和国刑法》、《中华人民共和国国家安全法》等有关法律，并根据联合国有关反恐决议。参见《公安部发布会通报第二批认定的"东突"恐怖分子名单有关情况》，公安部网站：http://www.mps.gov.cn/n2253534/n2253875/n2253877/c3742734/content.html；2012 年 4 月 5 日公安部公布了第三批认定的恐怖活动人员名单，共有 6 人。参见《公安部公布〈第三批认定的恐怖活动人员名单〉》，中国政府网：http://www.gov.cn/gzdt/2012—04/06/content_2107385.htm。

活动；（2）资助、支持恐怖活动；（3）建立恐怖活动基地，或有组织地招募、训练、培训恐怖分子；（4）与其他国际恐怖组织相勾结、接受其他国际恐怖组织资助、训练、培训，或参与其活动。认定恐怖分子的具体标准是：（一）与恐怖组织发生一定的联系，在国内外从事危害国家安全和人民群众生命财产安全的恐怖活动的人员（不论其是否加入外国国籍）。（二）符合上述条件，并具有下列情形之一：（1）组织、领导、参与恐怖组织；（2）组织、策划、煽动、宣传或教唆实施恐怖活动；（3）资助、支持恐怖组织和恐怖分子进行恐怖活动；（4）接受上述恐怖组织或其他国际恐怖组织资助、训练、培训或参与其活动。①

第二，《反恐怖主义法》的相关规定

《反恐怖主义法》第二章规定了恐怖活动组织和恐怖活动人员的认定及公告制度。①认定机构。根据《反恐怖主义法》第 12 条、第 13 条之规定，国家反恐怖主义工作领导机构、国务院公安部门、国家安全部门、外交部门和省级反恐怖主义工作领导机构有权认定恐怖活动组织和恐怖活动人员。其中，国务院公安部门、国家安全部门、外交部门和省级反恐怖主义工作领导机构对于需要认定恐怖活动组织和人员的，应当向国家反恐怖主义工作领导机构提出申请（第 13 条）。②认定根据。根据《反恐怖主义法》第 12 条之规定，国家反恐怖主义工作领导机构认定恐怖活动组织和人员的依据是该法第 3 条。② ③公告。国家反恐怖主义工作领导机构对恐怖活动组织和人员做

---

① 《中国认定恐怖组织和恐怖分子的具体标准》，东方新闻网：http://news.eastday.com/epub-lish/gb/paper148/20031215/class014800003/hwz1058452.htm。

② 《反恐怖主义法》第 3 条规定："本法所称恐怖主义，是指通过暴力、破坏、恐吓等手段，制造社会恐慌、危害公共安全、侵犯人身财产，或者胁迫国家机关、国际组织，以实现其政治、意识形态等目的的主张和行为。本法所称恐怖活动，是指恐怖主义性质的下列行为：（一）组织、策划、准备实施、实施造成或者意图造成人员伤亡、重大财产损失、公共设施损坏、社会秩序混乱等严重社会危害的活动的；（二）宣扬恐怖主义，煽动实施恐怖活动，或者非法持有宣扬恐怖主义的物品，强制他人在公共场所穿戴宣扬恐怖主义的服饰、标志的；（三）组织、领导、参加恐怖活动组织的；（四）为恐怖活动组织、恐怖（转下页）

出认定后，由该机构的办事机构予以公告（第 12 条）。此外，根据《反恐怖主义法》第 16 条之规定，由人民法院认定恐怖活动组织和人员的，对于在判决生效后需要由国家反恐怖主义工作领导机构的办事机构予以公告的，适用《反恐怖主义法》第二章的有关规定。④复核。根据该法第 15 条之规定，被认定的恐怖活动组织和人员对认定不服的，可以通过国家反恐怖主义工作领导机构的办事机构申请复核。国家反恐怖主义工作领导机构应当及时进行复核，作出维持或者撤销认定的决定。复核决定为最终决定。国家反恐怖主义工作领导机构作出撤销认定的决定的，由国家反恐怖主义工作领导机构的办事机构予以公告；资金、资产已被冻结的，应当解除冻结。

（2）恐怖活动组织和恐怖活动人员的司法认定

恐怖活动组织和恐怖活动人员的司法认定，是指人民法院在审理刑事案件的过程中，根据事实和法律，确认恐怖活动组织或恐怖活动人员，并据此对被告人定罪判刑的司法活动。《反恐怖主义法》第 16 条规定，根据刑事诉讼法的规定，有管辖权的中级以上人民法院在审判刑事案件的过程中，可以依法认定恐怖活动组织和人员。

《反恐怖主义法》规定了恐怖活动组织和人员的行政认定程序，《刑事诉讼法》规定了恐怖活动组织和人员的司法认定程序，我国对恐怖活动组织和恐怖活动人员的认定实行行政认定和司法认定并存的双轨制。行政认定具有主动性、集中性和预防性，司法认定具有被动性、个别性和事后性，但司法认定具有较强的程序保障和救济途径，更具有权威性。①

确立了恐怖活动组织和人员行政认定和司法认定混合的模式后，如何理

（接上页）活动人员、实施恐怖活动或者恐怖活动培训提供信息、资金、物资、劳务、技术、场所等支持、协助、便利的；（五）其他恐怖活动。本法所称恐怖活动组织，是指三人以上为实施恐怖活动而组成的犯罪组织。本法所称恐怖活动人员，是指实施恐怖活动的人和恐怖活动组织的成员。本法所称恐怖事件，是指正在发生或者已经发生的造成或者可能造成重大社会危害的恐怖活动。"

① 参见邢志人：《中国反恐怖主义专门立法问题研究》，《北京师范大学学报》（社会科学版）2015 年第 6 期。

解二者的关系？是行政认定限于行政管理和国际合作领域而司法认定限于刑事审判领域，还是行政认定之外由司法认定来补充？针对行政认定和司法认定并存的双轨制和《反恐怖主义法》第15条之规定，刘仁文建议，应赋予被认定为恐怖活动组织和人员的一方向法院提出司法审查的权利，即如果对复核结果不服，涉嫌恐怖主义组织和人员的一方可以向最高人民法院提出申辩，最高人民法院应就此组织公开听证，这样才符合由司法来行使终局决定权的法治思路。但行政认定和司法认定的关系及如何衔接的问题需要进一步研究。

(四) 恐怖活动犯罪的主观方面

关于恐怖活动犯罪的主观方面，理论界争议的焦点在于犯罪目的。犯罪目的，是指行为人对犯罪行为达到某种犯罪结果的希望和追求。犯罪目的为犯罪行为确定了方向和目标。

关于恐怖活动犯罪的目的，存在两种代表性的观点。一种观点认为，恐怖活动犯罪的目的是政治目的。持该观点者又有不同表述：有人认为，恐怖活动犯罪是指个人或单位基于意识形态方面的政治目的，针对不特定对象或某些具有政治、民族、宗教等象征意义的特定对象，以足以引起极大的社会恐慌的手段实施的危害行为；[①] 有人认为，恐怖活动犯罪的目的应当是一种意识形态方面的政治目的；有人认为，恐怖活动犯罪是指以分裂国家、颠覆国家政权为目的，通过对不特定他人的生命、身体、自由、财产等使用暴力、胁迫等强迫手段，以造成社会恐惧的行为。并认为这一定义的特点之一是恐怖活动犯罪的主观目的限于政治目的，考虑到"政治目的"内涵不明确不符合法律条文规范化的要求，以及中国恐怖活动犯罪的特殊性，将其限定于"分裂国家颠覆国家政权"的危害国家安全的目的范围。[②] 另一种观点认为，

---

① 参见高铭暄、张杰：《关于我国刑法中"恐怖活动犯罪"定义的思考》，《法学杂志》2006年第5期。

② 参见孙章季：《中国打击恐怖活动犯罪的刑事立法完善》，《战略决策研究》2014年第3期。

恐怖活动犯罪的目的是制造社会恐怖。①

　　恐怖活动犯罪在主观方面具有明显的政治目的，恐怖活动组织或恐怖活动人员通过实施恐怖行为而制造恐怖气氛的意图在于实现其危害国家主权、安全和领土完整的政治目的。主观目的的政治性是区分表现为普通刑事犯罪形式的恐怖活动犯罪和其他普通刑事犯罪的标志。正因为恐怖活动犯罪具有政治性，所以一些国际公约如《制止向恐怖主义提供资助的国际公约》、《制止恐怖主义爆炸的国际公约》等都使用了"为了引渡或司法协助的目的"等措辞，将恐怖活动犯罪排除在政治犯罪的范围之外，不适用"政治犯罪不引渡"原则。

第二节　中国关于恐怖活动犯罪的具体罪名

　　由于我国刑法并未对恐怖活动犯罪的范围和边界做出明确划分，本书仅根据个人对刑法理论和司法实践的认识，展开阐述。

一、恐怖活动犯罪具体罪名的范围

　　我国理论界对恐怖活动犯罪这一类犯罪概念的界定、分类存在不同认识。

　　有学者主张，以典型的恐怖活动实施为分界，将恐怖活动犯罪分为核心犯罪与周边犯罪。核心犯罪，即恐怖活动组织及成员实施的杀人、爆炸、绑架、放火、非法制造爆炸物、抢劫等犯罪，它们直接对国家安全和人民的生命、财产安全等造成了现实的危害；周边犯罪，是指为了实施核心犯罪而展开的前期思想基础、人员准备、组织基础、物质基础、器物准备等有助于核

---

① 参见皮勇、张启飞：《论恐怖活动犯罪的主观要件》，《华东政法大学学报》2014 年第 6 期。

心犯罪实施、实现的准备、帮助的行为及状态持续的犯罪，包括宣扬、煽动实施、强制穿戴、非法持有、帮助、准备实施以及组织、领导、参加等行为模式，它们直接指向核心恐怖活动实施、实现前的场域……一般而言，恐怖活动周边行为又可分为独立预备犯、独立帮助犯、组织类犯罪，其处置规则存在相应的特殊规定。①

大多数学者主张，将恐怖活动犯罪分为纯正的恐怖活动犯罪、不纯正的恐怖活动犯罪和关联犯罪。纯正的恐怖活动犯罪，是指直接、明确针对恐怖活动而设置的罪名，也就是恐怖活动犯罪的专门罪名。具体罪名包括："组织、领导、参加恐怖组织罪"、"帮助恐怖活动罪"、"准备实施恐怖活动罪"、"宣扬恐怖主义、极端主义、煽动实施恐怖活动罪"、"利用极端主义破坏法律实施罪"、"强制穿戴宣扬恐怖主义、极端主义服饰、标志罪"、"非法持有宣扬恐怖主义、极端主义物品罪"。纯正的恐怖活动犯罪主要是预备行为、帮助行为和教唆行为。不纯正的恐怖活动犯罪，是指表现为普通刑事犯罪形式的恐怖活动犯罪。相关具体罪名散见于《刑法》分则第二章"危害公共安全罪"、第四章"侵犯公民人身权利、民主权利罪"、第五章"侵犯财产罪"、第六章"妨害社会管理秩序罪"等类罪名中，具体罪名包括："放火罪"、"爆炸罪"、"投放危险物质罪"、"决水罪"、"以危险方法危害公共安全罪"、"破坏交通工具罪"、"破坏交通设施罪"、"劫持航空器罪"、"劫持汽车、船只罪"、"暴力危及飞行安全罪"、"非法制造、买卖、运输、邮寄、储存枪支、弹药、爆炸物罪"、"非法制造、买卖、运输、储存危险物质罪"、"盗窃、抢夺枪支、弹药、爆炸物、危险物质罪"、"抢劫枪支、弹药、爆炸物、危险物质罪"、"故意杀人罪"、"故意伤害罪"、"绑架罪"、"抢劫罪"、"投放虚假危险物质罪"、"编造、故意传播虚假恐怖信息罪"。不纯正的恐怖活动犯罪主要是实行行为。由于刑法没有将恐怖活动犯罪的实行行为单独规定为恐怖活动犯罪，所以，司法实践中对一部分恐怖活动犯罪

---

① 参见梅传强、李洁：《我国反恐刑法立法的"预防性"面向检视》，《法学》2018 年第 1 期。

以普通罪名定罪判刑，如以分裂国家罪、煽动分裂国家罪、颠覆国家政权罪、故意杀人罪、放火罪、爆炸罪、以危险方法危害公共安全罪、非法制造爆炸物罪等罪名定罪判刑，并未区分恐怖活动犯罪与普通刑事犯罪。关联犯罪包括"洗钱罪"、"拒绝提供间谍犯罪、恐怖主义犯罪、极端主义犯罪证据罪"、"偷越国（边）境罪"。

本书的思路和第二种主张基本一致。

二、恐怖活动犯罪具体罪名的分述

鉴于学界已对恐怖活动犯罪中的大多数具体罪名做了充分研究，本书仅就部分具体罪名进行论述。

（一）帮助恐怖活动罪

1.帮助恐怖活动罪的立法沿革

2001 年 "9·11" 事件发生后，联合国安理会于 2001 年 9 月 28 日通过的第 1371 号决议第 1 条，呼吁各国尽快加入联合国大会于 1999 年 12 月 9 日通过的《制止向恐怖主义提供资助的国际公约》。我国于 2001 年 11 月 14 日签署了该《公约》。为了履行联合国安理会决议，我国于 2001 年 12 月通过的《刑法修正案（三）》第 4 条规定，《刑法》第 120 条后增加 1 条，作为第 120 条之一："资助恐怖活动组织或者实施恐怖活动的个人的，处五年以下有期徒刑、拘役、管制或者剥夺政治权利，并处罚金；情节严重的，处五年以上有期徒刑，并处罚金或者没收财产。单位犯前款罪的，对单位判处罚金，并对其直接负责的主管人员和其他直接责任人员，依照前款的规定处罚。"2014 年 9 月 9 日最高人民法院、最高人民检察院、公安部公布的《关于办理暴力恐怖和宗教极端刑事案件适用法律若干问题的意见》（公通字〔2014〕34 号）第 4 条规定：明知是恐怖活动组织或者实施恐怖活动人员而为其提供经费，或者提供器材、设备、交通工具、武器装备等物质条件，或者提供场所以及其他物质便利的，以资助恐怖活动罪定罪处罚。通过收取宗教课税募捐，为暴力恐怖、宗教极端犯罪活动筹集经费的，以相应犯罪的共同犯罪定罪处罚；构成资助恐怖活动罪的，以资助恐怖活动罪定罪处罚。2015年《刑法修正案（九）》第6条将《刑法》第120条之一修改为："资助恐怖活动组织、实施恐怖活动的个人的，或者资助恐怖活动培训的，处五年以下有期徒刑、拘役、管制或者剥夺政治权利，并处罚金；情节严重的，处五年以上有期徒刑，并处罚金或者没收财产。为恐怖活动组织、实施恐怖活动或者恐怖活动培训招募、运送人员的，依照前款的规定处罚。单位犯前两款罪的，对单位判处罚金，并对其直接负责的主管人员和其他直接责任人员，依照第一款的规定处罚。"较之于《刑法修正案（三）》，《刑法修正案（九）》扩充了"资助恐怖活动罪"的罪状，随之，该罪名也被修改为"帮助恐怖活动罪"。

2. 帮助恐怖活动罪客观要件的认定

本罪在客观方面表现为两类行为：一是资助恐怖活动组织、实施恐怖活动的个人或恐怖活动培训的行为；二是为恐怖活动组织、实施恐怖活动或者恐怖活动培训招募、运送人员的行为。

（1）资助恐怖活动组织、实施恐怖活动的个人或恐怖活动培训的行为

第一，关于"资助"

根据1994年《中华人民共和国国家安全法实施细则》第6条之规定，"资助"实施危害国家安全的行为，是指境外机构、组织、个人向有危害国家安全行为的境内组织、个人提供经费、场所和物资，或者向境内组织、个人提供用于进行危害国家安全活动的经费、场所和物资的行为。该条将"资助"的内容界定为"经费、场所和物资"。2007年《金融机构报告涉嫌恐怖融资的可疑交易管理办法》第2条将恐怖融资的内容界定为"资金或者其他形式财产"。2009年11月4日最高人民法院公布的《关于审理洗钱等刑事案件具体应用法律若干问题的解释》（自2009年11月11日起施行）第5条规定，《刑法》第120条之一规定的"资助"，是指为恐怖活动组织

或者实施恐怖活动的个人筹集、提供经费、物资或者提供场所以及其他物质便利的行为。2010年5月7日最高人民检察院、公安部联合公布的《关于公安机关管辖的刑事案件立案追诉标准的规定（二）》，对洗钱罪的立案追诉标准作了规定。该《立案追诉标准的规定（二）》第1条规定，本条规定的"资助"，是指为恐怖活动组织或者实施恐怖活动的个人筹集、提供经费、物资或者提供场所以及其他物质便利的行为。2014年《关于办理暴力恐怖和宗教极端刑事案件适用法律若干问题的意见》第4条对"资助"的含义也作了解释。

根据前述的法律、部门规章和司法解释，所谓资助，是指通过筹集经费、提供经费或提供场所、器材、设备、交通工具、武器装备或其他物质便利进行支持和帮助的行为。

第二，关于资助的对象

资助的对象是特定的，必须是恐怖活动组织、实施恐怖活动的个人。

根据2011年《关于加强反恐怖工作有关问题的决定》的规定，恐怖活动组织，是指为实施恐怖活动而组成的犯罪集团。犯罪集团具有组织的严密性、稳定性和危险性，历来是刑法严惩的重点对象。根据《刑法》第26条第2款之规定，犯罪集团是3人以上为共同实施犯罪而组成的较为固定的犯罪组织。

根据《关于审理洗钱等刑事案件具体应用法律若干问题的解释》第5条和《关于公安机关管辖的刑事案件立案追诉标准的规定（二）》第1条之规定，实施恐怖活动的个人，是指预谋实施、准备实施和实际实施恐怖活动的个人。

第三，关于资助的内容

资助的内容包括资金和其他物质便利。根据《制止向恐怖主义提供资助的国际公约》第1条第1款之规定，"资金"系指所有各种资产，不论是有形或无形资产、是动产还是不动产、不论以何种方式取得，和以任何形式，包括电子或数字形式证明这种资产的产权或权益的法律文件或证书，包括但不限于银行贷记、旅行支票、银行支票、邮政汇票、股票、证券、债券、汇票和信用证。我国相关司法解释中的"其他物质便利"高度概括了除资金之外的所有物质性帮助。

在时间上，资助可以是事前提供，也可以是事中提供，还可以是事后提供。

（2）为恐怖活动组织、实施恐怖活动或者恐怖活动培训招募、运送人员的行为

本罪的行为仅限于资助、招募或者运送人员。在刑法理论上，这些行为属于帮助行为。《刑法》第27条第1款规定："在共同犯罪中起次要或者辅助作用的，是从犯。"在共同犯罪人分类上，起帮助作用的行为人属于帮助犯（从犯），按照共犯从属性说，帮助犯从属正犯，即帮助行为之所以构成犯罪是以被帮助人实行了犯罪为前提。换言之，如果正犯不构成犯罪，那么帮助犯就不是共犯。[1] 鉴于恐怖活动犯罪严重威胁着国家安全和社会稳定，立法机关加大了对恐怖活动犯罪的惩处力度，将原属于共同犯罪中的帮助行为单独规定为犯罪，即提供帮助的行为人不再是共同犯罪中的帮助犯，而是该罪的正犯，因此对于独立成罪的帮助行为的处罚不再按照原来所从属的正犯罪名予以从轻、减轻或者免除处罚，而是按照独立罪名的刑罚进行处罚。独立罪名的法定刑往往重于共犯罪名的法定刑。根据《刑法》第27条第2款之规定，对于从犯，应当从轻、减轻或者免除处罚，但立法将帮助犯正犯化，不按照共同犯罪人中的从犯论处。[2]

（二）宣扬恐怖主义、极端主义、煽动实施恐怖活动罪

《刑法修正案（九）》规定"宣扬恐怖主义、极端主义、煽动实施恐怖活

---

[1] 参见黎宜春：《论帮助恐怖活动罪的法律适用——以反恐怖主义融资为视角》，《学术论坛》2016年第5期。

[2] 参见黎宜春：《论帮助恐怖活动罪的法律适用——以反恐怖主义融资为视角》，《学术论坛》2016年第5期。

动罪"的目的在于：一是为了履行国际义务。联合国安理会通过的涉及煽动恐怖主义行为的决议主要有第 1373（2001）号决议、第 1617（2005）号决议、第 1624（2005）号决议、第 1963（2010）号决议、第 2129（2013）号决议、第 2133（2014）号决议、第 2199（2015）号决议。这些决议都呼吁各国在遵守国际法的前提下，对恐怖主义的宣传煽动活动进行有效打击。其中，第 1624（2005）号决议最强烈地谴责了煽动恐怖行为的行径，[①]并吁请所有国家根据它们依国际法承担的义务，采取必要和适当的措施，以便在法律上禁止煽动实施一种或多种恐怖行为，防止这类行为，拒绝为任何根据可信的相关信息有充分理由认为曾犯下这类行为的人提供安全避难所。同时，联合国安理会第 2199（2015）号决议等文件对"在全球化社会中，恐怖主义分子及其支持者越来越多地利用新的信息和通信技术特别是因特网为恐怖主义行动提供便利，并用这些技术进行煽动、招募、资助或筹划恐怖主义行动"的行为表示关切。[②]二是为了防治国内恐怖活动犯罪。2014 年《关于办理暴力恐怖和宗教极端刑事案件适用法律若干问题的意见》指出，"近年来，我国部分地区发生的暴力恐怖案件表现形式呈现多样化，且均与宗教极端犯罪活动有直接关系，对国家安全、社会稳定、民族团结和人民群众生命财产安全造成了严重危害"。

---

① 第 1624（2005）号决议规定：又最强烈地谴责煽动恐怖行为的行径，并驳斥为恐怖行为辩解或美化（称颂）这些行为的企图，这样做会煽动更多的恐怖行为；深为关切煽动基于极端主义和不容忍的恐怖行为的行径对人权的享受日益构成严重的威胁，危及所有国家的社会和经济发展，破坏全球稳定和繁荣，联合国和所有国家必须紧迫地、积极主动地处理这个问题，并强调需要在国家和国际两级根据国际法采取一切必要和适当措施保护生命权；重申恐怖主义的行为、方法和做法违反联合国宗旨与原则，蓄意资助、策划和煽动恐怖行为也违反联合国宗旨与原则；着重指出，媒体、民间社会、宗教界、商界和教育机构在加强对话和增进了解、促进包容与共处、帮助创建一个不利于煽动恐怖主义的环境方面，发挥重要的作用；认识到在一个日益全球化的世界，各国必须协力防止恐怖分子利用先进技术、通信手段和各种资源来煽动支持犯罪行为。
② 参见联合国安理会第 2199（2015）号决议、第 2322（2016）号决议、第 2368（2017）号决议、第 2370（2017）号决议等。

《刑法修正案（九）》出台之前，根据《刑法》和《关于办理暴力恐怖和宗教极端刑事案件适用法律若干问题的意见》的规定，对于煽动恐怖活动的案件，根据不同具体情况，通常以组织、领导、参加恐怖组织罪、煽动分裂国家罪、煽动颠覆国家政权罪、煽动民族仇恨、民族歧视罪等罪名定罪处刑，这种做法极有可能导致在司法实践中出现适用法律和定性过于牵强的尴尬局面。《刑法修正案（九）》第 7 条为《刑法》第 120 条之后增加规定的第 120 条之三规定："以制作、散发宣扬恐怖主义、极端主义的图书、音频视频资料或者其他物品，或者通过讲授、发布信息等方式宣扬恐怖主义、极端主义的，或者煽动实施恐怖活动的，处五年以下有期徒刑、拘役、管制或者剥夺政治权利，并处罚金；情节严重的，处五年以上有期徒刑，并处罚金或者没收财产。"最高人民法院、最高人民检察院公布的《关于执行〈中华人民共和国刑法〉确定罪名的补充规定（六）》将本条规定的犯罪确定为"宣扬恐怖主义、极端主义、煽动实施恐怖活动罪"。从本质上看，"宣扬"和"煽动"有区别，"宣扬"倾向于传播恐怖主义、极端主义的思想，而"煽动"则倾向于怂恿、鼓励他人实施恐怖活动，故而有学者认为，应将《刑法》第 120 条之三规定的犯罪区分为宣扬恐怖主义、极端主义罪和煽动实施恐怖活动罪两个罪名，这样更符合行为的性质。①

1. 关于"恐怖主义"和"极端主义"

（1）关于"恐怖主义"

2015 年《反恐怖主义法》第 3 条规定，恐怖主义，是指通过暴力、破坏、恐吓等手段，制造社会恐慌、危害公共安全、侵犯人身财产，或者胁迫国家机关、国际组织，以实现其政治、意识形态等目的的主张和行为。该条从手段、目的和目标方面对"恐怖主义"的概念做了界定，对理解刑法中的"恐

---

① 参见胡江：《〈刑法修正案（九）〉恐怖主义犯罪规定的解读与思考》，《理论月刊》2016 年第 7 期。

怖主义"概念具有参考价值。①

　　（2）关于"极端主义"

　　《刑法》中涉及"极端主义"术语的罪名包括：①宣扬恐怖主义、极端主义、煽动实施恐怖活动罪（第120条之三）；②利用极端主义破坏法律实施罪（第120条之四）；③强制穿戴宣扬恐怖主义、极端主义服饰、标志罪（第120条之五）；④非法持有宣扬恐怖主义、极端主义物品罪（第120条之六）。

　　鉴于极端主义具有严重的社会危害性，《反恐怖主义法（草案）》指出：极端主义是当前我国恐怖主义的主要思想基础。国家反对一切形式的极端主义，禁止极端主义行为，并对极端主义的定义、禁止的行为、现场处置措施、法律责任及教育矫治作了规定。2014年《反恐怖主义法（草案）》一审稿说："本法所称极端主义，是指歪曲宗教教义和宣扬宗教极端，以及其他崇尚暴力、仇视社会、反对人类等极端的思想、言论和行为。"二审稿将"思想、言论"改为"主张"，和修改之前并无实质性差异。从字面意思看，《反恐怖主义法（草案）》所指的极端主义，主要是宗教极端主义。② 但最后出台的《反恐怖主义法》并没有对"极端主义"的概念做出界定。学界有人认为，极端主义是：任何个人或组织为实现其某种严重脱离于社会公认的价值

---

① 2001年《打击恐怖主义、分裂主义和极端主义上海公约》第1条第1款第1项规定：恐怖主义是指：为本公约附件（以下简称"附件"）所列条约之一所认定并经其定义为犯罪的任何行为；致使平民或武装冲突情况下未积极参与军事行动的任何其他人员死亡或对其造成重大人身伤害、对物质目标造成重大损失的任何其他行为，以及组织、策划、共谋、教唆上述活动的行为，而此类行为因其性质或背景可认定为恐吓居民、破坏公共安全或强制政权机关或国际组织以实施或不实施某种行为，并且是依各方国内法应追究刑事责任的任何行为。

② 2001年《打击恐怖主义、分裂主义和极端主义上海公约》第1条第1款第3项规定："极端主义"是指旨在使用暴力夺取政权、执掌政权或者改变国家宪法体制，通过暴力手段侵犯公共安全，包括为了达到上述目的的组织或参加非法武装团体，并且依各方国内法应追究刑事责任的任何行为。相比较而言，《上海公约》关于"极端主义"定义的表述，更具体更明确，更符合法律术语的规范性要求，司法实践中应根据该定义来认定"极端主义"。

观，并排斥与之不一致的任何理念，而针对自身或第三者采取暴力或其他非暴力的手段，从而造成严重社会后果的行为。① 另有学者认为，极端主义是指为了特定的政治、宗教或者个人目的，而信奉、主张通过暴力或意图实施暴力等极端手段实现其非法目的的思想、观念和言论。②

虽然最后出台的《反恐怖主义法》没有对"极端主义"的概念做出界定，但有不少条款都涉及极端主义，如《反恐怖主义法》第 4 条第 2 款将极端主义描述为恐怖主义的思想基础。又如《反恐怖主义法》第 81 条对极端主义的表现行为作了列举式规定，即极端主义表现为下列行为：强迫他人参加宗教活动，或者强迫他人向宗教活动场所、宗教教职人员提供财物或者劳务的；以恐吓、骚扰等方式驱赶其他民族或者有其他信仰的人员离开居住地的；以恐吓、骚扰等方式干涉他人与其他民族或者有其他信仰的人员交往、共同生活的；以恐吓、骚扰等方式干涉他人生活习俗、方式和生产经营的；阻碍国家机关工作人员依法执行职务的；歪曲、诋毁国家政策、法律、行政法规，煽动、教唆抵制人民政府依法管理的；煽动、胁迫群众损毁或者故意损毁居民身份证、户口簿等国家法定证件以及人民币的；煽动、胁迫他人以宗教仪式取代结婚、离婚登记的；煽动、胁迫未成年人不接受义务教育的；其他利用极端主义破坏国家法律制度实施的。根据《反恐怖主义法》第 81 条之规定，利用极端主义，实施有关行为的，情节轻微，尚不构成犯罪的，由公安机关处 5 日以上 15 日以下拘留，可以并处 1 万元以下罚款。《刑法》第 120 条之三至第 120 条之六与《反恐怖主义法》第 80 条和第 81 条的规定密切相关，根据《刑法》上述条款之规定，上述行为构成犯罪的，就应当承担刑事责任。但如何区分与极端主义有关的犯罪行为和《反恐怖主义法》规定的相应行政违法行为，则没有具体明确的标准，司法实践中很难把握。如

---

① 参见卢有学、吴永辉：《极端主义犯罪辨析——基础理论与立法剖析》，《西南政法大学学报》2015 年第 2 期。

② 参见胡江：《〈刑法修正案（九）〉恐怖主义犯罪规定的解读与思考》，《理论月刊》2016 年第 7 期。

果没有明确具体的认定标准，司法认定的主观性和随意性就不可避免。因此，在法律或司法解释没有给出明确具体的认定标准时，认定入罪门槛较低的恐怖活动犯罪时应从严把握。

2. 宣扬恐怖主义、极端主义、煽动实施恐怖活动罪的客观要件的认定

从立法上看，根据《刑法》第 120 条之三之规定，宣扬恐怖主义、极端主义、煽动实施恐怖活动罪在客观方面表现为三类行为：一是制作、散发宣扬恐怖主义、极端主义的图书、音频视频资料或者其他物品的行为；二是通过讲授、发布信息等方式宣扬恐怖主义、极端主义的行为；三是煽动实施恐怖活动的行为。

（1）关于"宣扬"

从理论上讲，所谓宣扬，是指制作、散发恐怖主义、极端主义的图书、音频视频资料或者其他物品，或者讲授恐怖主义、极端主义的思想，或者发布恐怖主义、极端主义的思想信息的行为。关于"宣扬"的司法认定，可以参考 2017 年 6 月北京市第三中级人民法院审判的杨某宣扬恐怖主义、极端主义犯罪案件和谢某、李某某宣扬恐怖主义、极端主义犯罪案件①、同年 7

① 北京市第三中级人民法院于 2017 年 6 月 29 日作出的（2017）京 03 刑初 15 号刑事判决书认定：谢某、李某某就职于酷发现（北京）信息科技有限公司，李某某为法人代表，负责公司编辑等工作，谢某为编辑。2016 年 1 月 25 日，谢某在本市朝阳区北辰泰岳大厦 15 层其公司内，将在网上发现的题为"残酷的战争，生死瞬间，摄于叙利亚、伊拉克、也门"的视频链接添加入公司网站的后台管理系统，该视频于 2 月 2 日在公司网站及某 APP 手机应用软件上被发布，后李某某点击视频进行观看但并未撤销发布或删除。该视频在以上两个平台上迅速扩散，获得了高达 3071836 的点击量，并被分享 333075 次。经审查，该视频内容涉及宣扬恐怖主义和宗教极端思想，属于典型的暴力恐怖视频，危害程度极大。谢某于 2016 年 3 月 7 日在本市朝阳区北辰泰岳大厦 15 层其公司内被抓获归案。李某某于同日经公安机关电话传唤后返回公司，后被公安人员带至派出所接受调查。北京市第三中级人民法院认为：谢某、李某某法制观念淡薄，通过在网络平台上散发视频资料的方式宣扬恐怖主义、极端主义，其行为已构成宣扬恐怖主义、极端主义罪。北京市人民检察院第三分院指控谢某、李某某犯宣扬恐怖主义、极端主义罪的事实清楚，证据确实、充分，指控罪名成立。鉴于谢某系初犯、偶犯，到案后能够如实供述所犯罪行，依法对其从轻处罚；李某某经公安机关传唤自动到案，酌情对其从轻处罚。故认定谢某（转下页）

053

月北京市第一中级人民法院审理的张某宣扬恐怖主义、极端主义案件以及其他省、自治区、直辖市起诉或审结的同类案件。

（2）关于"煽动"

所谓煽动，是指行为人鼓动、唆使、怂恿他人实施恐怖活动犯罪的行为。煽动行为，既可以是公然实施，也可以是私下实施；既可以是直接实施，也可以是间接实施；既可以采取口头方式实施，如公开呼喊反动口号、发表反动演说等，也可以采取文字方式实施，如书写、张贴、散发反动传单、标语、大小字报，向有关单位投寄反动信件，编辑、出版含有反动内容的刊物，发表含有反动内容的文章，通过互联网进行煽动等。

利用网络煽动他人实施恐怖活动犯罪是一种新型的煽动方式。信息网络包括以计算机、电视机、固定电话机、移动电话机等电子设备为终端的计算机互联网、广播电视网、固定通信网、移动通信网等信息网络，以及向公众开放的局域网络。① 网络平台包括网站、网络聊天室、网盘、QQ、微信、微博、Facebook、Twitter、YouTube、Vimeo 等。近年来，各国加大了对网络恐怖主义犯罪的打击力度，促使 Facebook、Twitter、YouTube 等传统社交媒体平台关闭了涉恐账号，恐怖组织普遍转向使用加密工具和匿踪软件之类的网络防御技术手段，加强了隐蔽性和快捷性，避免其行踪被有关国家的情报和反情报部门发现，同时能够将信息精准地传播给直接相关受众，如多个恐怖组织大量使用经过加密的 Telegram、IMO、Tango、Messenger、WhatsApp、Viber、Kik 等手机通信软件以及相应的数据粉碎应用（俗称阅后即焚）如 Wickr、Surespot，使得有关国家的情报机构和执法机构无法实

（接上页）犯宣扬恐怖主义、极端主义罪，判处有期徒刑 2 年，并处罚金人民币 3000 元；李某某犯宣扬恐怖主义、极端主义罪，判处有期徒刑 2 年，并处罚金人民币 3000 元。参见北京市高级人民法院于 2018 年 1 月 30 日作出的谢某等宣扬恐怖主义、极端主义、煽动实施恐怖活动二审刑事裁定书（编号为：(2017) 京刑终 196 号）。

① 最高人民法院、最高人民检察院《关于办理利用信息网络实施诽谤等刑事案件适用法律若干问题的解释》（法释〔2013〕21 号）第 10 条。

时侦测并截获恐怖组织在其中传播的信息。因此，网络反恐已成为近年来国际社会面临的重大议题。

本罪属于危险犯，不以后果的发生为既遂条件，只要行为人实施了作为犯罪构成要件的行为，就可以构成犯罪。在刑法理论上，将危险犯分为具体危险犯和抽象危险犯。具体危险犯中的危险是在司法上以行为当时的具体情况为根据，认定行为具有发生侵害结果的可能性；抽象危险犯中的危险是在司法上以一般的社会生活经验为根据，认定行为具有发生侵害结果的可能性。①

（3）宣扬恐怖主义、极端主义、煽动实施恐怖活动罪的客观要件认定的其他问题

认定宣扬恐怖主义、极端主义、煽动实施恐怖活动罪时，一方面，应注意区分该罪与言论自由权的界限。另一方面，应注意区分该罪与煽动分裂国家罪、煽动颠覆国家政权罪、煽动民族仇恨、民族歧视罪、煽动暴力抗拒法律实施罪等煽动型犯罪的界限。

本罪属于煽动型犯罪，② 煽动行为表现为通过语言文字等形式向他人进行煽动，属于言论犯罪。如果有人发表了一般性政治错误言论或消极言论，实践中就有可能出现混淆罪与非罪界限的现象。因此，在认定煽动型犯罪时，应当区分煽动型犯罪与言论自由的界限，以避免"因言获罪"。

3.宣扬恐怖主义、极端主义、煽动实施恐怖活动罪的行为人主观上"明知"的认定

根据《关于办理暴力恐怖和宗教极端刑事案件适用法律若干问题的意

---

① 参见侯艳芳：《论我国网络恐怖活动犯罪的刑法规制》，《山东社会科学》2016年第3期。

② 1979年《刑法》规定的煽动型罪名只有第102条规定的反革命宣传煽动罪，1997年《刑法》规定的煽动型犯罪包括煽动分裂国家罪、煽动颠覆国家政权罪、宣扬恐怖主义、极端主义、煽动实施恐怖活动罪、煽动民族仇恨、民族歧视罪、煽动暴力抗拒法律实施罪、煽动军人逃离部队罪，被分别规定在《刑法》分则第一章"危害国家安全罪"、第二章"危害公共安全罪"、第四章"侵犯公民人身权利、民主权利罪"、第六章"妨害社会管理秩序罪"、第七章"危害国防利益罪"中。

见》第 3 条的规定，对是否"明知"的认定，应当结合案件具体情况，坚持重证据，重调查研究，以行为人实施的客观行为为基础，结合其一贯表现，具体行为、程度、手段、事后态度，以及年龄、认知和受教育程度、所从事的职业等综合判断。曾因实施暴力恐怖、宗教极端违法犯罪行为受到行政、刑事处罚，免予刑事处罚，或者被责令改正后又实施的，应当认定为明知。其他共同犯罪嫌疑人、被告人或者其他知情人供认、指证，行为人不承认其主观上"明知"，但又不能作出合理解释的，依据其行为本身和认知程度，足以认定其确实"明知"或者应当"明知"的，应当认定为明知。

4. 宣扬恐怖主义、极端主义、煽动实施恐怖活动罪的共同犯罪的认定

参照《关于办理暴力恐怖和宗教极端刑事案件适用法律若干问题的意见》第 2 条第 6 项之规定，对明知图书、文稿、图片、音像制品、移动存储介质、电子阅读器中载有利用宗教极端、暴力恐怖思想煽动分裂国家、破坏国家统一或者煽动民族仇恨、民族歧视的内容，而提供存储、邮寄、投递、运输、传输及其他服务的，以宣扬恐怖主义、极端主义、煽动实施恐怖活动罪或者煽动民族仇恨、民族歧视罪的共同犯罪定罪处罚。网站、网页、论坛、电子邮件、博客、微博、即时通信工具、群组、聊天室、网络硬盘、网络电话、手机应用软件及其他网络应用服务的建立、开办、经营、管理者，明知他人散布、宣扬利用宗教极端、暴力恐怖思想煽动分裂国家、破坏国家统一或者煽动民族仇恨、民族歧视的内容，允许或者放任他人在其网站、网页、论坛、电子邮件、博客、微博、即时通信工具、群组、聊天室、网络硬盘、网络电话、手机应用软件及其他网络应用服务上发布的，以宣扬恐怖主义、极端主义、煽动实施恐怖活动罪或者煽动民族仇恨、民族歧视罪的共同犯罪定罪处罚。

5. 罪数形态（又称"一罪与数罪"）的认定

鉴于《刑法修正案（九）》规定了"宣扬恐怖主义、极端主义、煽动实

施恐怖活动罪"，就不再对相关行为以其他罪名定罪了，但《关于办理暴力恐怖和宗教极端刑事案件适用法律若干问题的意见》第 2 条的规定可以作为认定本罪客观要件的依据。参照该《意见》第 2 条第 3 项之规定，下列行为属于宣扬恐怖主义、极端主义、煽动实施恐怖活动的行为：组织、纠集他人，宣扬、散布、传播宗教极端、暴力恐怖思想的；出版、印刷、复制、发行载有宣扬宗教极端、暴力恐怖思想内容的图书、期刊、音像制品、电子出版物或者制作、印刷、复制载有宣扬宗教极端、暴力恐怖思想内容的传单、图片、标语、报纸的；通过建立、开办、经营、管理网站、网页、论坛、电子邮件、博客、微博、即时通信工具、群组、聊天室、网络硬盘、网络电话、手机应用软件及其他网络应用服务，或者利用手机、移动存储介质、电子阅读器等登载、张贴、复制、发送、播放、演示载有宗教极端、暴力恐怖思想内容的图书、文稿、图片、音频、视频、音像制品及相关网址，宣扬、散布、传播宗教极端、暴力恐怖思想的；制作、编译、编撰、编辑、汇编或者从境外组织、机构、个人、网站直接获取载有宣扬宗教极端、暴力恐怖思想内容的图书、文稿、图片、音像制品等，供他人阅读、观看、收听、出版、印刷、复制、发行、传播的；设计、制造、散发、邮寄、销售、展示含有宗教极端、暴力恐怖思想内容的标识、标志物、旗帜、徽章、服饰、器物、纪念品的；以其他方式宣扬宗教极端、暴力恐怖思想的。

实施上述行为，煽动民族仇恨、民族歧视，情节严重的，以煽动民族仇恨、民族歧视罪定罪处罚。同时构成宣扬恐怖主义、极端主义、煽动实施恐怖活动罪的，依照处罚较重的规定定罪处罚。

（三）强制穿戴宣扬恐怖主义、极端主义服饰、标志罪

根据《刑法》第 120 条之五的规定，强制穿戴宣扬恐怖主义、极端主义服饰、标志罪，是指以暴力、胁迫等方式强制他人在公共场所穿着、佩戴宣扬恐怖主义、极端主义服饰、标志的行为。

1. 关于"公共场所"

《刑法》第 120 条之五中的"公共场所"是该罪成立的客观要件，是认定该罪的关键要素。根据国务院于 1987 年 4 月 1 日发布的《公共场所卫生管理条例》第 2 条之规定，"公共场所"包括：宾馆、饭馆、旅店、招待所、车马店、咖啡馆、酒吧、茶座；公共浴室、理发店、美容店；影剧院、录像厅（室）、游艺厅（室）、舞厅、音乐厅；体育场（馆）、游泳场（馆）、公园；展览馆、博物馆、美术馆、图书馆；商场（店）、书店；候诊室、候车（机、船）室、公共交通工具。根据最高人民法院、最高人民检察院于 2013 年 7 月 15 日公布的《关于办理寻衅滋事刑事案件适用法律若干问题的解释》（法释〔2013〕18 号）第 5 条之规定，车站、码头、机场、医院、商场、公园、影剧院、展览会、运动场或者其他公共场所，属于"公共场所"。在传统意义上，"公共场所"是指现实的人类活动空间，但随着信息技术的迅猛发展，网络空间也被视为"公共场所"。根据最高人民法院、最高人民检察院于 2013 年 9 月 6 日颁布的《关于办理利用信息网络实施诽谤等刑事案件适用法律若干问题的解释》（法释〔2013〕21 号）第 5 条之规定，编造虚假信息，或者明知是编造的虚假信息，在信息网络上散布，或者组织、指使人员在信息网络上散布，起哄闹事，造成公共秩序严重混乱的，依照《刑法》第 293 条第 1 款第（四）项的规定，以寻衅滋事罪定罪处罚。① 可见，刑法条文回应了科学技术的发展和打击犯罪的现实需求，将"公共场所"的范围由现实的空间扩充至虚拟空间，因此，强制穿戴宣扬恐怖主义、极端主义服饰、标志罪中的"公共场所"既包括现实的空间，也包括网络空间。在实践中，已有将"网络空间"视为"公共场所"的案例，例如，2014 年 4 月 17 日，北京市朝阳区人民法院对秦某某（网名"秦火火"）诽谤、寻衅滋事一案作出一审判决，以诽谤罪判处秦某某有期徒刑 2 年，以寻衅滋事罪判处秦某某

---

① 根据该《解释》第 10 条之规定，"信息网络"包括以计算机、电视机、固定电话机、移动电话机等电子设备为终端的计算机互联网、广播电视网、固定通信网、移动通信网等信息网络，以及向公众开放的局域网络。

有期徒刑1年6个月，决定执行有期徒刑3年。该案属于扰乱网络公共秩序的典型案例。随着信息技术的快速发展，信息网络与人们的现实生活已经融为一体，密不可分，将网络空间视为"公共场所"是符合社会发展需要的必然选择。

2. 关于"恐怖主义、极端主义服饰、标志"

"恐怖主义、极端主义服饰、标志"是认定该罪与非罪、该罪与其他犯罪界限的关键因素之一。"服饰"，是指装饰人体的物品的总称，包括服装、鞋、帽、袜子、手套、围巾、领带、提包、伞具、发饰、配饰等。"标志"是人们用来表明某一事物特征的记号，以单纯、显著、易识别的物象、图形或文字符号为直观语言，除表示什么、代替什么之外，还具有表达意义、情感和指令行动等作用。

强制穿戴宣扬恐怖主义、极端主义服饰、标志罪中的"恐怖主义、极端主义服饰、标志"是否包括联合国安理会认定的恐怖组织、极端组织的服饰、标志，我国对此没有明确规定。根据《反恐怖主义法》和《刑事诉讼法》的相关规定，我国对恐怖活动组织、恐怖活动人员的认定实行行政认定和司法认定并存的双轨制，因此，经过行政认定或司法认定的恐怖活动组织的服饰、标志才能成为该罪中所指的"服饰、标志"，而不包括没有经过我国认定的恐怖组织的服饰、标志，但是如果联合国安理会认定的恐怖组织和我国认定的恐怖组织相重合，则该恐怖组织的服饰、标志可以成为本罪中的"服饰、标志"。

（四）洗钱罪

《刑法修正案（三）》对《刑法》第191条的修改，使得洗钱罪成为恐怖活动犯罪的关联犯罪。

"洗钱"一词由英文"money laundering"直译而来。现代意义上的洗钱开始于20世纪20年代，在美国的工业中心芝加哥等城市出现了阿里·卡彭、约·多里奥和勒基·鲁西诺为首的庞大的有组织犯罪集团。该犯罪集团利用美国经济发展过程中广泛运用现代化生产技术的机会，大力发展自己的犯罪企业，谋求巨额的经济利益。但是由于美国有着严格的金融管理制度和税收征管制度，使这些犯罪收益无法自由消费和使用。于是该犯罪集团中的一个财务总管购置了一台自动洗衣机，为顾客清洗衣服，并收取现金，然后将犯罪收入混入这些现金中一起向税务机关申报，使其变为合法收入。这种将非法收入转变为合法收入的过程是通过设置洗衣环节完成的，由此就形成了现代意义上的"洗钱"概念。①1973年，美国报纸报道了当时"水门事件"中尼克松总统的竞选班子将带有贿赂性质的非法政治捐款清洗为合法政治捐款的行为。1978年，意大利首次规定了武装抢劫、勒索罪与劫持人质罪的洗钱行为。后来，"洗钱"一词被世界各国普遍使用。当今，大多数国家已将洗钱行为规定为犯罪。

恐怖融资是恐怖组织和恐怖分子保障其生存、发展、壮大和从事恐怖活动的资产基础和关键资金来源。据分析，恐怖分子仅策划和具体实施"9·11"事件所花费的费用就超过50万美元。如今，全球各种恐怖组织维持生存的费用大于具体实施恐怖袭击的费用。恐怖组织在招募和培训恐怖分子、维持恐怖训练营的运转、购买和改善武器设备、伪造身份证和旅行证件、收集各类情报、购买通信和宣传设施、拉拢或援助那些庇护他们的政府组织时，都需要强有力的资金支持。②据估算，仅"基地"组织维持全球恐怖网络的总费用就高达数十亿美元之巨。关于"基地"组织获得资金的途径，美国司法部认为有40%的资金是通过毒品贸易获得的，20%的资金通过勒索取得，通过绑架所取得的资金占10%，剩余的30%部分基本上来自于美国、欧洲和世界上其他各地的融资。"基地"组织取得的这些资金一般都储存在世界各地的银行，并通过洗钱来

---

① 参见刘宪权：《金融犯罪刑法学新论》，上海人民出版社2014年版。

② 参见王新：《零适用的审判现状：审视资助恐怖活动罪的适用》，《政治与法律》2012年第7期。

转移。① 可见，洗钱已成为恐怖组织获取资金的重要渠道。打击洗钱犯罪，切断恐怖组织的资金链条，是遏制恐怖活动的必要而有效的手段。

近年来，我国在打击恐怖融资犯罪方面取得了一定进展。2013 年，全国检察机关批准逮捕涉嫌洗钱犯罪案件 6 件共 9 人，提起公诉 6 件共 15 人；批准逮捕涉嫌掩饰、隐瞒犯罪所得、犯罪所得收益犯罪案件 5817 件共 11490 人，提起公诉 9765 件共 28233 人；批准逮捕涉嫌窝藏、转移、隐瞒毒品、毒赃犯罪案件 36 件共 112 人，提起公诉 39 件共 156 人；批准逮捕涉嫌资助恐怖活动犯罪案件 3 件共 4 人，提起公诉 2 件共 13 人。2013 年，全国人民法院依法审结洗钱案件 9248 起，生效判决人数 16473 人，其中，依据《中华人民共和国刑法》（以下简称《刑法》）第 191 条"洗钱罪"审结案件 8 起，依据《刑法》第 312 条"窝藏、转移、收购、销售赃物罪"审结案件 182 起，"掩饰、隐瞒犯罪所得、犯罪所得收益罪"审结案件 9206 起，依据《刑法》第 349 条"窝藏、转移、隐瞒毒品、毒赃罪"审结案件 34 起；依据《刑法》第 120 条之一"资助恐怖活动罪"审结案件 1 起。② 其中，对"资助恐怖活动罪"案件的审理，实现了审判实践中适用《刑法》第 120 条之一的"零的突破"。

《中国反洗钱报告（2014）》显示，2014 年，全国检察机关批准逮捕涉嫌洗钱犯罪案件 5277 起 10328 人，提起公诉 8942 起 26223 人。其中，批准逮捕涉嫌《刑法》第 191 条"洗钱罪"的案件 14 起 17 人，提起公诉 5 起 13 人；批准逮捕涉嫌《刑法》第 312 条"掩饰、隐瞒犯罪所得、犯罪所得收益罪"的案件 5227 起 10168 人，提起公诉 8898 起 26060 人；批准逮捕涉嫌《刑法》第 349 条"窝藏、转移、隐瞒毒品、毒赃罪"的案件 36 起 143 人，提起公诉 39 起 150 人；批准逮捕涉嫌《刑法》第 120 条之一"资助恐怖活动

① 参见王新：《零适用的审判现状：审视资助恐怖活动罪的适用》，《政治与法律》2012 年第 7 期。

② 中国人民银行发布的《中国反洗钱报告（2013）》，中国发展门户网：http://cn.chinagate.cn/reports/2014—08/18/content_33265293_2.htm（2014 年 8 月 18 日访问）。

罪"的案件 41 起 81 人，提起公诉 27 起 61 人。2014 年，全国人民法院依法一审审结洗钱案件 8901 起，生效判决人数 15329 人，其中，依据《刑法》第 191 条 "洗钱罪" 审结案件 4 起，生效判决 5 人；依据《刑法》第 312 条 "窝藏、转移、收购、销售赃物罪" 审结案件 88 起，生效判决 394 人；以 "掩饰、隐瞒犯罪、所得犯罪所得收益罪" 审结案件 8763 起，生效判决 14860 人；依据《刑法》第 349 条 "窝藏、转移、隐瞒毒品、毒赃罪" 审结案件 46 起，生效判决 70 人。

《中国反洗钱报告（2015）》显示，2015 年，全国检察机关批准逮捕涉嫌洗钱犯罪案件 3769 起 7805 人，提起公诉 6130 起 18627 人。其中，批准逮捕涉嫌《刑法》第 191 条 "洗钱罪" 的案件 18 起 23 人，提起公诉 20 起 30 人；批准逮捕涉嫌《刑法》第 312 条 "掩饰、隐瞒犯罪所得、犯罪所得收益罪" 的案件 3715 起 7640 人，提起公诉 6069 起 18411 人；批准逮捕涉嫌《刑法》第 349 条 "窝藏、转移、隐瞒毒品、毒赃罪" 的案件 36 起 142 人，提起公诉 41 起 186 人；批准逮捕涉嫌《刑法》第 120 条之一 "资助恐怖活动罪" 的案件 92 起 181 人，提起公诉 71 起 167 人。2015 年，全国人民法院依法一审审结洗钱案件 6794 起，生效判决人数 12563 人。其中，以《刑法》第 191 条 "洗钱罪" 审结案件 9 起，生效判决 15 人；以《刑法》第 312 条 "掩饰、隐瞒犯罪、所得犯罪所得收益罪" 审结案件 6731 起，生效判决 12445 人（含以旧《刑法》"窝藏、转移、收购、销售赃物罪" 审结案件 21 起，生效判决 116 人）；以《刑法》第 349 条 "窝藏、转移、隐瞒毒品、毒赃罪" 审结案件 54 起，生效判决 103 人；以《刑法》第 120 条之一 "资助恐怖活动罪" 审结案件 55 起，生效判决 51 人。

《中国反洗钱报告（2016）》显示，2016 年，全国检察机关批准逮捕涉嫌洗钱犯罪案件 3370 起 6842 人，提起公诉 5587 起 19688 人。其中，批准逮捕涉嫌《刑法》第 191 条 "洗钱罪" 的案件 20 起 47 人，提起公诉 16 起 27 人；批准逮捕涉嫌《刑法》第 312 条 "掩饰、隐瞒犯罪所得、犯罪所得收益罪" 的案件 3322 起 6754 人，提起公诉 5533 起 15920 人；批准逮捕涉嫌《刑法》第349条"窝藏、转移、隐瞒毒品、毒赃罪"的案件28起41人，提起公诉38起141人；批准逮捕涉嫌《刑法》第120条之一"帮助恐怖活动罪"的案件141起355人，提起公诉134起313人。2016年，全国人民法院依法一审审结洗钱案件5309起，生效判决人数9367人。其中，以《刑法》第191条"洗钱罪"审结案件28起，生效判决17人；以《刑法》第312条"掩饰、隐瞒犯罪、所得犯罪所得收益罪"审结案件5226起，生效判决9249人；以《刑法》第349条"窝藏、转移、隐瞒毒品、毒赃罪"审结案件55起，生效判决101人；以《刑法》第120条之一"帮助恐怖活动罪"审结案件147起，生效判决153人。

通过比较2013年至2016年全国法院审结的各类相关案件数量看，其中，审结的"帮助恐怖活动罪"案件从2013年仅有的1起增长到2016年的147起，体现了司法机关打击此类犯罪案件的进展和动态。表一和表二更能清晰地反映这种变化趋势。

表一 2013年至2016年全国检察院对四类案件的批准逮捕、提起公诉的情况

年份	洗钱罪				掩饰、隐瞒犯罪所得、犯罪所得收益罪				窝藏、转移、隐瞒毒品、毒赃罪				资助恐怖活动罪（新罪名：帮助恐怖活动罪）			
	批捕		起诉		批捕		起诉		批捕		起诉		批捕		起诉	
	件	人	件	人	件	人	件	人	件	人	件	人	件	人	件	人
2016	20	47	16	27	3322	6754	5533	15920	28	41	38	141	141	355	134	313
2015	18	23	20	30	3715	7640	6069	18411	36	142	41	186	92	181	71	167
2014	14	17	5	13	5227	10168	8898	26060	36	143	39	150	41	81	27	61
2013	6	9	6	15	5817	11490	9765	28233	36	112	39	156	3	4	2	13

表二　2013 年至 2016 年全国法院对五类案件的审结件数和生效判决人数情况①

年份	洗钱罪		掩饰、隐瞒犯罪所得、犯罪所得收益罪		窝藏、转移、收购、销售赃物罪		窝藏、转移、隐瞒毒品、毒赃罪		资助恐怖活动罪（帮助恐怖活动罪）	
	审结	生效判决	审结	生效判决	审结	生效判决	审结	生效判决	审结	生效判决
	件	人	件	人	件	人	件	人	件	人
2016	28	17	5226	9249			55	101	147	153
2015	9	15	6710	12329	21	116	54	103	55	51
2014	4	5	8763	14860	88	394	46	70	0	
2013	8		9206		182		34		1	

1. 洗钱罪的立法沿革

伴随我国经济体制改革的发展，我国洗钱犯罪刑事立法经历了一个从无到有、从不完善到相对完善的发展历程。

在计划经济时代，国家对经济领域实行严格管制，市场处于僵死状态，缺乏滋生洗钱行为的土壤，故诞生于特殊历史背景下的 1979 年《刑法》没有规定洗钱罪。随着经济体制改革的深入发展和对外开放政策的贯彻执行，市场经济开始出现并迅速活跃起来，国内新型的严重危害社会的各种行为和跨国犯罪不断出现，1979 年《刑法》已难以应对。为了弥补 1979 年《刑法》的不足，我国先后出台了 20 余部单行刑法，其中之一就是 1990 年 12 月 28 日第七届全国人大常委会第十七次会议通过的《关于禁毒的决定》。《关于禁毒的决定》的出台，一方面是为了严惩走私、贩卖、运输、制造毒品和非法种植毒品原植物等犯罪活动，严禁吸食、注射毒品，保护公民身心健康，维

---

① 由于"窝藏、转移、收购、销售赃物罪"已被《刑法》第 312 条规定的"掩饰、隐瞒犯罪所得、犯罪所得收益罪"所代替，故 2016 年审结的洗钱犯罪案件的统计数据中不再出现"窝藏、转移、收购、销售赃物罪"的名称。《中国反洗钱报告（2013）》中未提及每一类案件的生效判决人数，故在此表中未能提供相应的数据。

护社会治安秩序；另一方面是为了履行条约义务。1989 年 9 月 4 日第七届全国人大常委会第九次会议通过了《关于批准〈联合国禁止非法贩运麻醉药品和精神药物公约〉的决定》，我国正式成为该《公约》的缔约国。该《公约》第 3 条规定，为隐瞒或掩饰因制造、贩卖、运输任何麻醉药品或精神药物所得之非法财产来源的性质、原因，而将该财产转换或转移者，即为洗钱。该条要求缔约国将隐瞒或掩饰毒品犯罪所得和收益的真实性质、来源、所在地、处置、转移、相关的权利或所有权的行为确定为其国内法中的刑事犯罪。《关于禁毒的决定》第 4 条第 1 款规定："包庇走私、贩卖、运输、制造毒品的犯罪分子的，为犯罪分子窝藏、转移、隐瞒毒品或者犯罪所得的财物的，掩饰、隐瞒出售毒品获得财物的非法性质和来源的，处七年以下有期徒刑、拘役或者管制，可以并处罚金。"该规定被视为我国最早的洗钱犯罪刑事立法。最高人民法院于 1994 年 12 月 20 日颁布的《关于适用〈全国人民代表大会常务委员会关于禁毒的决定〉的若干问题的解释》将《关于禁毒的决定》第 4 条第 1 款规定的犯罪确定为"窝藏毒品、毒赃罪"和"掩饰、隐瞒毒赃性质、来源罪"。其中，"掩饰、隐瞒毒赃性质、来源罪"被视为我国最早的洗钱罪。尽管该《决定》并未使用"洗钱"一词，但"掩饰、隐瞒出售毒品获得财物的非法性质和来源的"的措辞本身包含了"洗钱"一词的含义。

　　20 世纪 90 年代，中国社会处于急剧转型期，新问题、新挑战不断出现，洗钱行为也日益猖獗，1997 年《刑法》做出了回应，在《关于禁毒的决定》第 4 条第 1 款规定的"掩饰、隐瞒毒赃性质、来源罪"的基础上增设了洗钱罪。[①]1997 年《刑法》第 191 条规定："明知是毒品犯罪、黑社会性质的组织犯罪、走私犯罪的违法所得及其产生的收益，为掩饰、隐瞒其来源和性质，有下列行为之一的，没收实施以上犯罪的违法所得及其产生的收益，处

---

①　1997 年《刑法》将《关于禁毒的决定》第 4 条第 1 款规定的"窝藏毒品、毒赃罪"和"掩饰、隐瞒毒赃性质、来源罪"分别规定在第 349 条和第 191 条中，第 349 条规定的是"窝藏、转移、隐瞒毒品、毒赃罪"。

五年以下有期徒刑或者拘役，并处或者单处洗钱数额百分之五以上百分之二十以下罚金；情节严重的，处五年以上十年以下有期徒刑，并处洗钱数额百分之五以上百分之二十以下罚金：（一）提供资金账户的；（二）协助将财产转换为现金或者金融票据的；（三）通过转账或者其他结算方式协助资金转移的；（四）协助将资金汇往境外的；（五）以其他方法掩饰、隐瞒犯罪的违法所得及其收益的性质和来源的。单位犯前款罪的，对单位判处罚金，并对其直接负责的主管人员和其他直接责任人员，处五年以下有期徒刑或者拘役。"该条将洗钱罪的上游犯罪由《关于禁毒的决定》规定的毒品犯罪扩充为"毒品犯罪、黑社会性质的组织犯罪、走私犯罪"，并将"单位"增加规定为洗钱罪的主体。1997年《刑法》对上游犯罪的扩充，主要是基于打击黑社会性质组织犯罪和走私犯罪的现实需要。

2001年9月11日，美国遭受恐怖袭击之后，联合国安理会通过的第1373（2001）号决议要求所有国家毫不延迟地冻结从事、参与或协助恐怖主义行为的个人及其拥有或控制的实体，以及代表上述个人、实体或按其指示行事的个人或实体的资金、其他金融资产或经济资源。2001年10月，金融行动特别工作组专门针对反恐怖融资制定了八项建议，包括恐怖融资行为的入罪、资金监测与可疑交易报告、冻结和没收恐怖分子资产、国际合作等要求。"9·11"事件之后，世界上掀起了反恐怖主义立法高潮，我国也加强了反恐怖主义立法活动。为了惩治恐怖活动犯罪，保障国家和人民生命、财产安全，维护社会秩序，2001年通过的《中华人民共和国刑法修正案（三）》第7条将1997年《刑法》第191条修改为："明知是毒品犯罪、黑社会性质的组织犯罪、恐怖活动犯罪、走私犯罪的违法所得及其产生的收益，为掩饰、隐瞒其来源和性质，有下列行为之一的，没收实施以上犯罪的违法所得及其产生的收益，处五年以下有期徒刑或者拘役，并处或者单处洗钱数额百分之五以上百分之二十以下罚金；情节严重的，处五年以上十年以下有期徒刑，并处洗钱数额百分之五以上百分之二十以下罚金：（一）提供资金账户的；（二）协助将财产转换为现金或者金融票据的；

（三）通过转账或者其他结算方式协助资金转移的；（四）协助将资金汇往境外的；（五）以其他方法掩饰、隐瞒犯罪的违法所得及其收益的来源和性质的。单位犯前款罪的，对单位判处罚金，并对其直接负责的主管人员和其他直接责任人员，处五年以下有期徒刑或者拘役；情节严重的，处五年以上十年以下有期徒刑。"一方面，新规定在洗钱罪的原上游犯罪"毒品犯罪、黑社会性质的组织犯罪、走私犯罪"的基础上增加了"恐怖活动犯罪"，洗钱罪的上游犯罪由此增加为四类；另一方面，在原第2款规定的基础上增加了"情节严重的，处五年以上十年以下有期徒刑"的规定。据此，单位犯洗钱罪，情节严重的，对单位判处罚金的同时，对其直接负责的主管人员和其他直接责任人员，处 5 年以上 10 年以下有期徒刑。《刑法修正案（三）》将洗钱罪和恐怖活动犯罪联结在了一起，使洗钱罪成为恐怖活动犯罪的关联犯罪。

2006 年 6 月 29 日，第十届全国人民代表大会常务委员会第二十二次会议通过了《中华人民共和国刑法修正案（六）》。《刑法修正案（六）》"将刑法第一百九十一条第一款修改为：明知是毒品犯罪、黑社会性质的组织犯罪、恐怖活动犯罪、走私犯罪、贪污贿赂犯罪、破坏金融管理秩序犯罪、金融诈骗犯罪的所得及其产生的收益，为掩饰、隐瞒其来源和性质，有下列行为之一的……"《刑法修正案（六）》在洗钱罪的原四类上游犯罪"毒品犯罪、黑社会性质的组织犯罪、恐怖活动犯罪、走私犯罪"的基础上又增加了"贪污贿赂犯罪、破坏金融管理秩序犯罪、金融诈骗犯罪"，由此，洗钱罪的上游犯罪变为七类犯罪。此外，根据《刑法》第 312 条的规定，对明知是任何犯罪的所得而予以窝藏、转移、收购或者代为销售的，都可以按犯罪追究刑事责任，只是具体罪名未被称为洗钱罪。《刑法修正案（六）》的出台，一方面是为了严厉打击贪污贿赂犯罪、破坏金融管理秩序犯罪、金融诈骗犯罪。当时有关部门提出，不少贪污贿赂犯罪、金融犯罪的违法所得巨大，为其洗钱将严重破坏金融管理秩序，危害金融安全，应当将为这两类犯罪洗钱的行为，按洗钱犯罪追究刑事责任。① 另一方面是为了履行条约义务。2003 年 9 月和 12 月，我国先后加入了《联合国打击跨国有组织犯罪公约》和《联合国反腐败公约》，两公约要求各缔约国在其国内法中将腐败犯罪以及其他一些严重犯罪所得及其收益进行掩饰、隐瞒的行为入刑并予以严厉惩治。当时国内有的部门提出还应扩大洗钱罪的上游犯罪范围。理由是，有关国际公约要求，对明知是严重犯罪的所得，协助进行转移、转换或者以其他方式掩饰、隐瞒其性质和来源的行为，都应规定为犯罪。②

2009 年 2 月 28 日第十一届全国人民代表大会常务委员会第七次会议通过的《中华人民共和国刑法修正案（七）》、2015 年 8 月 29 日第十二届全国人民代表大会常务委员会第十六次会议通过的《中华人民共和国刑法修正案（九）》，虽然没有直接修改《刑法》第 191 条，但通过扩充洗钱罪上游犯罪某些罪名的罪状或为洗钱罪的上游犯罪增设新罪名，而间接影响了洗钱罪。《刑法修正案（七）》对《刑法》分则第三章"破坏社会主义市场经济秩序罪"中的第四节"破坏金融管理秩序罪"的修改表现为：一是扩充罪状，将"明示、暗示他人从事上述交易活动"增加规定为"内幕交易、泄露内幕信息罪"的行为方式（《刑法》第 180 条第 1 款）；二是增设罪名，增设了"利用未公开信息交易罪"（《刑法》第 180 条第 4 款）。《刑法修正案（七）》为《刑法》分则第六章"妨害社会管理秩序罪"第二节"妨害司法罪"之下的"掩饰、隐瞒犯罪所得、犯罪所得收益罪"增设了单位犯罪主体（《刑法》第 312 条），该罪被视为是广义上的洗钱犯罪。《刑法修正案（七）》在《刑法》分则第八章"贪污贿赂罪"中增设了"利用影响力受贿罪"（《刑法》第 388 条之一）。

---

① 2005 年 12 月 24 日时任全国人大常委会法制工作委员会副主任安建在第十届全国人民代表大会常务委员会第十九次会议上所作的关于《中华人民共和国刑法修正案（六）（草案）》的说明。

② 2005 年 12 月 24 日时任全国人大常委会法制工作委员会副主任安建在第十届全国人民代表大会常务委员会第十九次会议上所作的关于《中华人民共和国刑法修正案（六）（草案）》的说明。

《刑法修正案（九）》对《刑法》分则第二章"危害公共安全罪"的修改如下：一是对《刑法》原第120条之一（资助恐怖活动罪）的修改；二是在《刑法》原第120条的基础上增设了5个属于恐怖活动犯罪的具体罪名。《刑法修正案（九）》对《刑法》分则第六章"妨害社会管理秩序罪"第八节"走私、贩卖、运输、制造毒品罪"中的"走私制毒物品罪"和"非法买卖制毒物品罪"（《刑法》第350条）的修改表现为：增加了"非法生产、买卖"的行为并将共犯的"提供"行为修改为"生产、买卖、运输"行为，原罪名变更为"非法生产、买卖、运输制毒物品、走私制毒物品罪"。①《刑法修正案（九）》在《刑法》分则第八章"贪污贿赂罪"中增设了"对有影响力的人行贿罪"（《刑法》第390条之一）。

除了洗钱犯罪刑事立法之外，国家还颁布了一系列反洗钱的行政法律、法规和部门规章。

2003年1月3日，中国人民银行发布了《金融机构反洗钱规定》《人民币大额和可疑支付交易报告管理办法》和《金融机构大额和可疑外汇资金交易报告管理办法》三个部门规章，建立了以银行业为核心的、全面的金融机构反洗钱管理制度。尤其值得一提的是，《金融机构反洗钱规定》第3条对"洗钱"的定义作了界定，并对洗钱行为的上游犯罪的范围做了较为宽泛的界定，与国际社会的做法基本一致。2003年3月1日，中国人民银行及

---

① 《刑法修正案（九）》将《刑法》第350条"违反国家规定，非法运输、携带醋酸酐、乙醚、三氯甲烷或者其他用于制造毒品的原料或者配剂进出境的，或者违反国家规定，在境内非法买卖上述物品的，处三年以下有期徒刑、拘役或者管制，并处罚金；数量大的，处三年以上十年以下有期徒刑，并处罚金。明知他人制造毒品而为其提供前款规定的物品的，以制造毒品罪的共犯论处。单位犯前两款罪的，对单位判处罚金，并对其直接负责的主管人员和其他直接责任人员，依照前两款的规定处罚。"修改为"违反国家规定，非法生产、买卖、运输醋酸酐、乙醚、三氯甲烷或者其他用于制造毒品的原料、配剂，或者携带上述物品进出境，情节较重的，处三年以下有期徒刑、拘役或者管制，并处罚金；情节严重的，处三年以上七年以下有期徒刑，并处罚金；情节特别严重的，处七年以上有期徒刑，并处罚金或者没收财产。明知他人制造毒品而为其生产、买卖、运输前款规定的物品的，以制造毒品罪的共犯论处。"

国家外汇局开始正式履行反洗钱管理职责。2004 年 8 月，中国反洗钱监测分析中心正式开始接收、分析大额和可疑交易报告。

2006 年 10 月 31 日，第十届全国人大常委会通过了《中华人民共和国反洗钱法》(自 2007 年 1 月 1 日起施行)。为了预防洗钱活动，维护金融秩序，遏制洗钱犯罪及相关犯罪，《反洗钱法》对"反洗钱监督管理"、"金融机构反洗钱义务"、"反洗钱调查"、"反洗钱国际合作"、"法律责任"等作了规定。《反洗钱法》第 2 条规定："本法所称反洗钱，是指为了预防通过各种方式掩饰、隐瞒毒品犯罪、黑社会性质的组织犯罪、恐怖活动犯罪、走私犯罪、贪污贿赂犯罪、破坏金融管理秩序犯罪、金融诈骗犯罪等犯罪所得及其收益的来源和性质的洗钱活动，依照本法规定采取相关措施的行为。"根据《反洗钱法》之规定，在中华人民共和国境内设立的金融机构和按照规定应当履行反洗钱义务的特定非金融机构，应当依法采取预防、监控措施，建立健全客户身份识别制度、客户身份资料和交易记录保存制度、大额交易和可疑交易报告制度，履行反洗钱义务。较之于《刑法》的相关规定，《反洗钱法》重在预防。

2006 年 11 月 14 日，中国人民银行发布了《金融机构反洗钱规定》、《金融机构大额和可疑资金支付交易报告管理办法》(自 2007 年 1 月 1 日起施行)。2007 年 6 月 11 日，中国人民银行根据《中华人民共和国反洗钱法》、《中华人民共和国中国人民银行法》等有关法律、行政法规，制定了《金融机构报告涉嫌恐怖融资的可疑交易管理办法》。制定该《办法》的目的在于监测恐怖融资行为，防止利用金融机构进行恐怖融资，规范金融机构报告涉嫌恐怖融资可疑交易的行为。该《办法》第 2 条规定，恐怖融资是指下列行为：恐怖组织、恐怖分子募集、占有、使用资金或者其他形式财产；以资金或者其他形式财产协助恐怖组织、恐怖分子以及恐怖主义、恐怖活动犯罪；为恐怖主义和实施恐怖活动犯罪占有、使用以及募集资金或者其他形式财产；为恐怖组织、恐怖分子占有、使用以及募集资金或者其他形式财产。该《办法》规定，金融机构应当将涉嫌恐怖融资的可疑交易报告报其总部，由金融机构总部或者由总部指定的一个机构，在相关情况发生后 10 个工作日内以电子方式报送中国反洗钱监测分析中心。2007 年 6 月 21 日，中国人民银行会同银监会、证监会、保监会发布了《金融机构客户身份识别和交易记录保存管理办法》。这些大额和可疑交易报告制度、客户身份识别制度、客户身份资料和交易记录保存制度，有助于金融机构对包括恐怖活动资金在内的用于违法犯罪的资金情况进行监控，也有助于有关机关侦查取证、冻结、扣押、追缴涉恐资金。

2007 年 6 月 28 日，我国成为金融行动特别工作组（Financial Action Task Force on Anti-Money Laundering，FATF）的正式成员。①

2011 年 10 月 29 日，第十一届全国人民代表大会常务委员会第二十三次会议通过了《关于加强反恐怖工作有关问题的决定》。该《决定》属于我国第一部反恐怖主义专门立法。根据该《决定》第 5 条之规定，国务院公安部门公布恐怖活动组织及恐怖活动人员名单时，应当同时决定对涉及有关恐

---

① 金融行动特别工作组于 1989 年成立于巴黎，是目前世界上最具影响力的国际反洗钱和反恐融资组织，其目的是为了在国家和国际层面设立反洗钱和恐怖融资的国际标准，以促进国内反洗钱和恐怖融资的立法改革和制度改革。其以 1988 年《联合国禁止非法贩运麻醉药品和精神药物公约》和巴塞尔银行监管委员会《关于防止犯罪分子利用银行系统洗钱的声明》为基础制定的反洗钱四十项建议与反恐融资九项特别建议（简称 FATF40 ＋ 9 项建议）对"改进国家法律制度"、"完善国家金融系统"和"加强国际合作"三大领域作了规定。其中，九项特别建议为：批准和执行《制止向恐怖主义提供资助的国际公约》；将资助恐怖主义行为、组织、个人的行为定为犯罪；冻结和没收恐怖主义资产；举报与恐怖主义有关的可疑交易；向其他国家提供尽可能广泛的援助；向可供选择的汇款系统强加反洗钱要求；在电汇中加强客户身份认证措施；确保非营利实体不被用于向恐怖主义提供资金；制定侦查货币和持票人流通票据实物越境输送的措施。FATF40 ＋ 9 项建议是反洗钱和反恐融资的权威性文件，已得到联合国、国际货币基金组织、世界银行等国际组织和 130 多个国家、地区的承认。金融行动特别工作组自 1998 年开始考虑吸纳中国加入，并于 2005 年 1 月接纳中国成为观察员。2006 年 11 月，金融行动特别工作组对照 FATF40+9 项建议最新标准对中国的反洗钱／反恐融资工作进行了全面的现场评估。2007 年 6 月 28 日，金融行动特别工作组在巴黎召开的第十八届第三次全体会议对中国现场评估后形成的评估报告进行了讨论，并随即决定中国转为正式成员。

怖活动组织及恐怖活动人员资金或者其他资产予以冻结。金融机构和特定非
金融机构对于涉及国务院公安部门公布的恐怖活动组织及恐怖活动人员的资
金或者其他资产，应当立即予以冻结，并按照规定及时向国务院公安部门、
国家安全部门和国务院反洗钱行政主管部门报告。

2011 年 11 月 8 日，公安部、中国人民银行、海关总署、银监会、国家
外汇管理局联合下发了《关于进一步加强打击恐怖融资犯罪工作的通知》，
规定了进一步提高涉及恐怖融资重大案件资金查控效率等具体工作措施。

2013 年 1 月 5 日中国人民银行制定的《金融机构洗钱和恐怖融资风险
评估及客户分类管理指引》，对金融机构洗钱和恐怖融资风险评估指标体系、
风险评估及客户等级划分操作流程、风险分类控制措施、管理与保障措施等
作了规定。

2014 年 1 月 10 日中国人民银行、公安部、国家安全部制定的《涉及恐
怖活动资产冻结管理办法》对涉及恐怖活动资产冻结的程序和行为规范作了
具体规定。

2015 年 12 月 27 日，第十二届全国人民代表大会常务委员会第十八次
会议通过了《反恐怖主义法》。根据该法的规定，金融机构和特定非金融机
构对国家反恐怖主义工作领导机构的办事机构公告的恐怖活动组织和人员
的资金或者其他资产，应当立即予以冻结，并按照规定及时向国务院公安
部门、国家安全部门和反洗钱行政主管部门报告；国务院反洗钱行政主管部
门、国务院有关部门或机构依法对金融机构和特定非金融机构履行反恐怖主
义融资义务的情况进行监督管理。国务院反洗钱行政主管部门发现涉嫌恐怖
主义融资的，可以依法进行调查，采取临时冻结措施；审计、财政、税务等
部门在依照法律、行政法规的规定对有关单位实施监督检查的过程中，发现
资金流入流出涉嫌恐怖主义融资的，应当及时通报公安机关；海关在对进出
境人员携带现金和无记名有价证券实施监管的过程中，发现涉嫌恐怖主义融
资的，应当立即通报国务院反洗钱行政主管部门和有管辖权的公安机关。

2016 年 12 月 28 日，中国人民银行发布了新的《金融机构大额交易和

可疑交易报告管理办法》(中国人民银行令〔2016〕第 3 号发布),废止了《金融机构大额交易和可疑交易报告管理办法》(中国人民银行令〔2006〕第 2 号发布)。新《办法》对 2006 年《办法》作了符合时宜的修订。

前述反洗钱法和反洗钱监管规章对金融机构反洗钱工作制度、大额交易与可疑交易的报告标准和报告程序等作了规定,为反洗钱监管机构规定了法律义务。

综上所述,为了应对国内国际洗钱行为不断变化的状况和挑战,我国洗钱罪刑事立法经历了一个从无到有、从零散到相对系统、从不完善到相对完善的发展历程,加之其他相关法律、行政法规和部门规章也相继出台,我国反洗钱法律体系基本形成。

2.洗钱罪的认定

洗钱罪,是指明知是毒品犯罪、黑社会性质的组织犯罪、恐怖活动犯罪、走私犯罪、贪污贿赂犯罪、破坏金融管理秩序犯罪、金融诈骗犯罪的所得及其产生的收益,而掩饰、隐瞒其来源和性质的行为。

(1)洗钱罪的客体

《刑法》分则十大章规定的十大类犯罪是按照犯罪的同类客体进行分类的,其中第三章"破坏社会主义市场经济秩序罪"和第六章"妨害社会管理秩序罪"在章之下又分别设有八节、九节,即第三章和第六章又分别将章之下的犯罪分为八类和九类。①第三章各节规定的犯罪的同类客体均为"社会主义市场经济秩序",第六章各节规定的犯罪的同类客体均为"社会管理秩序"。但是,这两章包括的每一节规定的一类犯罪还有一个"次层次"的同类客体,如第三章第四节"破坏金融管理秩序罪",其"次层次"的同类客体是"金融管理秩序"。《刑法》将洗钱罪归类于分则第三章"破坏社会主义市场经济秩序罪"中的第四节"破坏金融管理秩序罪"中,意为洗钱罪侵犯

---

① 在刑法理论上,为了学习研究方便起见,将《刑法》分则十大章规定的十大类罪名称为"类罪名",将分则第三章和第六章下各节规定的犯罪的小类罪名称为"亚类罪名"。

的客体是金融管理秩序。但理论界对此存在分歧,具体包括单一客体说和复杂客体说。单一客体说认为,洗钱罪侵犯的客体是单一客体。单一客体说又有两种主张:有人认为,洗钱罪侵犯的客体是金融管理秩序;有人认为,洗钱罪侵犯的客体是司法机关的正常活动。复杂客体说认为,本罪侵犯的客体是复杂客体。复杂客体说又有以下几种说法:有人认为,洗钱罪侵犯的客体是国家正常的金融管理秩序和司法机关的正常活动;① 有人认为,洗钱罪侵犯的客体是金融管理秩序和社会管理秩序;有人认为,洗钱罪侵犯的客体是司法机关的活动、公共治安秩序和金融管理秩序;有人认为,洗钱罪侵犯的客体是司法机关的正常活动和经济管理秩序。② 笔者赞同单一客体说,并认为洗钱罪侵犯的直接客体是司法机关的正常活动,因为,洗钱罪原本是从赃物犯罪分离出来的,而赃物犯罪是典型的妨害司法行为。如前文所述,1997年修订《刑法》时,将1990年《关于禁毒的决定》第4条第1款分别融入到第191条和第349条中,第191条被确定为"洗钱罪",而包含在第349条的部分行为被确定为"窝藏、转移、隐瞒毒品、毒赃罪",被归类于《刑法》分则第六章"妨害社会管理秩序罪"之下的第七节"走私、贩卖、运输、制造毒品罪"中。这两个罪名和被归类于《刑法》分则第六章第二节"妨害司法罪"之下的第312条规定的"掩饰、隐瞒犯罪所得、犯罪所得收益罪"都属于赃物犯罪。③ 从司法解释也可以看出,这三种犯罪均属于赃物犯罪,如2009年9月21日最高人民法院通过的《关于审理洗钱等刑事案件具体应用法律若干问题的解释》(自2009年11月11日起施行)第4条规定,本条所称"上游犯罪",是指产生《刑法》第191条、第312条、第349条规定的

---

① 参见高铭暄、马克昌:《刑法学》(第七版),北京大学出版社2016年版,第412页。

② 参见袁晓河:《洗钱罪构成要件研究》,西南政法大学2008年硕士学位论文,第5—6页。

③ 2006年《刑法修正案(六)》第19条对《刑法》第312条作了修改,将该条规定的犯罪对象由原来的"犯罪所得的赃物"修改为"犯罪所得及其产生的收益",在行为方式上增加了"以其他方法掩饰、隐瞒的"措辞。2009年《刑法修正案(七)》第10条为《刑法》第312条规定的犯罪增设了单位犯罪主体。

犯罪所得及其收益的各种犯罪行为。从本质上看，赃物犯罪本身是对国家司法机关追缴、没收犯罪所得及其产生的收益的活动的一种对抗和破坏，其侵犯的法益是国家司法机关的正常活动。① 另外，正因为洗钱罪与掩饰、隐瞒犯罪所得、犯罪所得收益罪同属于赃物犯罪，其所属的法条之间存在竞合关系。从犯罪行为的对象看，《刑法》第191条规定的洗钱罪的上游犯罪仅限于毒品犯罪、黑社会性质的组织犯罪、恐怖活动犯罪、走私犯罪、贪污贿赂犯罪、破坏金融管理秩序犯罪、金融诈骗犯罪等七类特定犯罪，其行为对象也仅限于这七类犯罪的所得及其收益，而《刑法》第312条规定的掩饰、隐瞒犯罪所得、犯罪所得收益罪的上游犯罪可以是任何犯罪，② 该罪的行为对象可以是任何犯罪的所得及其收益。《刑法》第191条与第312条之间存在法条竞合关系，是特殊法条与一般法条之间的关系，第312条和第191条之间存在包含与被包含的法条竞合关系。在选择适用法条时，遵守特殊法条优于一般法条的规则。

（2）洗钱罪的客观要件

2003年《金融机构反洗钱规定》第3条规定："本规定所称洗钱，是指将毒品犯罪、黑社会性质的组织犯罪、恐怖活动犯罪、走私犯罪或者其他犯罪的违法所得及其产生的收益，通过各种手段掩饰、隐瞒其来源和性质，使其在形式上合法化的行为。"该条对洗钱行为的上游犯罪作了较为宽泛的界定，与国际社会的做法基本一致。

洗钱罪在客观方面表现为行为人对毒品犯罪、黑社会性质的组织犯罪、

---

① 参见李云飞：《我国广义洗钱罪概念下的体系混乱及成因分析》，《政治与法律》2014年第8期。

② 在《刑法修正案（六）》颁布之前，最高人民法院《关于执行〈中华人民共和国刑法〉确定罪名的规定》（法释〔1997〕9号）将《刑法》第312条规定的罪名确定为"窝藏、转移、收购、销售赃物罪"，在《刑法修正案（六）》颁布之后，最高人民法院、最高人民检察院于2007年10月25日颁布的《关于执行〈中华人民共和国刑法〉确定罪名的补充规定（三）》（法释〔2007〕16号）将《刑法》第312条规定的罪名确定为"掩饰、隐瞒犯罪所得、犯罪所得收益罪"。

恐怖活动犯罪、走私犯罪、贪污贿赂犯罪、破坏金融管理秩序犯罪、金融诈骗犯罪的所得及其产生的收益实施掩饰、隐瞒的行为。根据《刑法》第191条之规定，掩饰、隐瞒的行为方式包括：提供资金账户的；[①] 协助将财产转换为现金或者金融票据的。[②] 通过转账或者其他结算方式协助资金转移的。[③] 协助将资金汇往境外的。[④] 以其他方法掩饰、隐瞒犯罪所得及其收益的来源和性质的。其中，第五项"以其他方法掩饰、隐瞒犯罪所得及其收益的来源和性质的"措辞是兜底性条款，包罗了列举未尽事项。为了统一认识和指导司法实践，2009年《关于审理洗钱等刑事案件具体应用法律若干问题的解释》对第五项做了解释，该《解释》第2条规定："具有下列情形之一的，可以认定为刑法第一百九十一条第一款第（五）项规定的'以其他方法掩饰、隐瞒犯罪所得及其收益的来源和性质'：（一）通过典当、租赁、买卖、投资等方式，协助转移、转换犯罪所得及其收益的；（二）通过与商场、饭店、娱乐场所等现金密集型场所的经营收入相混合的方式，协助转移、转换犯罪所得及其收益的；（三）通过虚构交易、虚设债权债务、虚假担保、虚报收入等方式，协助将犯罪所得及其收益转换为'合法'财物的；（四）通过买卖彩票、奖券等方式，协助转换犯罪所得及其收益的；（五）通过赌博方式，协助将犯罪所得及其收益转换为赌博收益的；（六）协助将犯罪所得及其收益携带、运输或者邮寄出入境的；（七）通过前述规定以外的方式协助转移、转换犯罪所得及其收益的。"该《解释》第2条针对《刑法》第191条第1款第5项所列的行为方式的解释，一方面是为了满足打击非金融领域洗钱行为的现实需要；另一方面是对金融行动特别工作组反洗钱《四十项建议》的

---

① 提供资金账户通常有两种形式：一是基于洗钱目的而以本人或他人的名义在金融机构开立账户；二是将本人或他人已经在金融机构开立的账户用于洗钱。

② 其中的"财产转换"包括转让、出售、变卖、拍卖、抵押、兑换、购买等。

③ 通过结算方式转移资金的方法包括转账、汇款、收款、付款、票据承兑、解付、背书、开立或兑付信用证等。

④ 将资金汇往境外的渠道主要包括信汇、电汇、网络银行、信用卡等。从名义看，主要包括私人汇款、投资、工程、贸易、服务、旅游等。

回应。2003 年金融行动特别工作组对其《建议》的内容作了修改，《建议》第 12 条、第 16 条将一些易被洗钱犯罪利用的非金融企业和行业纳入反洗钱监管行列，具体包括赌场、房地产代理商、贵重金属交易商和珠宝商、律师、公证人和其他独立法律专业人士及会计师、信托和企业服务提供商。

（3）洗钱罪的主体

洗钱罪的主体既可以是已满 16 周岁、具有刑事责任能力的自然人，也可以是单位。法律界对此没有争议，但对洗钱罪的上游犯罪的行为人对自己的犯罪所得及其收益进行清洗时能否成为洗钱罪的主体，争议不断，具体可分为否定说和肯定说两种观点。否定说认为，从《刑法》第 191 条第 1 款第 1 项至第 4 项列举的洗钱行为方式看，立法字眼特意使用了"提供"、"协助"等词语，表明上游犯罪的行为人已被排除在洗钱罪的主体范围之外。同时，洗钱罪的本质是对赃物的处置，按照传统刑法理论，对犯罪行为已经终止而犯罪行为已经造成的非法状态仍在继续的状态犯而言，犯罪人在不法状态下对犯罪对象的处置行为，不具有可罚性，这在理论上属于"不可罚的事后行为"。[1] 根据"不可罚的事后行为"理论，立法者之所以将事后行为的评价并入先前犯罪的构成要件一并处理，是因为立法者根据一般法理、情理之分析，已经判断出行为人在先前行为之后必然会有进一步的、可预料的事后行为。[2] 肯定说认为，洗钱罪的行为人既可以是为赃款持有人提供帮助或协助的人，也可以是赃款持有人。洗钱罪的主体应当包括上游犯罪的持有人。持肯定说者认为，洗钱罪的主体可以分为两类，一类是先实施毒品犯罪、黑社会性质的组织犯罪、恐怖活动犯罪、走私犯罪、贪污贿赂犯罪、破坏金融管理秩序犯罪、金融诈骗犯罪行为，再直接进行洗钱的犯罪分子；另一类是没有参加获取赃款的上述犯罪过程，只进行洗钱的犯罪分子。[3] 笔者赞同否定

---

[1]　参见马长生、辜志珍：《论刑法修正案（六）对洗钱罪的扩容》，《河北法学》2007 年第 9 期。

[2]　参见侯国云、安利萍：《洗钱罪相关问题探讨》，《河南师范大学学报》（哲学社会科学版）2007 年第 1 期。

[3]　参见马长生、辜志珍：《论刑法修正案（六）对洗钱罪的扩容》，《河北法学》2007 年第 9 期。

说，理由为：一是根据关于"不可罚的事后行为"的传统刑法理论，上游犯罪的行为人在实施了犯罪并获得财产以后，自然而然地要掩饰、隐瞒犯罪所得及其收益的性质和来源，这种行为被视为是"上游犯罪"的自然延伸，具有"阻却责任"的性质，就如同对盗窃罪的行为人窃取公私财物后掩饰、隐瞒赃物的行为不另定"掩饰隐瞒犯罪所得、犯罪所得收益罪"一样。我国台湾学者蔡墩铭认为，"就今日交易之社会经济状态而言，窃盗犯不能直接适用赃物罪，而因出售赃物之目的以行窃者，殆为普通之现象，立法者就此一般事态，于规定窃盗罪之法定刑时已予考虑之。易言之，对于处分赃物行为所受之刑罚，应于规定窃盗罪之法定刑时已经考虑，故其后之处分行为无可罚性，已包括于前行为之窃盗罪内适当"①。对事后行为之所以不可罚，是因为事后行为已经被包含在刑法对先前行为的否定性评价中，因而刑法不能再对事后行为进行重复评价。二是《刑法》第191条第1款中的"明知"、"提供"、"协助"等措辞本身的语言含义意味着已经将实施上游犯罪的行为犯和共犯排除在外。其一，"明知"是指除上游犯罪的本犯之外的他人"知道"或者"应当知道"是前述七类犯罪的所得及其收益，而非上游犯罪的行为人"知道"或者"应当知道"。因为，不言而喻，上游犯罪的行为人对自己的犯罪所得及其收益必然是"明知"的，法律不需要画蛇添足，堆砌词语。其二，为掩饰、隐瞒上游犯罪所得及其收益的来源和性质而"提供"帮助或"协助"的行为，只能由除上游犯罪的行为人之外的他人实施，而非本罪的行为人实施。如果解释为上游犯罪的行为人自己为掩饰、隐瞒自己的犯罪所得及其收益的非法来源和性质"提供"帮助或"协助"，本身是自相矛盾的。法律解释应当符合被解释法律的原意，背离法律条文含义的随意解释，有悖于罪刑法定原则。三是从犯罪主体方面看，根据《刑法》第17条等条款之规定，自然人犯罪主体必须达到法定刑事责任年龄、具有刑事责任能力。在洗钱罪

① 蔡墩铭：《刑法判解研究》，（台湾）五南图书出版公司1992年版，第167页。转引自袁晓河：《洗钱罪构成要件研究》，西南政法大学2008年硕士学位论文，第29页。

的上游犯罪中，对贩卖毒品罪负刑事责任的最低年龄是年满 14 周岁，而对洗钱罪负刑事责任的最低年龄是年满 16 周岁。如果认为上游犯罪的行为人掩饰、隐瞒其实施的上游犯罪的所得及其收益的性质和来源的行为也可以构成洗钱罪的话，那么如何解决自然人犯罪主体刑事责任年龄的认定问题？是故，现行《刑法》中洗钱罪的主体不包括上游犯罪的主体。

（4）洗钱罪的主观要件

洗钱罪在主观方面表现为直接故意，而且具有掩饰、隐瞒毒品犯罪、黑社会性质的组织犯罪、恐怖活动犯罪、走私犯罪、贪污贿赂犯罪、破坏金融管理秩序犯罪、金融诈骗犯罪的所得及其产生的收益的来源和性质并使之合法化的目的。

《刑法》第 191 条规定："明知是……为掩饰、隐瞒其来源和性质……"根据第 191 条之规定，行为人"明知"的对象是七类上游犯罪的所得及其收益。但在理解上存在两种观点，即"具体的七类上游犯罪及其收益说"和"概括的七类上游犯罪所得及其收益说"。前者认为，行为人必须明确认识到是七类犯罪中的某一具体犯罪的所得及其收益，才能构成洗钱罪中的"明知"，而后者则认为，行为人对属于七类犯罪中的所得及其收益具有概括性认识即可，无须知道是具体哪一个犯罪的所得及其收益就可成立"明知"[①]。

最高人民法院于 2009 年 11 月颁布的《关于审理洗钱等刑事案件具体应用法律若干问题的解释》第 1 条第 1 款规定：《刑法》第 191 条、第 312 条规定的"明知"，应当结合被告人的认知能力，接触他人犯罪所得及其收益的情况，犯罪所得及其收益的种类、数额，犯罪所得及其收益的转换、转移方式以及被告人的供述等主、客观因素进行认定。具有下列情形之一的，可以认定被告人明知系犯罪所得及其收益，但有证据证明确实不知道的除外：知道他人从事犯罪活动，协助转换或者转移财物的；没有正当理由，通过非法途径协助转换或者转移财物的；没有正当理由，以明显低于市场的价格收

---

① 许克军、秦策：《洗钱罪的故意与明知》，《时代法学》2015 年第 4 期。

购财物的；没有正当理由，协助转换或者转移财物，收取明显高于市场的"手续费"的；没有正当理由，协助他人将巨额现金散存于多个银行账户或者在不同银行账户之间频繁划转的；协助近亲属或者其他关系密切的人转换或者转移与其职业或者财产状况明显不符的财物的；其他可以认定行为人明知的情形。该《解释》第1条第2款规定："被告人将刑法第一百九十一条规定的某一上游犯罪的犯罪所得及其收益误认为刑法第一百九十一条规定的上游犯罪范围内的其他犯罪所得及其收益的，不影响刑法第一百九十一条规定的'明知'的认定。"也就是行为人将《刑法》第191条规定的七类犯罪中某一具体犯罪的所得及其收益误认为是该七类犯罪中的任何另一具体犯罪的所得及其收益时，不影响"明知"的认定，洗钱罪仍可成立。前述"概括的七类上游犯罪所得及其收益说"与该《解释》一致，也切合实际，而"具体的七类上游犯罪及其收益说"对"明知"成立的标准要求过于严苛，脱离实际，不利于司法实践中对于"明知"的认定，因为洗钱犯罪涉及多个环节，具有专业性、复杂性的特点，要求行为人确切知道其要掩饰、隐瞒的是某一特定犯罪的所得及其收益是极其困难的，即使是某一相关领域的专业人员，也不一定都能做出准确无误的判断，而且，"具体的七类上游犯罪及其收益说"有悖于关于主观认识错误的刑法理论。根据刑法理论，行为人对法律的认识错误，不影响定性。

3. 洗钱罪的刑事立法完善

（1）上游犯罪的立法完善

"上游犯罪"又称为"原生犯罪"、"基础犯罪"、"前置犯罪"、"先行犯罪"等。相对于"上游犯罪"而言，洗钱罪是一种"下游犯罪"，又称"派生犯罪"、"后发犯罪"等。洗钱罪是指行为人对上游犯罪所得及其收益进行清洗的行为，没有上游犯罪，就没有洗钱罪。

根据《刑法》第191条之规定，上游犯罪包括："毒品犯罪"，是指《刑法》分则第六章第七节规定的各种有关毒品的犯罪；"黑社会性质的组织犯罪"，是指以黑社会性质的组织为主体实施的各种犯罪；"恐怖活动犯罪"，是指恐怖活动组织或恐怖活动人员实施的各种恐怖活动犯罪;"走私犯罪",是指《刑法》分则第三章第二节规定的各种走私犯罪;"贪污贿赂犯罪",是指《刑法》分则第八章规定的各种贪污贿赂犯罪;"破坏金融管理秩序犯罪",是指《刑法》分则第三章第四节规定的各种破坏金融管理秩序的犯罪;"金融诈骗犯罪",是指《刑法》分则第三章第五节规定的各种金融诈骗犯罪。

虽然,为了顺应国内经济社会变化以及国际条约的相关规定,我国洗钱罪的上游犯罪的范围经历了不断扩大的演变过程,但仍然存在问题。《刑法》第191条规定的上游犯罪的范围窄于我国已加入的国际公约规定的上游犯罪的范围,如《刑法》第191条没有涵盖《联合国打击跨国有组织犯罪公约》规定的妨害司法罪以及《联合国反腐败公约》第19条规定的滥用职权罪。《联合国打击跨国有组织犯罪公约》第6条"洗钱行为的刑事定罪"第2款第1项要求各缔约国均应寻求将洗钱罪适用于范围最为广泛的上游犯罪,并将该《公约》第2条第2项所界定的所有"严重犯罪"即构成可受到最高刑至少4年的剥夺自由或更严厉处罚的犯罪的行为列为上游犯罪。根据该《公约》第2条第8项之规定,"上游犯罪"系指由其产生的所得可能成为本公约第6条所定义的犯罪的对象的任何犯罪。《联合国反腐败公约》第23条"对犯罪所得的洗钱行为"第2款第1项要求各缔约国均应寻求将洗钱罪适用于范围最为广泛的上游犯罪。另外,我国洗钱罪的上游犯罪范围也窄于其他国家规定的上游犯罪的范围。纵观国际社会的立法,对洗钱罪的上游犯罪范围的界定,大致有四种做法:一是将"上游犯罪"的范围限制为毒品犯罪。如《联合国禁毒公约》,这也是设立洗钱罪的初衷——为了遏制毒品犯罪,使毒品有组织犯罪的"生命线"被截断,以维护社会政治、经济稳定和人类幸福安全。由于这种做法导致洗钱罪的范围过窄,基本上已被大多数国家所摒弃。二是将"上游犯罪"的范围限制在某些特定犯罪。如意大利1978年刑法典将洗钱罪的上游范围限制于抢劫、敲诈或诈骗及绑架,我国也采用这种做法。三是将"上游犯罪"的范围扩大到所有犯罪。如瑞士《刑法》第305条规定，任何人在知道或应当知道财产来源于犯罪的情况下，从事了危害调查财产来源或没收财产的行为，构成洗钱罪。意大利于 1993 年 8 月 9 日颁布的《关于批准和执行欧洲理事会关于洗钱犯罪的非法所得的公约的法令》规定，对于清洗除疏忽大意的过失犯罪外的任何犯罪的违法所得如金钱、财产或者利润的行为均予严惩。四是将上游犯罪泛化到所有的违法行为。根据这些国家的有关规定，只要行为人实施了将非法获取的货币资金或其他财产合法化的行为，就构成洗钱罪。①

综上所述，我国《刑法》规定的洗钱犯罪的上游犯罪的范围和我国已加入的国际公约的规定不一致，也明显窄于其他国家规定的范围，因而我国《刑法》有必要逐步扩大洗钱罪的上游犯罪的范围。其必要性在于：满足打击犯罪的现实需要；履行国际公约义务的需要。

（2）洗钱罪客观要件的立法完善

《联合国打击跨国有组织犯罪公约》第 6 条"洗钱行为的刑事定罪"第 1 款第 2 项第 1 目要求各缔约国将"在得到财产时，明知其为犯罪所得而仍获取、占有或使用"的行为规定为刑事犯罪。②《联合国反腐败公约》第 23 条规定的行为方式包括三类：直接针对犯罪所得的财产进行转换或转移的行为；处分、转移犯罪所得的财产的所有权、相关权利的行为；获取、占有、使用犯罪所得的财产的行为。第 23 条第 1 款第 2 项第 1 目要求各缔约国将"在得到财产时，明知其为犯罪所得而仍获取、占有或者使用"的行为规定为刑

---

① 参见应悦：《洗钱罪的上游犯罪问题研究》，《上海大学学报》（社会科学版）2003 年第 6 期。

② 《联合国打击跨国有组织犯罪公约》第 6 条"洗钱行为的刑事定罪"第 1 款规定："一、各缔约国均应依照其本国法律基本原则采取必要的立法及其他措施，将下列故意行为规定为刑事犯罪：（一）1. 明知财产为犯罪所得，为隐瞒或掩饰该财产的非法来源，或为协助任何参与实施上游犯罪者逃避其行为的法律后果而转换或转让财产；2. 明知财产为犯罪所得而隐瞒或掩饰该财产的真实性质来源、所在地、处置、转移、所有权或有关的权利。（二）在符合其本国法律制度基本概念的情况下：1. 在得到财产时，明知其为犯罪所得而仍获取、占有或使用；2. 参与、合伙或共谋实施，实施未遂，以及协助、教唆、促使和参谋实施本条所确立的任何犯罪。"

事犯罪。① 相比较而言，《刑法》第 191 条对"获取、占有、使用"行为未作规定，使得行为人通过这类方式洗钱的行为得不到制裁。为了严密刑事法网和履行我国已加入的相关国际公约规定的缔约国义务，我国《刑法》应将前述行为增列为洗钱罪的行为方式。

（五）编造、故意传播虚假恐怖信息罪

根据《刑法》第 291 条之一的规定，编造、故意传播虚假恐怖信息罪，是指编造爆炸威胁、生化威胁、放射威胁等恐怖信息，或者明知是编造的恐怖信息而故意传播，严重扰乱社会秩序的行为。

1. 关于"编造"和"传播"的认定

（1）最高人民法院颁布的司法解释对"编造"和"传播"的理解

最高人民法院于 2013 年 9 月 18 日公布的《关于审理编造、故意传播虚假恐怖信息刑事案件适用法律若干问题的解释》（法释〔2013〕24 号）第 1 条第 1 款规定："编造恐怖信息，传播或者放任传播，严重扰乱社会秩序的，依照刑法第二百九十一条之一的规定，应认定为编造虚假恐怖信息罪。"据此，编造、故意传播虚假恐怖信息罪中的"编造"应理解为"编造并传播"或者"编造并放任传播"。换言之，如果行为人只有"编造"恐怖信息的行为，而没有自行"传播"或者"放任传播"自己编造的恐怖信息的行为，则不构成该罪。该《解释》第 1 条第 2 款规定："明知是他人编造的恐怖信息而故意传播，严重扰乱社会秩序的，依照刑法第二百九十一条之一的规定，应认定为故意传播虚假恐怖信息罪。"据此，编造、故意传播虚假恐怖信息罪中的"故意传播"行为，是指行为人传播的是他人编造的恐怖信息，而非自己编造的恐怖信息。如果传播的是自己编造的恐怖信息，则为该罪中的"编造"行为。

---

① 《联合国反腐败公约》第 23 条规定的行为方式包括三类：直接针对犯罪所得的财产进行转换或转移的行为；处分、转移犯罪所得的财产的所有权、相关权利的行为；获取、占有、使用犯罪所得的财产的行为。

（2）最高人民检察院公布的指导案例对"编造"和"传播"的解释

最高人民检察院公布的第三批指导性案例中的李某某编造、故意传播虚假恐怖信息案（检例第9号）"要旨"为"编造、故意传播虚假恐怖信息罪是选择性罪名。[①]编造恐怖信息以后向特定对象散布，严重扰乱社会秩序的，构成编造虚假恐怖信息罪。编造恐怖信息以后向不特定对象散布，严重扰乱社会秩序的，构成编造、故意传播虚假恐怖信息罪"。据此，编造恐怖信息以后向特定对象散布的行为，属于编造、故意传播虚假恐怖信息罪中的"编造"行为，而编造恐怖信息以后向不特定对象散布的行为，属于该罪中的"编造、故意传播"行为。该"要旨"对"传播"的理解与《关于审理编造、故意传播虚假恐怖信息刑事案件适用法律若干问题的解释》（法释〔2013〕24号）不同，"要旨"根据传播行为对象的不同，对"编造"和"传播"行为作出了不同界定，将编造恐怖信息以后向特定对象散布的行为，视为"编造"行为；将编造后向不特定对象散布的行为，视为"编造、故意传播"行为，而

---

① 最高人民检察院于2013年5月27日公布的第三批指导案例中的李某某编造、故意传播虚假恐怖信息案（检例第9号）的基本案情：被告人李某某，男，河北省人，1975年出生，原系北京欣和物流仓储中心电工。2010年8月4日22时许，被告人李某某为发泄心中不满，在北京市朝阳区小营北路13号工地施工现场，用手机编写短信"今晚要炸北京首都机场"，并向数十个随意编写的手机号码发送。天津市的彭某收到短信后于2010年8月5日向当地公安机关报案，北京首都国际机场公安分局于当日接警后立即通知首都国际机场运行监控中心。首都国际机场运行监控中心随即启动紧急预案，对东、西航站楼和机坪进行排查，并加强对行李物品的检查和监控工作，耗费大量人力、物力，严重影响了首都国际机场的正常工作秩序。诉讼过程：2010年8月7日，李某某因涉嫌编造、故意传播虚假恐怖信息罪被北京首都国际机场公安分局刑事拘留，9月7日被逮捕，11月9日侦查终结移送北京市朝阳区人民检察院审查起诉。2010年12月3日，朝阳区人民检察院以被告人李某某犯编造、故意传播虚假恐怖信息罪向朝阳区人民法院提起公诉。2010年12月14日，朝阳区人民法院作出一审判决，认为被告人李某某法制观念淡薄，为泄私愤，编造虚假恐怖信息并故意向他人传播，严重扰乱社会秩序，已构成编造、故意传播虚假恐怖信息罪；鉴于被告人李某某自愿认罪，可酌情从轻处罚，依照《中华人民共和国刑法》第291条之一、第61条之规定，判决被告人李某某犯编造、故意传播虚假恐怖信息罪，判处有期徒刑一年。一审判决后，被告人李某某在法定期限内未上诉，检察机关也未提出抗诉，一审判决发生法律效力。

《解释》将编造并传播的行为，视为"编造"行为，而不论其是向特定对象散布还是向不特定对象散布。在司法实践中，认定"编造"和"传播"行为时应以司法解释为准。

2. 关于"虚假恐怖信息"的认定

根据《关于审理编造、故意传播虚假恐怖信息刑事案件适用法律若干问题的解释》（法释〔2013〕24 号）第 6 条之规定，"虚假恐怖信息"，是指以发生爆炸威胁、生化威胁、放射威胁、劫持航空器威胁、重大灾情、重大疫情等严重威胁公共安全的事件为内容，可能引起社会恐慌或者公共安全危机的不真实信息。此外，根据最高人民法院、最高人民检察院于 2003 年 5 月 14 日公布的《关于办理妨害预防、控制突发传染病疫情等灾害的刑事案件具体应用法律若干问题的解释》（法释〔2003〕8 号）第 10 条之规定，"与突发传染病疫情等灾害有关的"的信息也属于"恐怖信息"。据此，如果此类信息具有虚假性和恐怖性，就属于"虚假恐怖信息"，但这一类"虚假恐怖信息"对民众的影响与"爆炸威胁、生化威胁、放射威胁"有关的"虚假恐怖信息"不可同日而语，因此，认定这一类虚假恐怖信息时应当考虑特定的时期、场所等因素。

3. 关于"严重扰乱社会秩序"的认定

本罪属于结果犯，"严重扰乱社会秩序"为本罪的构成性要件。"严重扰乱社会秩序"属于模糊性术语，在理解上会有歧义，司法解释和有关文件对其作了解释。根据《关于审理编造、故意传播虚假恐怖信息刑事案件适用法律若干问题的解释》（法释〔2013〕24 号）第 2 条之规定，编造、故意传播虚假恐怖信息，具有下列情形之一的，应当认定为《刑法》第 291 条之一的"严重扰乱社会秩序"：致使机场、车站、码头、商场、影剧院、运动场馆等人员密集场所秩序混乱，或者采取紧急疏散措施的；影响航空器、列车、船舶等大型客运交通工具正常运行的；致使国家机关、学校、医院、厂矿企业等单位的工作、生产、经营、教学、科研等活动中断的；造成行政村或者社区居民生活秩序严重混乱的；致使公安、武警、消防、卫生检疫等职能部门采取紧急应对措施的；其他严重扰乱社会秩序的。最高人民检察院在第三批指导案例中的卫某某编造虚假恐怖信息案（检例第 10 号）"要旨"指出：① 关于编造虚假恐怖信息造成"严重扰乱社会秩序"的认定，应当结合行为对正常的工作、生产、生活、经营、教学、科研等秩序的影响程度、对公众造成的恐慌程度以及处置情况等因素进行综合分析判断。对于编造、故意传播虚假恐怖信息威胁民航安全，引起公众恐慌，或者致使航班无法正常起降的，应当认定为"严重扰乱社会秩序"。

4. 关于"后果严重"的认定

根据《关于审理编造、故意传播虚假恐怖信息刑事案件适用法律若干问题的解释》（法释〔2013〕24 号）第 4 条之规定，编造、故意传播虚假恐怖信息，严重扰乱社会秩序，具有下列情形之一的，应当认定为刑法第 291 条之一的"造成严重后果"，处 5 年以上有期徒刑：造成 3 人以上轻伤或者 1 人以上重伤的；造成直接经济损失 50 万元以上的；造成县级以上区域范围居民生活秩序严重混乱的；妨碍国家重大活动进行的；造成其他严重后果的。

---

① 卫某某编造虚假恐怖信息案的基本案情：被告人卫某某，男，辽宁省人，1987 年出生，原系大连金色假期旅行社导游。2010 年 6 月 13 日 14 时 46 分，被告人卫某某带领四川来大连的旅游团用完午餐后，对四川导游李某某说自己可以让飞机停留半小时，遂用手机拨打大连周水子国际机场问询处电话，询问 3U8814 航班起飞时间后，告诉接电话的机场工作人员说"飞机上有两名恐怖分子，注意安全"。大连周水子国际机场接到电话后，立即启动防恐预案，将飞机安排到隔离机位，组织公安、安检对飞机客、货舱清仓，对每位出港旅客资料核对确认排查，查看安检现场录像，确认没有可疑问题后，当日 19 时 33 分，3U8814 航班飞机起飞，晚点 33 分钟。诉讼过程：2010 年 6 月 13 日，卫某某因涉嫌编造虚假恐怖信息罪被大连市公安局机场分局刑事拘留，6 月 25 日被逮捕，8 月 12 日侦查终结移送大连市甘井子区人民检察院审查起诉。2010 年 9 月 20 日，甘井子区人民检察院以被告人卫某某涉嫌编造虚假恐怖信息罪向甘井子区人民法院提起公诉。2010 年 10 月 11 日，甘井子区人民法院作出一审判决，认为被告人卫某某故意编造虚假恐怖信息，严重扰乱社会秩序，其行为已构成编造虚假恐怖信息罪；鉴于被告人卫某某自愿认罪，可酌情从轻处罚，依照《中华人民共和国刑法》第 291 条之一之规定，判决被告人卫某某犯编造虚假恐怖信息罪，判处有期徒刑一年零六个月。一审判决后，被告人卫某某在法定期限内未上诉，检察机关也未提出抗诉，一审判决发生法律效力。

最高人民检察院在第三批指导案例中的袁某某编造虚假恐怖信息案（检例第 11 号）"要旨"指出：对于编造虚假恐怖信息造成有关部门实施人员疏散，引起公众极度恐慌的，或者致使相关单位无法正常营业，造成重大经济损失的，应当认定为"造成严重后果"。

5. 罪数形态（一罪与数罪）的认定

编造、故意传播虚假恐怖信息罪在客观方面表现为行为人实施了编造爆炸威胁、生化威胁、放射威胁等恐怖信息，或者明知是编造的恐怖信息而故意传播，严重扰乱社会秩序的行为。

本罪属于选择性罪名，系犯罪行为的选择，如果行为人实施了编造并传播虚假恐怖信息的行为，仍然构成"编造、故意传播虚假恐怖信息罪"一罪，不会构成"编造虚假恐怖信息罪"和"故意传播虚假恐怖信息罪"两罪。最高人民法院、最高人民检察院、公安部《关于办理暴力恐怖和宗教极端刑事案件适用法律若干问题的意见》（公通字〔2014〕34 号）第 2 条第 5 项规定，编造以发生爆炸威胁、生化威胁、放射威胁、劫持航空器威胁、重大灾情、重大疫情等严重威胁公共安全的事件为内容的虚假恐怖信息，或者明知是虚假恐怖信息而故意传播、散布，严重扰乱社会秩序的，以编造、故意传播虚假恐怖信息罪定罪处罚。

根据最高人民法院、最高人民检察院于 2003 年 5 月 14 日公布的《关于办理妨害预防、控制突发传染病疫情等灾害的刑事案件具体应用法律若干问题的解释》（法释〔2003〕8 号）第 10 条之规定，编造与突发传染病疫情等灾害有关的恐怖信息，或者明知是编造的此类恐怖信息而故意传播，严重扰乱社会秩序的，依照《刑法》第 291 条之一的规定，以编造、故意传播虚假恐怖信息罪定罪处罚。根据该《解释》第 10 条第 2 款之规定，编造虚假信息，或者明知是编造的虚假信息，在信息网络上散布，或者组织、指使他人在信息网络上散布，造成公共秩序严重混乱，同时构成寻衅滋事罪和编造、故意传播虚假恐怖信息罪的，依照处罚较重的规定定罪处罚。

《关于审理编造、故意传播虚假恐怖信息刑事案件适用法律若干问题的解释》（法释〔2013〕24 号）第 5 条规定，编造、故意传播虚假恐怖信息，严重扰乱社会秩序，同时又构成其他犯罪的，择一重罪处罚。

最高人民法院、最高人民检察院于 2013 年 9 月 6 日颁布的《关于办理利用信息网络实施诽谤等刑事案件适用法律若干问题的解释》（法释〔2013〕21 号）第 9 条规定，利用信息网络实施诽谤、寻衅滋事、敲诈勒索、非法经营犯罪，同时又构成《刑法》第 221 条规定的损害商业信誉、商品声誉罪，第 278 条规定的煽动暴力抗拒法律实施罪，第 291 条之一规定的编造、故意传播虚假恐怖信息罪等犯罪的，依照处罚较重的规定定罪处罚。

最高人民检察院在第三批指导案例中的袁某某编造虚假恐怖信息案（检例第 11 号）"要旨"指出：以编造虚假恐怖信息的方式，实施敲诈勒索等其他犯罪的，应当根据案件事实和证据情况，择一重罪处断。① 在该案

---

① 该案的案情为：被告人袁某某，男，湖北省人，1956 年出生，无业。被告人袁某某因经济拮据，意图通过编造爆炸威胁的虚假恐怖信息勒索钱财。2004 年 9 月 29 日，被告人袁某某冒用名为"张锐"的假身份证，在河南省工商银行信阳分行红星路支行体彩广场分理处申请办理了牡丹灵通卡账户。2005 年 1 月 24 日 14 时许，被告人袁某某拨打上海太平洋百货有限公司徐汇店的电话，编造已经放置炸弹的虚假恐怖信息，以不给钱就在商场内引爆炸弹自杀相威胁，要求上海太平洋百货有限公司徐汇店在 1 小时内向其指定的牡丹灵通卡账户内汇款人民币 5 万元。上海太平洋百货有限公司徐汇店即向公安机关报警，并进行人员疏散。接警后，公安机关启动防爆预案，出动警力 300 余名对商场进行安全排查。被告人袁某某的行为造成上海太平洋百货有限公司徐汇店暂停营业 3 个半小时。1 月 25 日 10 时许，被告人袁某某拨打福州市新华都百货商场的电话，称已在商场内放置炸弹，要求福州市新华都百货商场在半小时内将人民币 5 万元汇入其指定的牡丹灵通卡账户。接警后，公安机关出动大批警力进行人员疏散、搜爆检查，并对现场及周边地区实施交通管制。1 月 27 日 11 时，被告人袁某某拨打上海市铁路局春运办公室的电话，称已在火车上放置炸弹，并以引爆炸弹相威胁要求春运办公室在半小时内将人民币 10 万元汇入其指定的牡丹灵通卡账户。接警后，上海铁路公安局抽调大批警力对旅客、列车和火车站进行安全检查。1 月 27 日 14 时，被告人袁某某拨打广州市天河城百货有限公司的电话，要求广州市天河城百货有限公司在半小时内将人民币 2 万元汇入其指定的牡丹灵通卡账户，否则就在商场内引爆炸弹自杀。1 月 27 日 16 时，被告人袁某某拨打深圳市天虹商场的电话，要求深圳市天虹商场在 1 小时内将人民币 2 万元汇入其指定的牡丹灵通卡账户，否则就在商场内引爆炸弹。1 月 27 日 16 时 32 分，被告人袁某某（转下页）

中，被告人以编造虚假恐怖信息的方式敲诈勒索他人钱财的行为，属于刑法理论上的牵连犯。牵连犯是指以实施某一犯罪为目的，其方法行为或结果行为又触犯其他罪名的犯罪形态。牵连犯的数个行为构成了数罪，但由于数行为之间存在着牵连关系，故对牵连犯的处理不实行数罪并罚，应从一重罪处断。该案中，被告人编造虚假恐怖信息的行为是方法行为，其敲诈勒索他人财物的行为是目的行为，两者之间存在牵连关系，应从一重罪处断，因此，法院认为被告人袁某某为勒索钱财故意编造爆炸威胁等虚假恐怖信息，严重扰乱社会秩序，其行为已构成编造虚假恐怖信息罪。

（六）拒绝提供间谍犯罪、恐怖主义犯罪、极端主义犯罪证据罪

《刑法修正案（九）》第38条对《刑法》第311条的修改，使得《刑法》原第311条规定的"拒绝提供间谍犯罪证据罪"变更为"拒绝提供间谍犯罪、恐怖主义犯罪、极端主义犯罪证据罪"，从而成为恐怖活动犯罪的关联犯罪。

（接上页）拨打南宁市百货商场的电话，要求南宁市百货商场在1小时内将人民币2万元汇入其指定的牡丹灵通卡账户，否则就在商场门口引爆炸弹。接警后，公安机关出动警力300余名在商场进行搜爆和安全检查。2005年1月28日，袁某某因涉嫌敲诈勒索罪被广州市公安局天河区分局刑事拘留。2005年2月案件移交袁某某的主要犯罪地上海市公安局徐汇区分局管辖，3月4日袁某某被逮捕，4月5日侦查终结移送上海市徐汇区人民检察院审查起诉。2005年4月14日，上海市人民检察院将案件指定上海市人民检察院第二分院管辖，4月18日上海市人民检察院第二分院以被告人袁某某涉嫌编造虚假恐怖信息罪向上海市第二中级人民法院提起公诉。2005年6月24日，上海市第二中级人民法院作出一审判决，认为被告人袁某某为勒索钱财故意编造爆炸威胁等虚假恐怖信息，严重扰乱社会秩序，其行为已构成编造虚假恐怖信息罪，且造成严重后果，依照《中华人民共和国刑法》第291条之一、第55条第一款、第56条第一款、第64条的规定，判决被告人袁某某犯编造虚假恐怖信息罪，判处有期徒刑十二年，剥夺政治权利三年。一审判决后，被告人袁某某提出上诉。2005年8月25日，上海市高级人民法院二审终审裁定，驳回上诉，维持原判。

1. 拒绝提供间谍犯罪、恐怖主义犯罪、极端主义犯罪证据罪的立法沿革

《刑法修正案（九）》第 38 条对《刑法》第 311 条作了修改，将《刑法》第 311 条修改为："明知他人有间谍犯罪或者恐怖主义、极端主义犯罪行为，在司法机关向其调查有关情况、收集有关证据时，拒绝提供，情节严重的，处三年以下有期徒刑、拘役或者管制。"罪名也由原"拒绝提供间谍犯罪证据罪"变更为"拒绝提供间谍犯罪、恐怖主义犯罪、极端主义犯罪证据罪"。

根据《刑法》第 311 条之规定，拒绝提供间谍犯罪、恐怖主义犯罪、极端主义犯罪证据罪，是指明知他人有间谍犯罪或者恐怖主义、极端主义犯罪行为，在司法机关向其调查有关情况、收集有关证据时，拒绝提供，情节严重的行为。

2. 拒绝提供间谍犯罪、恐怖主义犯罪、极端主义犯罪证据罪的认定

（1）关于"间谍犯罪行为"的认定

学界对《刑法》第 311 条中的"间谍犯罪行为"的含义存在不同认识。有人认为，"间谍犯罪行为"是指《刑法》第 110 条规定的以下两种行为：参加间谍组织或接受间谍组织及其代理人的任务的；为敌人指示轰击目标的。有人认为，"本罪所涉及的间谍犯罪不仅限于本法第 110 条规定的间谍罪，而应作广义的理解，本法第 111 条为境外窃取、刺探、收买、非法提供国家秘密、情报罪亦应包括在内"。有人认为，所谓"间谍犯罪行为"，狭义理解是指《刑法》第 110 条所规定之犯罪行为。对此处间谍犯罪行为广义理解是指《国家安全法》第 4 条和《国家安全法实施细则》第 8 条所列举的危害国家安全的犯罪行为。① 笔者赞同第二种观点，认为《刑法》第 311 条中的"间谍犯罪行为"既包括《刑法》第 110 条中的"间谍行为"，也包括《刑法》第 111 条中的"为境外的机构、组织、人员窃取、刺探、收买、非法提供国家秘密或者情报的"的行为。理由为：一方面，无论是参加间谍组织或是接

---

① 参见吴占英：《论拒绝提供间谍犯罪证据罪的争点问题》，《法学论坛》2007 年第 3 期。

受间谍组织及其代理人的任务抑或为敌人指示袭击目标的行为，都需要通过窃取、刺探、收买、非法提供国家秘密或者情报等行为来完成使命，"为境外的机构、组织、人员窃取、刺探、收买、非法提供国家秘密或者情报的"的行为本身就是间谍行为，故而，"间谍犯罪行为"包括为境外窃取、刺探、收买、非法提供国家秘密、情报的行为。另一方面，从刑法的立法史看，《刑法》第 311 条中的"间谍犯罪行为"与 1979 年《刑法》第 97 条密切相关。1979 年《刑法》第 97 条规定："进行下列间谍或者资敌行为之一的，处十年以上有期徒刑或者无期徒刑；情节较轻的，处三年以上十年以下有期徒刑：（一）为敌人窃取、刺探、提供情报的；（二）供给敌人武器军火或者其他军用物资的；（三）参加特务、间谍组织或者接受敌人派遣任务的。"该条规定了间谍罪、特务罪、资敌罪三个罪名，其中，间谍罪，是指参加间谍组织或者接受敌人派遣任务，或者虽未参加间谍组织或者接受敌人派遣任务，但为敌人窃取、刺探、提供情报的行为。特务罪，是指参加特务组织，或者接受其派遣任务，或者虽未参加特务组织或者接受其派遣任务，但为特务组织窃取、刺探、提供情报的行为。资敌罪，是指供给敌人武器军火或者其他军用物资的行为。1997 年《刑法》对 1979 年《刑法》第 97 条作了较大幅度的修改，在 1997 年《刑法》中具体包括第 110 条、第 111 条和第 112 条，其中，第 110 条规定："有下列间谍行为之一，危害国家安全的，处十年以上有期徒刑或者无期徒刑；情节较轻的，处三年以上十年以下有期徒刑：（一）参加间谍组织或者接受间谍组织及其代理人的任务的；（二）为敌人指示袭击目标的。"第 111 条规定："为境外的机构、组织、人员窃取、刺探、收买、非法提供国家秘密或者情报的，处五年以上十年以下有期徒刑；情节特别严重的，处十年以上有期徒刑或者无期徒刑；情节较轻的，处五年以下有期徒刑、拘役、管制或者剥夺政治权利。"第 112 条规定："战时供给敌人武器装备、军用物资资敌的，处十年以上有期徒刑或者无期徒刑；情节较轻的，处三年以上十年以下有期徒刑。"由此可见，1997 年《刑法》在 1979 年《刑法》第 97 条第 3 项的基础上增加规定了"为敌人指示袭击目标的"情形，并删除了"敌人"、"特务组织"等词语，形成了第110条（间谍罪）；将1979年《刑法》第97条第1项修改为第111条（为境外窃取、刺探、收买、非法提供国家秘密、情报罪）；将1979年《刑法》第97条第2款修改为第112条（资敌罪）。从1997年《刑法》第110条、第111条、第112条脱胎于1979年《刑法》第97条的历史看，《刑法》第311条中的"间谍犯罪行为"应当做广义理解。

（2）关于拒绝提供间谍犯罪、恐怖主义犯罪、极端主义犯罪证据罪与包庇罪的界限

第一，犯罪客体不同。前罪侵犯的客体是国家安全机关或司法机关对间谍犯罪、恐怖主义犯罪、极端主义犯罪的侦查活动；而后者侵犯的客体是司法机关的正常活动。

第二，行为对象不同。前罪拒绝提供的是间谍犯罪、恐怖主义犯罪、极端主义犯罪的有关情况和有关证据；而后罪掩盖的是任何犯罪的有关情况和有关证据。

第三，客观方面不同。在客观方面两罪的不同主要在于：一是行为表现和方式不同。前罪在客观方面表现为拒绝提供间谍犯罪、恐怖主义犯罪、极端主义犯罪的有关情况和有关证据，属于"应为而不为"，是纯正的不作为犯；而后罪在客观方面表现为作假证明掩盖其他人的犯罪事实，属于"不应为而为之"，是作为犯。二是实施犯罪的时间不同。前罪只能发生在国家安全机关或司法机关向行为人调查有关情况、收集有关证据时；而后罪的行为人帮助犯罪人逃匿或者作假证明包庇的行为既可以发生在刑事诉讼阶段，也可以发生在刑事诉讼之后。

（七）偷越国（边）境罪

《刑法修正案（九）》第40条对《刑法》第322条作了修改，将涉恐偷越国（边）境的行为作为偷越国（边）境罪的罪状之一，从而使偷越国（边）境罪成为恐怖活动犯罪的关联犯罪。

为了防止恐怖活动人员通过边境出入国境，许多国家修改了本国法律，强化了出入境的管理和对人口流动的控制，以防止恐怖活动人员渗透境内或者流窜境外。针对我国的反恐形势，同时借鉴其他国家的立法经验，《刑法修正案（九）》第40条将《刑法》第322条修改为："违反国（边）境管理法规，偷越国（边）境，情节严重的，处一年以下有期徒刑、拘役或者管制，并处罚金；为参加恐怖活动组织、接受恐怖活动培训或者实施恐怖活动，偷越国（边）境的，处一年以上三年以下有期徒刑，并处罚金。"修改后的《刑法》第322条是在出入境方面针对恐怖活动犯罪作出的专门性规定。

1."偷越国（边）境"行为的认定

本罪在客观方面表现为违反国（边）境管理法规，偷越国（边）境，情节严重的行为。所谓国境，是指我国的国界线，包括陆域、水域、空域界线；所谓边境，是指同属于我国境内的实行不同制度的区域与中国大陆之间的界限，目前特指港澳台地区。

根据最高人民法院、最高人民检察院于2012年12月12日公布的《关于办理妨害国（边）境管理刑事案件应用法律若干问题的解释》第6条之规定，下列情形属于"偷越国（边）境"行为：没有出入境证件出入国（边）境或者逃避接受边防检查的；使用伪造、变造、无效的出入境证件出入国（边）境的；使用他人出入境证件出入国（边）境的；使用以虚假的出入境事由、隐瞒真实身份、冒用他人身份证件等方式骗取的出入境证件出入国（边）境的；采用其他方式非法出入国（边）境的。

2."情节严重"的认定

根据《关于办理妨害国（边）境管理刑事案件应用法律若干问题的解释》第5条之规定，偷越国（边）境，具有下列情形之一的，应当认定为《刑法》第322条规定的"情节严重"：在境外实施损害国家利益行为的；偷越国（边）境3次以上或者3人以上结伙偷越国（边）境的；拉拢、引诱他人一起偷越国（边）境的；勾结境外组织、人员偷越国（边）境的；因偷越国（边）境被行政处罚后1年内又偷越国（边）境的；其他情节严重的情形。

应当注意的是，《刑法》第 322 条规定的"情节严重"的情形仅适用于普通的"偷越国（边）境"行为，而不适用于"为参加恐怖活动组织、接受恐怖活动培训或者实施恐怖活动，偷越国（边）境的"行为。这意味着，较之于普通的"偷越国（边）境"行为，为实施恐怖活动犯罪而偷越国（边）境的，构成"偷越国（边）境罪"的门槛较低。

第三章　防治恐怖主义犯罪的国际立法

随着经济全球化和信息技术全球化进程的加速，恐怖主义犯罪的国际化已成为非常突出的现实问题，恐怖组织相互之间形成了盘根错节、错综复杂的关系。跨国的恐怖主义犯罪对世界和平与安全构成了严重威胁，已成为国际社会动荡的重要因素。面对恐怖主义犯罪的严重挑战，各国必须合作，才能应对，但是，迄今为止，国际社会尚未就恐怖主义的定义形成共识，导致恐怖主义的定义问题成为打击恐怖主义国际合作尤其是引渡合作的主要障碍。鉴于长期以来很难达成一致认可的恐怖主义定义，国际社会在为达成统一的恐怖主义定义付出艰辛努力的同时，退而求其次，主要通过签订"一行为一公约"的方式来应对具体的恐怖主义行为。关于防治恐怖主义犯罪的国际法文件包括联合国大会和联合国安理会的相关决议和在联合国、专门性国际组织、区域性国际组织主导下通过的反恐国际公约或议定书、区域性反恐条约、国家之间签订的双边条约。

第一节　恐怖主义犯罪的概念界定及争议

如果没有全球一致认可的恐怖主义的定义，就没有协调一致的反国际恐怖主义的立法与实践。国际社会界定恐怖主义概念的努力从未停歇过，但一直未能成功。就打击恐怖主义犯罪的国际合作而言，国际社会普遍接受的恐怖主义的定义是先决条件，如果没有统一的恐怖主义的定义，就不可能有统一的认识，也就不可能有良好的反恐怖主义国际合作，"洛克比空难案"就是典型事例。为了消除防治恐怖主义国际合作的障碍，自20世纪90年代以来国际社会一直在为出台一部关于国际恐怖主义的全面公约而努力，但由于对恐怖主义的定义等问题难以达成共识，该公约至今尚未出台。

国际社会反恐怖主义立法实践始于20世纪30年代。1934年10月9日，南斯拉夫国王亚历山大一世对法国进行国事访问时，在马赛被克罗地亚民族主义者杀害，与其乘同一辆车的法国外长路易斯·巴都也遇刺身亡。于是，法国政府向当时的国际联盟行政院建议缔结反恐怖主义公约。1934年12月，国际联盟理事会任命了一个专家委员会来研究恐怖主义问题，以起草一项国际公约。1935年4月，由比利时、英国、智利、西班牙、法国、匈牙利、意大利、波兰、瑞士、罗马尼亚和苏联等11国专家组成的反恐怖主义委员会在日内瓦召开了第一次会议。1935年5月，反恐怖主义委员会完成了《防止和惩治恐怖主义公约》（Convention on the Prevention and Punishment of Terrorism）第一稿。1936年1月，反恐怖主义委员会在日内瓦召开第二次会议，根据各国政府提出的建议，对公约草案作了修改，完成了第二稿，并提交国际联盟理事会。1937年4月，反恐怖主义委员会召开了最后一次会议，对公约草案作了修改，使之成为相互独立的两个公约，即《防止和惩治恐怖主义公约》和《建立国际刑事法院公约》。1937年11月16日，在国际联盟的主持下，27个国家的代表在日内瓦举行旨在更有效防止和惩治具有国际性质的恐怖主义的正式会议，通过了前述两公约。《防止和惩治恐怖主义公约》第1条和第2条分别采用概括和列举的方式对恐怖主义下了定义。根据第1条之规定，恐怖行为是指直接反对一个国家而在个别人士、团体和公众中制造恐怖的犯罪行为。根据第2条之规定，恐怖行为具体表现为：故意危害国家元首、执行国家元首特权的人士、其法定继承人或指定继承人、上述人士的配偶、担任公职或负有公共任务的人士的生命、身体、健康或自由的行为；故意毁灭或损害属于在另一缔约国管辖下的公共财产或供公用的财产的行为；故意造成或共同实施足以危及生命的行为；上列犯罪的未遂行为；

制造、获得、扣留或供给武器、军火、爆炸品或毒物以便在任何国家实施上述行为；上列行为的共谋、既遂的教唆、直接和公开的煽动、故意参加、有意识地提供援助等。该《公约》界定的恐怖活动的范围相当广泛，从行为对象看，既可以是某一国家，也可以是某一个人；既可以是人身，也可以是财产。从行为针对的空间范围看，既可以是地上，也可以是海洋和空中。从故意犯罪的停止形态看，既可以是既遂，也可以是未遂。从共同犯罪行为的分类看，既可以是实行行为，也可以是教唆行为或帮助行为。同时，该《公约》要求各缔约国承担防止和惩治恐怖主义行为并为此目的相互协助的义务，缔约国应当在国内刑法中将该《公约》确认的恐怖主义行为规定为犯罪，各缔约国应当按照国际公约或国际惯例对恐怖主义犯罪"或引渡或起诉"。该《公约》因二战爆发等原因未能生效，但它为后来的反恐怖主义国际立法奠定了基础。二战后，在联合国及其专门机构的主导下，制定了一系列反恐公约。

在反恐怖主义国际立法中，没有比恐怖主义定义问题更加棘手的问题。迄今为止，国际上关于恐怖主义的定义多达上百种，关于恐怖主义犯罪要件的认识颇有分歧，但都认为"恐怖主义……涉及暴力或以暴力相威胁"，应当防止、谴责和惩罚恐怖主义行为。[1] 关于恐怖主义定义，之所以存在严重分歧，主要是各国或国家集团的政治利益、意识形态不同所致，正所谓"一个人眼中的恐怖分子是另一个人眼中的自由斗士"。有些国家认为，界定恐怖主义的定义是必要的，但必须服从政治目标。这些国家认为应当允许"自由斗士"实施他们想要实施的任何类型的攻击，因为追求正义可以不择手段。[2]

---

① See Sarah Mazzochi, "The Age of Impunity: Using the Duty to Extradite or Prosecute and Universal Jurisdiction to End Impunity for Acts of Terrorism Once and for All", Vol.32 Northern Illinois University Law Review（2011）, p.80.

② See Boaz Ganor, "Defining Terrorism: Is One Man's Terrorist another Man's Freedom Fighter?" 3:4 POLICE PRAC.&RES.287,288（2002）. Quoted in Sarah Mazzochi, "The Age of Impunity: Using the Duty to Extradite or Prosecute and Universal Jurisdiction to End Impunity for Acts of Terrorism Once and for All", Vol.32 Northern Illinois University Law Review（2011）, p.81.

另外，主要西方国家认为，恐怖主义的概念仅限于个人或小团体的行动，不包括国家的警察或军事行动，而不论其是否合法；其他国家尤其是不加盟国家则认为，恐怖主义的定义中可以包括国家的军事行动。[①] 例如，在国家直接实施或支持实施违法行为的情况下，国家应当为恐怖主义承担责任，所有国家认为这是合适的。[②] 为了解决对恐怖主义定义的认识分歧，客观地界定恐怖主义的定义，国际社会通过了一系列关于恐怖主义的决议和公约，起草了《关于国际恐怖主义的全面公约草案》（Draft Comprehensive Convention on International Terrorism）。在这些文件中，联合国大会和安理会的决议对恐怖主义犯罪的定义作出了较为全面的规定，一系列反恐公约仅针对具体行为、具体对象或具体行为方式做出了界定，《草案》对恐怖主义概念作了最全面的规定，体现了国际社会关于恐怖主义定义的最新动态。

一、联合国大会相关决议的规定

1972 年 12 月，联合国大会通过了第 3034 号决议（联大第一个涉及恐怖主义的文件），建立了反国际恐怖主义特设委员会。该委员会的任务是研究恐怖主义的定义、产生根源及恐怖主义的预防等。该委员会分别于 1973 年和 1979 年就恐怖主义向联合国大会提交了两个报告，但由于各国意见不一，最终未能就恐怖主义的定义达成共识。1994 年 12 月 9 日，联合国大会第 84 次全体会议通过的第 49/60 号决议附件《消除国际恐怖主义措施宣言》指出："深信需要经常审查有关打击一切形式和面貌的恐怖主义的现有法律

---

① See Robert A. Friedlander, *Terrorism: Documents of International and Local Control*（Cambridge University Press,1981）. Quoted in Geert-Jan A. Knoops, *International Terrorism: the Changing Face of International Extradition and European Criminal Law*,10 Maastricht J. Eur.& Comp. L.149（2003），p.150.

② See Geert-Jan A. Knoops, *International Terrorism: the Changing Face of International Extradition and European Criminal Law*,10 Maastricht J. Eur.& Comp. L.149（2003），p.150.

规定的范围，以期确保有一个全面的法律框架来防止和消除恐怖主义。"从此，联合国开启了制定一部综合性反恐公约的历程。1996 年 12 月 7 日，联合国大会通过的第 51/210 决议附件《补充 1994 年〈消除国际恐怖主义措施宣言〉》指出：强烈谴责一切恐怖主义行为、方法和做法，不论是何人所为和在何处发生均为无可辩护的犯罪；重申为了政治目的而企图或蓄意在一般公众、某一群人或特定个人中引起恐怖状态的犯罪行为，不论引用何种政治、思想、意识形态、种族、人种、宗教或任何其他性质的考虑作为理由，在任何情况下都是无可辩护的。

二、联合国安理会相关决议的规定

联合国安理会于 2004 年 10 月 8 日通过的第 1566 号决议指出："以在公众或某一群体或某些个人中引起恐慌、恫吓人民或迫使政府或国际组织采取或不采取行动为宗旨，意图造成死亡或严重身体伤害、或劫持人质的犯罪行为，包括针对平民的此种行为，均为有关恐怖主义的国际公约和议定书范围内界定的犯法行为，在任何情况下，均不得出于政治、哲学、意识形态、种族、族裔、宗教上的考虑或其他类似性质的考虑而视为正当行为，并吁请各国防止此类行为发生，如果未能加以防止，则确保按其严重性质予以惩罚。"尽管该措辞似乎为恐怖主义下了可行的定义，但有人如巴西大使罗纳尔多·莫塔·萨尔登贝格认为这不是真正的恐怖主义定义。①

三、主要反恐国际公约的相关规定

截至目前，在联合国主导下总共通过了 17 项部门性反恐国际公约或

---

① See Sarah Mazzochi, "The Age of Impunity: Using the Duty to Extradite or Prosecute and Universal Jurisdiction to End Impunity for Acts of Terrorism Once and for All", Vol.32 Northern Illinois University Law Review（2011），p.86.

议定书。① 这些反恐怖主义法律文件涉及的恐怖行为主要包括：发生在航空器内的犯罪、空中劫持、危害民用航空安全、侵害应受国际保护人员、劫持人质、危害航海安全、危及大陆架固定平台安全、爆炸、资助恐怖主义、实施核恐怖、危害航海安全等行为。这 17 项法律文件都是关于某一领域、某一类型的恐怖主义犯罪的部门性文件。除了《关于在航空器内的犯罪和某些其他行为的公约》和《关于在可塑炸药中加添识别剂以便侦测的公约》未对恐怖主义的定义作出规定外，其他公约都是仅针对恐怖主义行为的某一方面下定义的，例如，《制止恐怖主义爆炸的国际公约》第 2 条第 1 款和第 19 条对"恐怖主义爆炸罪"做了界定；《制止向恐怖主义提供资助的国际公约》第 2 条第 1 款对"资助恐怖主义罪"做了界定，恐怖主义犯罪包括该《公约》附件所列 9 项国际条约所规定的所有相关行为；《制止核恐怖主义行为国际公约》第 2 条和第 4 条对"核恐怖主义罪"做了界定。

---

① 1963 年 9 月 14 日在东京签订的《关于在航空器内的犯罪和某些其他行为的公约》、1970 年 12 月 16 日在海牙签订的《关于制止非法劫持航空器的公约》、1971 年 9 月 23 日在蒙特利尔缔结的《关于制止危害民用航空安全的非法行为的公约》、1973 年 12 月 14 日在纽约通过的《关于防止和惩处侵害应受国际保护人员包括外交代表的罪行的公约》、1979 年 12 月 17 日在纽约通过的《反对劫持人质国际公约》、1980 年 3 月 3 日在维也纳签订的《关于核材料的实物保护公约》(2005 年 7 月 8 日在维也纳通过了《关于核材料的实物保护公约》修正案)、1988 年 2 月 24 日在蒙特利尔签订的补充《关于制止危害民用航空安全的非法行为的公约》的《制止在国际民用航空机场的非法暴力行为议定书》、1988 年 3 月 10 日在罗马签订的《制止危害航海安全的非法行为公约》、1988 年 3 月 10 日在罗马签订的《制止危及大陆架固定平台安全的非法行为议定书》、1991 年 3 月 1 日在蒙特利尔签订的《关于在可塑炸药中加添识别剂以便侦测的公约》、1997 年 12 月 15 日联合国大会在纽约通过的《制止恐怖主义爆炸的国际公约》、1999 年 12 月 9 日联合国大会在纽约通过的《制止向恐怖主义提供资助的国际公约》和 2005 年 4 月 13 日联合国大会在纽约通过的《制止核恐怖主义行为国际公约》、2005 年 10 月 14 日在伦敦订立的《制止危害航海安全的非法行为公约》2005 年议定书、2005 年 10 月 14 日在伦敦订立的《制止危及大陆架固定平台安全的非法行为议定书》、2010 年 9 月 10 日在北京签订的《制止非法劫持航空器公约的补充议定书》和《制止与国际民用航空有关的非法行为的公约》。

虽然这些部门性反恐公约对防范国际恐怖主义犯罪发挥了一定作用，但都采用"一个行为一个定义"的方式来规定本公约提及的恐怖主义。各公约各自为政，标准不一，尚不足以应对全球化时代迅速蔓延的国际恐怖主义犯罪，国际社会急需要制定一部适用于所有情况的综合性反恐公约。

四、《关于国际恐怖主义的全面公约草案》的相关规定

联合国大会于 2000 年启动《关于国际恐怖主义的全面公约》(Comprehensive Convention on International Terrorism) 的制定工作，由联合国大会反恐特设委员会（the Ad Hoc Committee，1996 年 12 月 17 日设立）和联合国大会第六委员会（Sixth Committee）即法律委员会（Legal Committee）设立工作组，负责整理该公约草案，但因始终存在诸如恐怖主义的定义、该公约的适用范围、该公约与现有反恐部门性公约的协调等未决问题，该公约仍在酝酿中。

2000 年 10 月 19 日，在联合国大会第五十五届会议上，联合国大会第六委员会主席提交了《消除国际恐怖主义的措施——工作组报告》，其附件二为"印度就关于国际恐怖主义的全面公约草案提出的工作文件"。[①] 该文件是根据印度向联合国大会第五十一届会议提交的案文（见 A/C.6/51/6 号文件）修正而成的，该文件第 2 条第 1 款规定：本公约所称的犯罪，是指任何人（any person）以任何手段，非法和故意地实施一项行为，其目的是：（a）致人死亡或重伤；或（b）致使国家或政府设施、公共交通系统、通信系统或基础设施遭受严重损毁，希望对这些地方、设施或系统造成广泛破坏，或造成的破坏导致或可能导致重大经济损失，而且根据行为的性质或背景，其目的是恐吓某一人口，或迫使某国政府或某一国际组织从事或不从事某种行为。

2002 年 2 月 11 日，联合国大会反恐特设委员会将以前印度提交的"关

---

① 《消除国际恐怖主义的措施——工作组报告》，载于联合国文件 A/C.6/55/L.2（2000）。

于国际恐怖主义的全面公约草案"修正后提交联合国大会，供讨论审议。在该文本中，协调员对第 2 条作了修改。该草案第 2 条第 1 款规定：本公约所称的犯罪，是指任何人（any person）以任何手段非法和故意致使：（a）任何人死亡或重伤；或（b）公共或私人财产，包括公用场所、国家或政府设施、公共运输系统、基础设施或环境严重受损；或(c) 本条第 1 款(b) 所述财产、场所、设施或系统的损坏造成或可能造成重大经济损失，而且根据行为的性质或背景，其目的是恐吓某人，或迫使某国政府或某一国际组织从事或不从事某种行为。

2004 年 12 月，联合国秘书长任命的威胁、挑战和改革问题高级别小组提交的《威胁、挑战和改革问题高级别小组的报告》第六部分"恐怖主义"中将恐怖主义表述为"现有有关恐怖主义各方面的公约、日内瓦四公约和安全理事会第 1566（2004）号决议已经列明的各种行动，以及任何有意造成平民或非战斗员死亡或严重身体伤害的行动，如果此种行动的目的就其性质和背景而言，在于恐吓人口或强迫一国政府或一个国际组织实施或不实施任何行为"。该定义被认为是政治性定义，最终没有被《关于国际恐怖主义的全面公约草案》采纳。

2005 年 8 月 3 日，联合国大会第六委员会主席向联合国大会第五十九届会议提交了协调员编写的"反国际恐怖主义全面公约草案"综合案文讨论稿，供讨论审议。该公约草案第 2 条第 1 款规定：本公约所称的犯罪，是指任何人（any person）以任何手段非法和故意致使：（一）人员死亡或人体受到严重伤害；或（二）公共或私人财产，包括公用场所、国家或政府设施、公共运输系统、基础设施或环境受到严重损害；或（三）本条第一款第二项所述财产、场所、设施或系统受到的损害造成或可能造成重大经济损失；而且根据行为的性质或背景，行为的目的是恐吓某一人群，或迫使某国政府或某国际组织实施或不实施某一行为。

2010 年 11 月 3 日，消除国际恐怖主义的措施工作组向联合国大会第六委员会提交的《消除国际恐怖主义的措施——工作组报告》① 附件一"主席之友编写的全面公约草案序言和第一、二和四至二十七条案文"建议，该公约草案第 2 条第 1 款规定："本公约所称的犯罪，是指任何人（any person）以任何手段非法故意致使：（一）人员死亡或人体受到严重伤害；或（二）包括公用场所、国家或政府设施、公共运输系统、基础设施在内的公共或私人财产或环境受到严重损害；或（三）本条第一款第二项所述财产、场所、设施或系统受到损害，造成或可能造成重大经济损失，而且根据行为的性质或背景，行为的目的是恐吓某地居民，或迫使某国政府或某国际组织实施或不实施某一行为。"

《关于国际恐怖主义的全面公约草案》从犯罪主体、犯罪的主观方面、客观方面的犯罪行为和犯罪对象等方面界定了恐怖主义的定义。从字面意思看，恐怖主义犯罪主体"任何人"应当包括个人、组织和国家，但有人认为"任何人"不包括国家，即该定义不包括国家恐怖主义，因为《关于国际恐怖主义的全面公约草案》第 18 条第 2 款的规定已经排除了国家军队所实施的行为。依据该条之规定，国家军队的行动受其他国际法规则的约束。

在《关于国际恐怖主义的全面公约草案》的谈判中，其第 18 条始终是争议的焦点。该《草案》第 18 条规定："一、本公约的任何规定均不影响国际法特别是《联合国宪章》的宗旨和原则及国际人道主义法对国家、民族和个人规定的其他权利、义务和责任。二、国际人道主义法所指的武装冲突中武装部队活动，由国际人道主义法加以规定，不由本公约加以规定。三、一国军事部队执行公务所进行的活动，凡国际法其他规则已有规定的，不由本公约加以规定。四、本条的任何规定均不容许非法行为或使非法行为合法化，也不排除根据其他法律起诉。"② 伊斯兰会议组织成员国提出的案文将第18 条第 2、3 款修改为："二、国际人道主义法所指的武装冲突中各方的活动，

---

①　联合国文件 A/C.6/65/L.10（2010）。

②　联合国文件 A/57/37，附件四（2002）。

包括外国占领情况下各方的活动，由国际人道主义法加以规定，不由本公约加以规定。三、一国军事部队执行公务所进行的活动，只要符合国际法，不由本公约加以规定。"① 针对第 18 条，争论的焦点在于第 2 款、第 3 款。第 2 款中应当规定武装冲突中"武装部队的活动"还是"各方的活动"，以及该款中是否应添加"外国占领情况下"的措辞；第 3 款中一国军事部队执行公务所进行的活动，应当规定"凡国际法其他规则已有规定的"还是应规定"符合国际法"。

第 18 条是解决公约草案未决问题的关键。关于第 18 条，争议的焦点主要包括：如何区分恐怖主义行为与在外国占领、殖民统治或外国统治下的人民行使其自决权开展的合法斗争；是否应当将国家恐怖主义包括国家军队的某些行为纳入恐怖主义概念。具体而言，争议的焦点在于："民族解放运动（national liberation movements）"与国家"武装部队（armed forces）"的行动是否属于恐怖主义行为。简言之，关于第 18 条的争议，就是关于谁是恐怖主义者和何种行为是恐怖主义行为的争议。关于该问题，应当主张：不论是个人还是组织抑或国家，在任何情况下，如果实施了针对平民的攻击，都应当视为恐怖主义。

经过国际社会的不断努力，《关于国际恐怖主义的全面公约草案》中的恐怖主义定义成为目前最为完善的定义，但由于关键障碍尚未排除，致使《关于国际恐怖主义的全面公约》未能出台。鉴于此，有学者认为，国际社会应当制定一个简洁明了的恐怖主义定义，即非法、故意杀人，故意致人重伤，或故意致使公共和 / 或私人财产受到严重损害，目的在于恐吓公众，或迫使某国政府从事或不从事某一行为。该定义高度概括了恐怖主义犯罪的主观方面和客观方面的要件，简洁明了，避开了长期以来存在的争议，具有借鉴价值。

---

① 联合国文件 A/57/37，附件四（2002）。

第二节　关于恐怖主义犯罪的国际公约

一、联合国主持制定的关于恐怖主义犯罪的国际公约

（一）《关于防止和惩处侵害应受国际保护人员包括外交代表的罪行的公约》

1973 年 12 月 14 日，第二十八届联合国大会在纽约召开的第 2202 次会议上作出了第 3166 号决议，通过了《关于防止和惩处侵害应受国际保护人员包括外交代表的罪行的公约》（Convention on the Prevention and Punishment of Crimes against Internationally Protected Persons，Including Diplomatic Agents），简称《纽约公约》。该《公约》于 1977 年 2 月 20 日生效。该《公约》包括序言和 20 个条文。该《公约》的序言声明：认为侵害外交代表和其他应受国际保护人员的罪行危害到这些人员的安全，构成对各国间合作所必要的正常国际关系的维持的严重威胁；相信这些罪行的发生是国际社会严重关心的问题；深信制定防止和惩处这些罪行的适当和有效措施实有迫切需要。该《公约》的主要内容包括侵犯应受国际保护人员罪的界定、国家对此类犯罪的管辖权、引渡、司法协助等。1987 年 6 月 23 日，我国第六届全国人民代表大会常务委员会第二十一次会议通过了《全国人民代表大会常务委员会关于我国加入〈关于防止和惩处侵害应受国际保护人员包括外交代表的罪行的公约〉的决定》，同时声明：中华人民共和国对该《公约》第 13 条第 1 款予以保留，不受该款约束。[1]1987 年 8 月 5 日，我国正式交存了加入书。

---

[1]　《关于防止和惩处侵害应受国际保护人员包括外交代表的罪行的公约》第 13 条第 1 款规定：
"两个以上缔约国间在本公约的解释或适用上所发生的任何争端，如未经以谈判方式解决，经缔约国一方要求，应交付仲裁。如果自要求仲裁之日起六个月内当事各方不能就仲裁的组成达成协议，任何一方得依照国际法院规约提出请求，将争端提交国际法院处理。"

该《公约》于 1987 年 9 月 4 日对我国生效。

《关于防止和惩处侵害应受国际保护人员包括外交代表的罪行的公约》界定了应受国际保护人员的范围；要求各缔约方将侵犯应受国际保护人员的行为定为刑事犯罪。

1. 关于"侵犯应受国际保护人员罪"

《关于防止和惩处侵害应受国际保护人员包括外交代表的罪行的公约》第 2 条第 1 款规定："每一缔约国应将下列罪行定为其国内法上的罪行，即故意：（A）对应受国际保护人员进行谋杀、绑架、或其他侵害其人身或自由的行为；（B）对应受国际保护人员的公用馆舍、私人寓所或交通工具进行暴力攻击，因而可能危及其人身或自由；（C）威胁进行任何这类攻击；（D）进行任何这类攻击未遂；（E）参与任何这类攻击为从犯。"

"侵犯应受国际保护人员罪"，是指对应受国际保护人员进行或威胁进行谋杀、绑架或者侵害人身或自由，以及对其馆舍、寓所或交通工具进行暴力攻击因而可能危及其人身或自由的行为。

2. 关于"应受国际保护人员"

《关于防止和惩处侵害应受国际保护人员包括外交代表的罪行的公约》第 1 条第 1 款规定："'应受国际保护人员'是指：（A）一国元首、包括依关系国宪法行使国家元首职责的一个集体机构的任何成员或政府首长或外交部长，当他在外国境内时，以及他的随行家属；（B）在侵害其本人或其办公用馆舍、私人寓所或其交通工具的罪行发生的时间或地点，按照国际法应受特别保护，以免其人身、自由或尊严受到任何攻击的一国的任何代表或官员或政府间性质的国际组织的任何官员或其他代理人，以及与其构成同一户口的家属。"

根据国际条约和国际习惯法，"应受国际保护人员"应当包括所有享有外交特权与豁免权的人员，具体包括：国家元首、政府首脑、外交部长及其随行人员；使馆馆长，包括大使、公使、代办；使馆的外交职员，包括参赞、秘书、随员、海陆空三军武官、商务、文化、新闻专员等；使馆的行政和技术人员；特别使团成员；联合国及其专门机构的官员；领事官员；上述人员的配偶及未成年子女。

为了保护应受国际保护人员，我国先后加入了 1961 年《维也纳外交关系公约》（Vienna Convention on Diplomatic Relations）和 1963 年《维也纳领事关系公约》（Vienna Convention on Consular Relations）。全国人民代表大会常务委员会于 1986 年 9 月 5 日通过了《中华人民共和国外交特权与豁免条例》，于 1990 年 10 月 30 日通过了《中华人民共和国领事特权与豁免条例》。1997 年《刑法》第 11 条规定："享有外交特权和豁免权的外国人的刑事责任，通过外交途径解决。"为外交人员享有特权与豁免权提供了法律保障。《刑法》中也有相关罪名，如《刑法》第 232 条规定的故意杀人罪，第 234 条规定的故意伤害罪，第 236 条规定的强奸罪，第 237 条规定的强制猥亵、侮辱罪，第 238 条规定的非法拘禁罪，第 239 条规定的绑架罪，第 245 条规定的非法搜查罪和非法侵入住宅罪，第 246 条规定的侮辱罪，第 275 条规定的故意毁坏财物罪等，可以对该《公约》规定的"侵犯应受国际保护人员罪"中的相关行为予以惩处。虽然《刑法》中的相关规定较为全面，但没有直接规定"侵犯应受国际保护人员罪"，该罪有其特殊的内涵与外延，我国《刑法》中的相关规定难以体现其特殊性，且对《公约》第 2 条第 1 款规定的威胁侵害应受国际保护人员的行为以及威胁暴力攻击应受国际保护人员的公用馆舍、私人寓所或交通工具的行为未作规定，无法直接应对侵犯应受国际保护人员及其公用馆舍、私人寓所、交通工具的行为。

3. 关于"侵犯应受国际保护人员罪"的刑事管辖权

《关于防止和惩处侵害应受国际保护人员包括外交代表的罪行的公约》第 3 条规定："1. 每一缔约国应采取必要措施，以确定其在下列情况下对第二条第 1 款所列举的罪行的管辖权：（A）所犯罪行发生在本国领土之内或在本国登记的船只或飞机上时；（B）嫌疑犯是本国国民时；（C）所犯罪行是对因代表本国执行第一条所规定的职务而享有应受国际保护地位的人员所犯时。2. 每一缔约国应同样采取必要措施，于嫌疑犯在本国领土内，而本国不依第八条规定将该犯引渡至本条第 1 款所指明的国家时，对这些罪行确定其管辖权。3.本公约并不排除依照国内法行使的刑事管辖权。"据此，关于"侵犯应受国际保护人员罪"的刑事管辖权，该《公约》规定了属地管辖权、属人管辖权、保护管辖权和普遍管辖权。

4."或引渡或起诉"条款

《关于防止和惩处侵害应受国际保护人员包括外交代表的罪行的公约》第 7 条规定："缔约国于嫌疑犯在其领土内时，如不予以引渡，则应毫无例外，并不得不当稽延，将案件交付主管当局，以便依照本国法律规定的程序提起刑事诉讼。"

根据《关于防止和惩处侵害应受国际保护人员包括外交代表的罪行的公约》第 8 条之规定，在各缔约国之间的任何现行引渡条约未将"侵犯应受国际保护人员罪"列为应当引渡的罪行的范围内，这些罪行应视为属于应当引渡的犯罪。缔约国承允将来彼此间所订的每一引渡条约中都将这些罪行列为应当引渡的罪行；以订有条约为引渡条件的缔约国从未与该缔约国订立引渡条约的另一缔约国接到引渡要求时，如果决定引渡，得视本公约为对这些罪行进行引渡的法律根据。引渡必须按照被请求国法律所规定的程序和其他条件办理；不以订有条约为引渡条件的缔约国应当承认这些罪行为彼此间应当引渡的罪行，但必须按照被要求国法律所规定的程序和其他条件办理；为便于各缔约国之间进行引渡起见，每一罪行应当视为不但发生于实际犯罪地点，而且发生于根据第 3 条第 1 款规定必须确定其管辖权的国家的领土内。

《关于防止和惩处侵害应受国际保护人员包括外交代表的罪行的公约》第 7 条、第 8 条在为缔约国规定"或引渡或起诉"义务的同时，还要求各缔约国应当将"侵犯应受国际保护人员罪"作为应当引渡的罪行，以便为引渡该罪行消除法律障碍。

(二)《反对劫持人质国际公约》

1972 年 9 月 5 日，联邦德国慕尼黑举办奥运会期间，11 名以色列运动员和教练员被巴勒斯坦"黑九月"组织成员杀害,该事件震惊了国际社会。1979 年伊朗爆发伊斯兰革命后,美国驻伊朗大使馆被占领,66 名美国外交官和平民被扣为人质。这次人质危机自 1979 年 11 月 4 日一直持续到 1981 年 1 月 20 日,长达 444 天(1 年 2 个月 2 周又 2 天)。

1972 年时任联合国秘书长瓦尔德海姆提议制定一项国际反恐怖主义公约。同年 11 月 18 日,第二十七届联合国大会通过了第 3034 号决议,决定就如何界定恐怖主义、查明恐怖主义的根源、建议反恐怖主义措施成立三个委员会,其中之一是"国际恐怖主义问题特设委员会",其职能是研究国际恐怖主义的根源和防止国际恐怖主义的措施。但制定一部国际反恐怖主义公约的愿望因故未能实现。1976 年 12 月 15 日第三十一届联合国大会第 99 次全体会议通过的第 31/103 号决议决定"起草一项反对劫持人质的国际公约"。该决议指出,"认识到迫切需要采取进一步有效措施,以制止劫持人质","注意到有必要在联合国主持下缔结一项反对劫持人质的国际公约",并"决定设立一个由 35 个会员国组成的起草反对劫持人质国际公约特设委员会","要求特设委员会尽早草拟一项反对劫持人质的国际公约"。

1979 年 12 月 27 日,联合国大会通过了第 34/146 号决议,该决议的附件是联合国大会第六委员会的特设委员会起草的《反对劫持人质国际公约》(International Convention against the Taking of Hostages)(1983 年 6 月 3 日生效)。1992 年 12 月 28 日,我国第七届全国人大常委会第二十九次会议通过了《全国人民代表大会常务委员会关于我国加入〈反对劫持人质国际公约〉的决定》规定:"中华人民共和国加入《反对劫持人质国际公约》,同时声明,中华人民共和国对公约第十六条第一款予以保留,不受该款约束。"① 该《公约》于 1993 年 1 月 26 日对我国生效。

---

① 《反对劫持人质国际公约》第 16 条第 1 款规定:"两个或两个以上的缔约国之间关于本公约的解释或适用方面的任何争端,如不能谈判解决,经缔约国一方要求,应交付仲裁。如果自要求仲裁之日起 6 个月内,当事各方不能就仲裁的组织达成协议,任何一方得依照《国际法院规约》提出请求,将争端提交国际法院审理。"

《反对劫持人质国际公约》由序言和20个条文组成，对劫持人质的概念和构成、各缔约国对劫持人质罪的刑事管辖权、惩治和防范、人质的保护、引渡等作了规定。

1. 关于"劫持人质罪"

《反对劫持人质国际公约》第1条规定："1.任何人如劫持或扣押并以杀死、伤害或继续扣押另一个人（以下称'人质'）为威胁，以强迫第三方，即某个国家、某个国际政府间组织、某个自然人或法人或某一群人，做或不做某种行为，作为释放人质的明示或暗示条件，即为犯本公约意义范围内的劫持人质罪行。2.任何人（a）图谋劫持人质，或（b）与实行或图谋劫持人质者同谋而参与其事，也同样犯有本公约意义下的罪行。"

"劫持人质罪"，是指行为人以强迫第三方即某个国家、某个政府间国际组织、某个自然人或法人或某一群人从事或不从事某种行为为目的，劫持或扣押人质并以杀死、伤害或继续扣押相威胁的行为。劫持人质罪的构成要件包括：劫持人质罪的主体可以是任何人，既可以是自然人，也可以是组织；本罪在主观方面具有劫持人质的故意，具有以强迫第三方实施或不实施某种行为的目的；本罪在客观方面表现为劫持或扣押人质的行为。

我国《刑法》第239条第1款规定，以勒索财物为目的绑架他人的，或者绑架他人作为人质的，处10年以上有期徒刑或者无期徒刑，并处罚金或者没收财产；情节较轻的，处5年以上10年以下有期徒刑，并处罚金。第2款规定，犯前款罪，杀害被绑架人的，或者故意伤害被绑架人，致人重伤、死亡的，处无期徒刑或者死刑，并处没收财产。第3款规定，以勒索财物为目的偷盗婴幼儿的，依照前两款的规定处罚。《刑法》第239条规定的绑架罪和《反对劫持人质国际公约》中的"劫持人质罪"基本一致。

2. 关于"劫持人质罪"的刑事管辖权

《反对劫持人质国际公约》第5条规定："1.每一缔约国应采取必要的措施来确立该国对第一条所称任何罪行的管辖权，如果犯罪行为是：（a）发生在该国领土内或在该国登记的船只或飞机上；（b）该国任何一个国民所犯的罪行，或经常居住于其领土内的无国籍人（如该国认为恰当时）所犯的罪行；（c）为了强迫该国做或不做某种行为；（d）以该国国民为人质，而该国认为适当时。2. 每一缔约国于嫌疑犯在本国领土内，而不将该嫌疑犯引渡至本条第 1 款所指的任何国家时，也应采取必要措施，对第一条所称的罪行确立其管辖权。3. 本公约不排除按照国内法行使的任何刑事管辖权。"

《反对劫持人质国际公约》第 5 条第 1 款赋予缔约国属地管辖权、属人管辖权和保护管辖权；第 2 款赋予缔约国普遍管辖权；第 3 款承认缔约国基于国内法所享有的国家刑事管辖权。

3. "或引渡或起诉"条款

《反对劫持人质国际公约》第 8 条第 1 款规定："领土内发现嫌疑犯的缔约国，如不将该人引渡，应毫无例外地而且不论罪行是否在其领土内发生，通过该国法律规定的程序，将案件送交该国主管机关，以便提起公诉。此等机关应按该国法律处理任何普通严重罪行案件的方式作出判决。"

《反对劫持人质国际公约》第 9 条、第 10 条对引渡的具体问题作了进一步规定。根据第 10 条之规定，劫持人质罪应当被视为缔约国间现有任何引渡条约已经列为可以引渡的罪行。各缔约国承诺在以后彼此间缔结的所有引渡条约中将此种罪行列为可以引渡的罪行；以订有条约为引渡条件的缔约国，如收到尚未与该缔约国订立引渡条约的另一缔约国的引渡请求，被请求国可以自行决定将本公约视为引渡劫持人质罪的法律根据。引渡应当按照被请求国法律所规定的其他条件进行；不以订有条约为引渡条件的各缔约国应承认劫持人质罪为彼此之间可以引渡的罪行，但必须符合被请求国法律所规定的条件；为了缔约国间引渡的目的，劫持人质罪应当被视为不仅发生在实地发生地，而且也发生在按照第 5 条第 1 款之规定必须确立其管辖权的国家的领土内。根据第 9 条之规定，如果接到关于劫持人质罪的引渡请求的缔约国有充分理由相信，提出引渡要求的目的在于因某一人的种族、宗教、国籍、民族根源或政治见解而予以起诉或惩罚，或被请求引渡人的处境因前述歧视性理由或因有权行使保护权利的国家的适当机关无法与其联系而可能受到损害时，可以拒绝引渡；适用于缔约国之间的所有引渡条约和办法中与本公约不相容的各项规定，均被视为已被本公约修改。

（三）《制止恐怖主义爆炸的国际公约》

1991 年 3 月 1 日在蒙特利尔签署的《关于在可塑炸药中添加识别剂以便侦测的公约》（Convention on the Marking of Plastic Explosives for the Purpose of Detection），虽然在预防恐怖主义爆炸行为方面起了一定作用，但其没有将恐怖主义爆炸行为规定为恐怖主义犯罪，也没有规定其他与恐怖主义犯罪有关的罪行，因而在制止恐怖主义爆炸行为方面的作用十分有限。1997 年 12 月 15 日，第五十二届联合国大会第七十二次会议通过了第 52/164 号决议，该决议附件为《制止恐怖主义爆炸的国际公约》（International Convention for the Suppression of Terrorist Bombings）。该《公约》自 1998 年 1 月 12 日至 1999 年 12 月 31 日期间在纽约联合国总部开放签署，共有 58 个国家签署了该《公约》，该《公约》于 2001 年 5 月 23 日生效。我国第九届全国人民代表大会常务委员会第二十四次会议于 2001 年 10 月 27 日通过了《全国人民代表大会常务委员会关于加入〈制止恐怖主义爆炸的国际公约〉的决定》，同时声明：中华人民共和国对《制止恐怖主义爆炸的国际公约》第 20 条第 1 款予以保留，不受该款约束。①2001 年 11 月 13 日，我国向联

---

① 《制止恐怖主义爆炸的国际公约》第 20 条第 1 款规定："两个或两个以上的缔约国之间有关本公约的解释或适用的任何争端，如在一合理时间内不能通过谈判解决，经其中一方要求，应交付仲裁。如自要求仲裁之日起六个月内，当事各方不能就仲裁的组成达成协议，其中任何一方可根据《国际法院规约》申请将争端提交国际法院。"2001 年 10 月 22 日国务院向九届全国人大常委会提请议案，提请审议加入《制止恐怖主义爆炸的国际公约》。受国务院的委托，时任外交部副部长王毅在第九届全国人大常委会第二十四次会议上就这个议案作了说明。王毅说，国务院经审核后认为：根据我国关于国家间的争端不提交国际法院的一贯立场，建议我国在决定加入公约时，对公约第 20 条第 1 款关于公约解释或适用的争端应当提交仲裁和国际法院的规定作出保留。《国务院：加入制止恐怖主义爆炸的国际公约符合我国利益》，人民网：http://www.people.com.cn/GB/shi-zheng/20011022/587749.html（2001 年 11 月 22 日访问）。

合国秘书长递交了批准书，该《公约》于 2001 年 12 月 13 日对我国生效。

《制止恐怖主义爆炸的国际公约》是人类历史上第一个专门打击恐怖主义爆炸活动的国际法律文书，包括序言和 24 条正文。其序言规定：又回顾大会 1994 年 12 月 9 日第 49/60 号决议所附《消除国际恐怖主义措施宣言》，其中除别的以外，"联合国会员国庄严重申毫不含糊地谴责恐怖主义的一切行为、方法和做法，包括那些危害国家间和民族间友好关系及威胁国家领土完整和安全的行为、方法和做法，不论在何处发生，也不论是何人所为，均为犯罪而不可辩护"。其正文的主要内容包括：恐怖主义爆炸罪的定义；各缔约国在其国内法中将恐怖主义爆炸行为规定为犯罪的义务；缔约国对恐怖主义爆炸罪的刑事管辖权；司法协助；或引渡或起诉义务；对恐怖主义爆炸罪不适用政治犯罪不引渡的原则。

1. 关于"恐怖主义爆炸罪"

《制止恐怖主义爆炸的国际公约》第 2 条规定："1. 本公约所称的犯罪，是指任何人非法和故意在公用场所、国家或政府设施、公共交通系统或基础设施，或是向或针对公用场所、国家或政府设施、公共交通系统或基础设施投掷、放置、发射或引爆爆炸性或其他致死装置：（a）故意致人死亡或重伤；或（b）故意对这类场所、设施或系统造成巨大毁损，从而带来或可能带来重大经济损失。2. 任何人如企图实施本条第 1 款所述罪行，也构成犯罪。3. 任何人如有以下行为，也构成犯罪：（a）以共犯身份参加本条第 1 款或第 2 款所述罪行；或（b）组织或指使他人实施本条第 1 款或第 2 款所述罪行；或（c）以任何其他方式，出力协助为共同目的行事的一群人实施本条第 1 款或第 2 款所列的一种或多种罪行；这种出力应是蓄意而为，或是目的在于促进该群人的一般犯罪活动或意图，或是在出力时知道该群人实施所涉的一种或多种罪行的意图。"

根据《制止恐怖主义爆炸的国际公约》第 2 条之规定，"恐怖主义爆炸罪"，是指任何人故意非法向公用场所、国家或者政府设施、公共交通设施等投掷、放置、发射爆炸性或者其他致死装置，致人死亡、重伤或者使上述场所、设施等遭受巨大毁损的行为。

我国 1997 年《刑法》第 114 条规定："放火、决水、爆炸以及投放毒害性、放射性、传染病病原体等物质或者以其他危险方法危害公共安全，尚未造成严重后果的，处三年以上十年以下有期徒刑。"第 115 条规定："放火、决水、爆炸以及投放毒害性、放射性、传染病病原体等物质或者以其他危险方法致人重伤、死亡或者使公私财产遭受重大损失的，处十年以上有期徒刑、无期徒刑或者死刑。"第 114 条、第 115 条规定的放火罪、决水罪、爆炸罪、投放危险物质罪、以危险方法危害公共安全罪属于相关罪名，基本能够覆盖该《公约》关于"恐怖主义爆炸罪"的相关规定。

2. 关于"恐怖主义爆炸罪"的刑事管辖权

《制止恐怖主义爆炸的国际公约》第 6 条规定："1. 在下列情况下，每一缔约国应酌情采取必要法律措施，对第 2 条所述罪行确定管辖权：（a）罪行在该国领土内实施；或（b）罪行是在罪行发生时悬挂该国国旗的船舶或按该国法律登记的航空器上实施的；或（c）罪行的实施者是该国国民。2. 在下列情况下，缔约国也可以对任何此种罪行确定管辖权：（a）犯罪的对象是该国国民；或（b）犯罪的对象是一国在国外的国家或政府设施，包括该国大使馆或其他外交或领事房地；或（c）罪行系由惯常居所在该国境内的无国籍人实施；或（d）犯罪的意图是迫使该国从事或不从事某种行为；或（e）罪行的实施场所为该国政府操作的航空器。3. 每一缔约国在批准、接受、核准或加入本公约时，都应通知联合国秘书长根据国内法按照本条第 2 款确定的管辖权范围。遇有修改，有关缔约国也须立即通知秘书长。4. 如被指控的罪犯出现在某缔约国领土内，而该缔约国不将其引渡给根据本条第 1 款和第 2 款确定了管辖权的任何国家，该缔约国也应酌情采取必要措施，确定其对第 2 条所述罪行的管辖权。5. 本公约不排除行使缔约国按照其国内法规定的任何刑事管辖权。"

《制止恐怖主义爆炸的国际公约》第 6 条为缔约国管辖"恐怖主义爆炸罪"确立了属地管辖权、属人管辖权、保护管辖权和普遍管辖权，其第 5 款承认缔约国基于国内法所享有的国家刑事管辖权。

3."或引渡或起诉"条款

《制止恐怖主义爆炸的国际公约》第 8 条第 1 款规定:"在第 6 条适用的情况下,被指控的罪犯所在领土的缔约国,如不将罪犯引渡,则无一例外且无论罪行是否在其领土内实施,应有义务毫不作无理拖延,即将案件送交其主管当局,以便通过其国内法律规定的程序进行起诉。主管当局应以处理本国法律中其他严重犯罪案件相同的方式作出决定。"

《制止恐怖主义爆炸的国际公约》第 9 条要求缔约国应将第 2 条所述的"恐怖主义爆炸罪"视为任何缔约国之间在本公约生效前已签订的任何引渡条约中的可引渡罪行,并承允在它们以后制定的每一项引渡条约中将此罪作为可引渡的罪行加以规定。

《制止恐怖主义爆炸的国际公约》为"恐怖主义爆炸罪"规定了"去政治化"条款。尽管恐怖主义犯罪具有政治性的动机和目的,但鉴于其具有严重的社会危害性,国际社会为了共同打击国际恐怖主义犯罪,而有意将其"去政治化",以便将其排除在"政治犯罪不引渡原则"之外。较之于 1970 年《海牙公约》和 1971 年《蒙特利尔公约》,该《公约》在恐怖主义犯罪"去政治化"方面取得了进一步发展,该《公约》第 11 条规定:"为了引渡或相互法律协助的目的,第二条所列的任何罪行不得视为政治罪行、同政治罪行有关的罪行或由政治动机引起的罪行。因此,就此种罪行提出的引渡或相互法律协助的请求,不可只以其涉及政治罪行、同政治罪行有关的罪行或由政治动机引起的罪行为由而加以拒绝。"该《公约》明确规定,不得将恐怖主义爆炸罪视为政治罪行、同政治罪行有关的罪行或由政治动机引起的罪行,将恐怖主义爆炸罪"去政治化",意味着恐怖主义爆炸罪是可以引渡的罪行。此种情形属于"政治犯罪不引渡原则"的例外,被称为"例外中的例外"。自该《公约》诞生以来签订的一系列相关国际文书都有和该《公约》第 11 条相同的条款,以便从立法上消除恐怖主义犯罪引渡和司法协助的障碍。此外,根据该《公约》第 5 条之规定,缔约国应采取必要措施包括立法措施,惩治恐怖主义爆炸罪，在任何情况下都不可引用政治、思想、意识形态、种族、人种、宗教或其他类似性质的考虑为之辩护。

《制止恐怖主义爆炸的国际公约》还规定了人权条款，实际上是为"例外中的例外"规定了保障性条款。根据该《公约》第12条之规定，如果被请求的缔约国有实质理由认为，请求为恐怖主义爆炸罪进行引渡或请求为此种罪行进行相互法律协助的目的是为了因某人的种族、宗教、国籍、族裔或政治观点而对该人进行起诉或惩罚，或认为顺从这一请求将使该人的情况因任何上述理由受到损害，则本公约的任何条款不应被解释为规定该国有引渡或提供相互法律协助的义务。据此，如果被请求国认为请求国请求引渡恐怖主义爆炸罪的犯罪嫌疑人是基于某人的种族、宗教、国籍、族裔或者政治观点等歧视性理由，则可以拒绝引渡。

（四）《制止向恐怖主义提供资助的国际公约》

1999年12月19日，第五十四届联合国大会第七十六次会议通过了第54/109号决议，《制止向恐怖主义提供资助的国际公约》（International Convention for the Suppression of the Financing of Terrorism）为该决议的附件。该《公约》自2000年1月10日至2001年12月31日在纽约联合国总部开放签署，于2002年4月10日生效。

2001年11月13日，时任外交部部长唐家璇代表我国签署了该《公约》。2006年2月25日开始举行的第十届全国人大常委会第二十次会议审议了国务院关于提请审议批准《制止向恐怖主义提供资助的国际公约》的议案。[①]2006年2月28日，第十届全国人民代表大会常务委员会第二十次会

---

① 当年国务院经审核认为：批准《制止恐怖主义爆炸的国际公约》符合我国打击资助恐怖主义活动的实际需要。《公约》的核心是通过切断恐怖主义的经费来源，动摇其赖以生存的经济基础。批准该公约将有助于打击境外反华势力资助我国境内包括"三股势力"在内的恐怖主义活动，有利于维护我国国家安全和社会稳定。批准《公约》符合国际反恐形势的需要。制定和参加国际反恐公约，已成为当前各国申明其反恐主张的重要方式，（转下页）

议通过了《全国人民代表大会常务委员会关于批准〈制止向恐怖主义提供资助的国际公约〉的决定》，同时声明："一、中华人民共和国不受《公约》第24条第1款的约束。二、根据《公约》第7条第3款，中华人民共和国确立《公约》第7条第2款规定的五项管辖权。但是，该五项管辖权不适用于中华人民共和国香港特别行政区。三、对于中华人民共和国澳门特别行政区，以下三项条约不在《公约》第2条第1款第（a）项所指附件的适用范围之内：（一）1980年3月3日在维也纳通过的《关于核材料的实物保护公约》。（二）1988年3月10日在罗马签署的《制止危害航海安全的非法行为公约》。（三）1988年3月10日在罗马签署的《制止危害大陆架固定平台安全非法行为议定书》。"

《制止向恐怖主义提供资助的国际公约》由28条正文和1个附件组成。该《公约》是专门规定打击以资金形式资助恐怖主义犯罪活动的国际法律文件，旨在断绝恐怖主义的资金来源，对"资助恐怖主义罪"做了界定，要求缔约国采取相应的立法、司法、执法及金融监管措施，对该罪予以预防、打击；要求各国务必追究资助恐怖主义者犯此类行为的刑事、民事或行政责任；规定了缔约国对"资助恐怖主义罪"行使管辖权的法律依据，以及缔约国应当就惩治该罪进行引渡和刑事司法协助方面的国际合作；规定了缔约国发生争议时的解决途径；还规定了《公约》的批准、生效和退约程序等内容。

（接下页）也为国际反恐合作提供了重要法律基础。我国已参加了《公约》附件所列的全部9项反恐国际条约，批准《公约》可以进一步展示我国反恐决心和致力于维护世界和平的负责任的大国形象，也将在反恐问题上使我国处于更为有利的地位。《公约》的内容没有超出我国现有法律以及我国参加的国际公约的范围。我国于2001年12月公布实施的《刑法修正案（三）》已经规定了打击资恐罪的内容，具备了惩治资恐罪的国内法基础；我国正在制定的反洗钱法通过后，将进一步加大对资恐罪的打击力度。并且，《公约》有关金融监管措施的适用是建立在尊重缔约国国内法的基础之上的，批准《公约》不会对我国金融安全造成影响。参见吴坤：《制止资助恐怖主义公约将获批准》，中国日报网：http://www.legaldaily.com.cn/bm/content/2006-02/26/content_271732.htm?node=5（2006年2月26日访问）。

1. 关于"资助恐怖主义罪"

《制止向恐怖主义提供资助的国际公约》第 2 条第 1 款规定:"本公约所称的犯罪,是指任何人以任何手段,直接或间接地非法和故意地提供或募集资金,其意图是将全部或部分资金用于,或者明知全部或部分资金将用于实施:(a) 属附件所列条约之一的范围并经其定义为犯罪的一项行为;或 (b) 意图致使平民或在武装冲突情势中未积极参与敌对行动的任何其他人死亡或重伤的任何其他行为,如这些行为因其性质或相关情况旨在恐吓人群,或迫使一国政府或一个国际组织采取或不采取任何行动。"此外,根据该《公约》第 2 条第 4 款之规定,试图向恐怖主义提供资助的行为,构成犯罪。根据该《公约》第 2 条第 5 款之规定,组织、指使、协助或共同参与向恐怖主义提供资助的行为,也构成犯罪。

"资助恐怖主义罪",是指任何人以任何手段,直接或间接地非法和故意地提供或募集资金,将全部或部分资金用于资助恐怖主义的行为。

根据《制止向恐怖主义提供资助的国际公约》的规定,"资助恐怖主义罪"的行为人所资助的恐怖主义活动包括该《公约》附件所规定的所有行为。该《公约》包括 9 个附件:1970 年 12 月 16 日在海牙签署的《关于制止非法劫持航空器的公约》;1971 年 9 月 23 日在蒙特利尔签署的《关于制止危害民用航空安全的非法行为的公约》;1973 年 12 月 14 日联合国大会通过的《关于防止和惩处侵害应受国际保护人员包括外交代表的罪行的公约》;1979 年 12 月 17 日联合国大会通过的《反对劫持人质国际公约》;1980 年 3 月 3 日在维也纳通过的《关于核材料的实物保护公约》;1988 年 2 月 24 日在蒙特利尔签署的《补充关于制止危害民用航空安全的非法行为的公约的制止在为国际民用航空服务的机场上的非法暴力行为的议定书》;1988 年 3 月 10 日在罗马签署的《制止危害航海安全的非法行为公约》;1988 年 3 月 10 日在罗马签署的《制止危害大陆架固定平台安全非法行为议定书》;1997 年 12 月 15 日联合国大会通过的《制止恐怖主义爆炸的国际公约》。《制止向恐怖主义提供资助的国际公约》所指的资助恐怖主义的行为包含了自 1970 年至 1997 年期间联合国主持签订的与恐怖主义有关的国际公约和议定书中所指的所有行为，力求将所有可能发生的资助恐怖主义的行为包罗无遗，为"资助恐怖主义罪"下了最全面的定义。

《制止向恐怖主义提供资助的国际公约》第 4 条要求每一缔约国应酌情采取措施，在国内法中将"资助恐怖主义罪"规定为刑事犯罪，并根据罪行的严重性质，以适当刑罚惩治该罪行。

2. 关于"资金"的范围

根据《制止向恐怖主义提供资助的国际公约》第 1 条第 1 款之规定，"资金"，是指各种资产，不论是有形资产还是无形资产、是动产还是不动产、不论以何种方式取得，和以任何形式，包括电子或数字形式证明这种资产的产权或权益的法律文件或证书，包括但不限于银行贷记、旅行支票、银行支票、邮政汇票、股票、证券、债券、汇票和信用证。

我国 2001 年《刑法修正案（三）》增加规定的《刑法》第 120 条之一规定了"资助恐怖活动罪"，2015 年《刑法修正案（九）》修改了《刑法》第 120 条之一，扩充了资助恐怖活动罪的罪状，罪名随之变更为"帮助恐怖活动罪"。《刑法》第 120 条之一基本涵盖了《制止恐怖主义爆炸的国际公约》中关于"资助恐怖主义罪"的相关内容。

3. 关于"资助恐怖主义罪"的刑事管辖权

《制止向恐怖主义提供资助的国际公约》第 7 条为缔约国规定了对"资助恐怖主义罪"的属地管辖权、属人管辖权、保护管辖权和普遍管辖权，并承认各缔约国基于国内法对此犯罪所具有的刑事管辖权。

4. "或引渡或起诉"条款

《制止向恐怖主义提供资助的国际公约》第 10 条第 1 款规定："在第 7 条适用的情况下，犯罪嫌疑人在其境内的缔约国如不将该人引渡，则无论在任何情况下且无论罪行是否在其境内实施，均有义务不作无理拖延，将案件移送其主管当局，以按照该国法律规定的程序进行起诉。主管当局应以处理该国法律定为性质严重的任何其他罪行的相同方式作出决定。"据此，缔约国在对"资助恐怖主义罪"具有管辖权的情况下，应履行"或引渡或起诉"义务。该《公约》中的"或引渡或起诉"条款的措辞和内容与《制止恐怖主义爆炸的国际公约》中的相关条款相类似。

《制止向恐怖主义提供资助的国际公约》第 11 条的规定与《制止恐怖主义爆炸的国际公约》第 9 条的规定相似；该《公约》第 14 条规定的"去政治化"条款和《制止恐怖主义爆炸的国际公约》第 11 条的规定相同；第 15 条规定的人权条款和《制止恐怖主义爆炸的国际公约》第 12 条的规定基本相同。

（五）《联合国打击跨国有组织犯罪公约》

1998 年，联合国主持起草了《联合国打击跨国有组织犯罪公约》。2000 年 11 月 15 日，第五十五届联合国大会在意大利西西里岛巴勒莫市通过了《联合国打击跨国有组织犯罪公约》（U.N. Convention Against Transnational Organized Crime），又称《巴勒莫公约》。该《公约》需要至少 40 个国家批准后才能生效。2000 年 12 月 12 日至 15 日，该《公约》高级别政治签署会议在罗马举行，118 个国家和地区签署了该《公约》。2003 年 9 月 29 日，该《公约》生效。该《公约》同样可以适用于打击跨国恐怖组织的恐怖活动犯罪。

时任中国外交部副部长王光亚代表中国于 2000 年 12 月 12 日签署了《联合国打击跨国有组织犯罪公约》。2003 年 8 月 27 日，第十届全国人民代表大会常务委员会第四次会议通过了《全国人民代表大会常务委员会关于批准〈联合国打击跨国有组织犯罪公约〉的决定》，同时声明：一、中华人民共和国对本公约第三十五条第二款予以保留，不受该款约束；[①] 二、在中华人民共和国政府另行通知前，本公约暂不适用于中华人民共和国香港特别行政区。时任中国常驻联合国代表王光亚于 2003 年 9 月 23 日，向联合国秘书

[①] 《联合国打击跨国有组织犯罪公约》第 35 条第 2 款规定："两个或两个以上缔约国对于本公约的解释或适用发生任何争端，在合理时间内不能通过谈判解决的，应按其中一方请求交付仲裁。如果自请求交付仲裁之日起六个月后这些缔约国不能就仲裁安排达成协议，则其中任何一方均可根据《国际法院规约》请求将争端提交国际法院。"

长安南递交了中国加入《联合国打击跨国有组织犯罪公约》的批准书。2003年10月23日，该《公约》对中国生效。

《联合国打击跨国有组织犯罪公约》旨在促进合作，以便更有效地预防和打击跨国有组织犯罪，是联合国主持制定的第一部关于打击跨国有组织犯罪的国际公约。该《公约》包括41个条文和3个附件，主要内容包括：规定缔约国应采取必要的立法和其他措施，将参加有组织犯罪集团、洗钱、腐败和妨碍司法等行为规定为刑事犯罪，并对"跨国犯罪"、"有组织犯罪集团"、"严重犯罪"、"有组织结构的集团"、"财产"、"犯罪所得"、"冻结"或"扣押"、"没收"、"上游犯罪"、"控制下交付"等术语做了界定，并对洗钱犯罪、腐败犯罪、妨害司法犯罪等相关犯罪的概念以及刑事管辖权、司法协助作了规定。

1. 关于"跨国犯罪"

根据《联合国打击跨国有组织犯罪公约》第3条第2款之规定，有下列情形之一的，属于跨国犯罪：在一个以上国家实施的犯罪；虽在一国实施，但其准备、筹划、指挥或控制的实质性部分发生在另一国的犯罪；犯罪在一国实施，但涉及在一个以上国家从事犯罪活动的有组织犯罪集团；犯罪在一国实施，但对于另一国有重大影响。

2. 关于"有组织犯罪集团"

根据《联合国打击跨国有组织犯罪公约》第2条之规定，"有组织犯罪集团"，是指3人以上为实施一项或多项严重犯罪或根据本公约确立的犯罪，以直接或间接获得金钱或其他物质利益采取一致行动而组成的，并在一定时期内存在的有组织结构的集团。其中，"严重犯罪"，是指其最高刑为剥夺自由4年以上或更重刑罚的犯罪；"有组织结构的集团"，是指并非为了立即实施一项犯罪而随意组成的集团，但不必要求确定成员职责，也不必要求其成员的连续性或完善的组织结构。该《公约》第5条"参加有组织犯罪集团行为的刑事定罪"要求缔约国应当采取必要的立法和其他措施，将参与、组织、指挥、协助、教唆、促使或参谋实施涉及有组织犯罪集团的行为规定为刑事犯罪。①

按照我国刑法理论，犯罪集团，亦称有组织的共同犯罪，是指各共同犯罪人之间建立起的有组织形式的共同犯罪，在共同犯罪的分类上属于特殊的共同犯罪。我国《刑法》第 16 条第 2 款规定："三人以上为共同实施犯罪而组成的较为固定的犯罪组织，是犯罪集团。"据此，构成犯罪集团必须具备以下条件：由 3 人以上组成。在人数上，3 人以上是区分一般的共同犯罪与犯罪集团的法律标准之一；为共同实施犯罪而组成。犯罪集团是为了实施一种或多种犯罪纠合而成；是较为固定的犯罪组织。犯罪组织，是指以犯罪为目的而建立起来的较为固定的集合体。根据犯罪组织的严密程度来划分，犯罪集团可以分为普通的犯罪集团、黑社会性质组织、恐怖组织等。我国《刑法》按照作用分类法和分工分类法将共同犯罪人分为主犯、从犯、胁从犯、教唆犯，并对各个共同犯罪人的刑事责任作了明确规定。我国《刑法》关于犯罪集团的规定与《联合国打击跨国有组织犯罪公约》的相关规定基本一致，但并未将"严重犯罪"作为有组织的犯罪集团的成立条件。

3. 关于洗钱犯罪

《联合国打击跨国有组织犯罪公约》第 6 条"洗钱行为的刑事定罪"第

---

① 《联合国打击跨国有组织犯罪公约》第 5 条规定："一、各缔约国均应采取必要的立法和其他措施，将下列故意行为规定为刑事犯罪：（一）下列任何一种或两种有别于未遂或既遂的犯罪的行为：1. 为直接或间接获得金钱或其他物质利益而与一人或多人约定实施严重犯罪，如果本国法律要求，还须有其中一名参与者为促进上述约定的实施的行为或涉及有组织犯罪集团。2. 明知有组织犯罪集团的目标和一般犯罪活动或其实施有关犯罪的目的而积极参与下述活动的行为：（1）有组织犯罪集团的犯罪活动；（2）明知其本人的参与将有助于实现上述犯罪目标的该有组织犯罪集团的其他活动。（二）组织、指挥、协助、教唆、促使或参谋实施涉及有组织犯罪集团的严重犯罪。二、本条第一款所指的明知、故意、目标、目的或约定可以从客观实际情况推定。三、其本国法律要求根据本条第一款（一）项 1 目确立的犯罪须涉及有组织犯罪集团方可成立的缔约国，应确保其本国法律涵盖所有涉及有组织犯罪集团的严重犯罪。这些缔约国以及其法律要求根据本条第一款（一）项 1 目确立的犯罪须有促进约定的实施的行为方可成立的缔约国，应在其签署本公约或交存其批准、接受、核准或加入本公约的文书时将此情况通知联合国秘书长。"

1 款将洗钱犯罪界定为：明知财产是犯罪所得，为隐瞒或掩饰其非法来源，或为协助任何参与实施上游犯罪者逃避其行为的法律后果而转换或转让财产；或者隐瞒或掩饰该财产的真实性质来源、所在地、处置、转移、所有权或有关的权利；或者在得到财产时，明知其为犯罪所得而仍获取、占有或使用；或者参与、合伙或共谋实施，实施未遂，以及协助、教唆、促使和参谋实施本条所确立的任何犯罪。为了实施或适用该条第 1 款，该条第 2 款要求各缔约国均应寻求将该条第 1 款规定的洗钱犯罪适用于范围最为广泛的上游犯罪；同时规定，缔约国立法中如果明确列出上游犯罪清单，则至少应在这类清单中列出与有组织犯罪集团有关的范围广泛的各种犯罪。

4. 关于腐败犯罪

《联合国打击跨国有组织犯罪公约》第 8 条"腐败行为的刑事定罪"将腐败犯罪界定为：直接或间接向公职人员许诺、提议给予或给予该公职人员或其他人员或实体不应有的好处，以使该公职人员在执行公务时作为或不作为；或者公职人员为其本人或其他人员或实体直接或间接索取或接受不应有的好处，以作为其在执行公务时作为或不作为的条件。同时规定，"公职人员"，是指任职者任职地国的法律所界定的且适用于该国刑法的公职人员或提供公共服务的人员。

5. 关于妨害司法罪

《联合国打击跨国有组织犯罪公约》第 23 条"妨害司法的刑事定罪"将妨害司法罪界定为：在涉及本公约所涵盖的犯罪的诉讼中使用暴力、威胁或恐吓，或许诺、提议给予或给予不应有的好处，以诱使提供虚假证言或干扰证言或证据的提供；或者使用暴力、威胁或恐吓，干扰司法或执法人员针对本公约所涵盖的犯罪执行公务的行为。

6. 法人的责任

《联合国打击跨国有组织犯罪公约》第 10 条"法人责任"规定："一、各缔约国均应采取符合其法律原则的必要措施，确定法人参与涉及有组织犯罪集团的严重犯罪和实施根据本公约第五条、第六条、第八条和第二十三条确立的犯罪时应承担的责任。二、在不违反缔约国法律原则的情况下，法人责任可包括刑事、民事或行政责任。三、法人责任不应影响实施此种犯罪的自然人的刑事责任。四、各缔约国均应特别确保使根据本条负有责任的法人受到有效、适度和劝阻性的刑事或非刑事制裁，包括金钱制裁。"① 据此，如果法人参与实施了跨国有组织犯罪集团的严重犯罪（第5条）、洗钱犯罪（第6条）、腐败犯罪（第8条）、妨害司法罪（第23条），就应当承担相应的刑事责任、民事责任或者行政责任。

我国刑法中具有类似但有差异的规定，我国《刑法》第30条规定："公司、企业、事业单位、机关、团体实施的危害社会的行为，法律规定为犯罪的，应当负刑事责任。"2014年4月24日第十二届全国人民代表大会常务委员会第八次会议通过的《关于〈中华人民共和国刑法〉第三十条的解释》根据司法实践中遇到的情况，对公司、企业、事业单位、机关、团体等单位实施刑法规定的危害社会的行为，法律未规定追究单位的刑事责任的，如何适用刑法有关规定的问题，作了立法解释。该《解释》规定："公司、企业、事业单位、机关、团体等单位实施刑法规定的危害社会的行为，刑法分则和其他法律未规定追究单位的刑事责任的，对组织、策划、实施该危害社会行为的人依法追究刑事责任。"《刑法》第31条规定："单位犯罪的，对单位判处罚金，并对其直接负责的主管人员和其他直接责任人员判处刑罚。本法分则和其他法律另有规定的，依照规定。"从理论上讲，"单位犯罪"一词的外延广于前述《公约》中的"法人"外延，但在实践中，"单位犯罪"往往就是"法人犯罪"。从《刑法》分则的规定看，单位可以构成的犯罪主要包括在《刑法》分则第三章"破坏社会主义市场经济秩序罪"和第六章"妨害社会管理秩序罪"中的第六节"破坏环境资源保护罪"中，并不能覆盖前述《公约》规定的所有犯罪，如《刑法》第120条规定的组织、

---

① 《联合国打击跨国有组织犯罪公约》第6条、第8条、第23条分别是关于"洗钱行为的刑事定罪"、"腐败行为的刑事定罪"、"妨害司法的刑事定罪"的规定。

领导、参加恐怖组织罪是相关罪名，但本罪的主体只能是自然人，并不包括单位。

7. 关于管辖权

根据《联合国打击跨国有组织犯罪公约》第 15 条"管辖权"之规定，在缔约国为犯罪行为发生地国、船旗国、被害人国籍国、犯罪人国籍国或惯常居所地国时，对本《公约》规定的犯罪具有刑事管辖权；在根据"本国国民不引渡原则"不引渡本国国民时，应对其实施的本《公约》规定的犯罪行使刑事管辖权；数个缔约国因同时对同一行为进行侦查、起诉或审判而发生管辖权竞合时，该数个缔约国的主管当局应当进行磋商，以便采取协调一致的行动；在其他情况下缔约国不引渡在其境内的被指控人时，也应当对被指控人实施的本《公约》规定的犯罪行使刑事管辖权。同时，该《公约》承认缔约国有权行使其本国法律确立的任何刑事管辖权。该《公约》第 15 条在规定属地原则、属人原则等确定刑事管辖权的基本原则的同时，辅之以普遍管辖原则，以防实施跨国有组织犯罪者逃脱法网。

8. 关于引渡

《联合国打击跨国有组织犯罪公约》第 16 条"引渡"用了大量篇幅对引渡的所有相关事项作了规定，在此择其部分内容做简单阐述：引渡应适用于该《公约》所涵盖的犯罪，条件是引渡请求所依据的犯罪是根据请求缔约国和被请求缔约国本国法律均应受到处罚的犯罪；如果引渡请求包括几项独立的严重犯罪，其中某些犯罪不在该条范围之内，则被请求缔约国也可以对这些犯罪适用该条的规定；引渡适用的各项犯罪均应当视为缔约国之间现行任何引渡条约中的可引渡犯罪。各缔约国承诺将此种犯罪作为可引渡的犯罪列入它们之间拟缔结的每一项引渡条约；以订有条约为引渡条件的缔约国如果接到未与之签订引渡条约的另一缔约国的引渡请求，可将该《公约》视为对该条所适用的任何犯罪予以引渡的法律依据。该条同时要求，不以订有条约为引渡条件的缔约国应当承认本条所适用的犯罪为它们之间可相互引渡的犯罪。该条还规定，引渡应当符合被请求缔约国本国法律或适用的引渡条约所规定的条件，其中特别包括关于引渡的最低限度刑罚要求和被请求缔约国可据以拒绝引渡的理由等条件；被指控人所在的缔约国如果仅以罪犯系本国国民为由不就本条所适用的犯罪将其引渡，则有义务在要求引渡的缔约国提出请求时，将该案提交给其主管当局以便起诉，而不得有任何不应有的延误。这些当局应当以与根据本国法律针对性质严重的其他任何犯罪所采用的方式相同的方式作出决定和进行诉讼程序。

《联合国打击跨国有组织犯罪公约》第 16 条第 15 款规定，缔约国不得仅以犯罪也涉及财政事项为由而拒绝引渡。该条第 17 款要求各缔约国均应寻求缔结双边和多边协定或安排，以执行引渡或加强引渡的有效性。

（六）《制止核恐怖主义行为国际公约》

2005 年 4 月 13 日，第五十九届联合国大会在纽约通过了《制止核恐怖主义行为国际公约》（International Convention on the Suppression of Acts of Nuclear Terrorism，NTC）。该《公约》是联合国框架内的第十三项反恐公约，对核恐怖主义行为的定义做了界定，填补了现有反恐公约体系的空白，完善了打击恐怖主义的国际法律框架，为各国防治核恐怖主义犯罪提供了法律依据。该《公约》于 2007 年 7 月 7 日生效。我国于 2005 年 9 月 11 日签署，2010 年 8 月 28 日，第十一届全国人民代表大会常务委员会第十六次会议通过了《全国人民代表大会常务委员会关于批准〈制止核恐怖主义行为国际公约〉的决定》，同时声明："一、中华人民共和国不受《公约》第二十三条第一款规定的约束。二、根据《公约》第九条第三款的规定，中华人民共和国确立《公约》第九条第二款规定的管辖权。三、在中华人民共和国政府另行通知前，《公约》暂不适用于中华人民共和国香港特别行政区。"

《制止核恐怖主义行为国际公约》包括序言和 28 个条文。其主要内容是：对"放射性材料"、"核材料"、"核设施"、"装置"等概念做了界定；要求缔约国采取必要的立法和其他措施，将核恐怖主义行为规定为刑事犯罪；规定缔约国对"核恐怖主义罪"拥有管辖权；要求各缔约国应当开展引渡和刑事司法协助等司法合作，共同打击核恐怖主义犯罪；对以收缴等方式获得的放射性材料、核设施或者装置的保管、储存和归还作了规定；规定了《公约》的争端解决机制；规定了《公约》的生效、修改和退出程序等。

1. 关于"核恐怖主义罪"

根据《制止核恐怖主义行为国际公约》第 2 条之规定，核恐怖主义罪，是指以制造人员死亡或重伤、财产或环境受到重大损害，或迫使某一自然人或法人或某一国际组织或某一国家实施或不实施某一行为为目的，非法获取、使用、持有放射性材料、"核材料"、"核设施"或核爆炸或放射性"装置"，或者威胁利用放射性材料或装置或以致使放射性材料外泄或有外泄危险的方式利用或破坏核设施，或者威胁或使用武力，非法和故意索要放射性材料、装置或核设施的行为。

2. 关于"放射性材料"、"核材料"、"核设施"和核爆炸或放射性"装置"

根据《制止核恐怖主义行为国际公约》第 1 条之规定，"放射性材料"，是指核材料和其他含有可自发蜕变（一个伴随有放射一种或多种致电离射线，如 α 粒子、β 粒子、中子和 γ 射线的过程）核素的放射性物质。"核材料"，是指钚，但钚-238 同位素含量超过 80% 者除外；铀-233；富集了同位素 235 或 233 的铀；非矿石或矿渣形式的铀，其中同位素的比例与自然界存在的天然铀同位素混合的比例相同；或任何含有一种或多种上述物质的材料；"富集了同位素 235 或 233 的铀"，是指含有同位素 235 或 233 或兼含二者的铀，而这些同位素的总丰度与同位素 238 的丰度比大于自然界中同位素 235 与同位素 238 的丰度比。"核设施"，是指任何核反应堆，包括装在船舶、车辆、飞行器或航天物体上，用作推动这种船舶、车辆、飞行器或航天物体的能源以及用于其他任何目的的反应堆；或用于生产、储存、加工或运输放射性材料的任何工厂或运输工具。核爆炸或放射性"装置"，是指任何核爆炸装置，或任何散布放射性物质或释出辐射的装置，此种装置由于其放射性质，可能致使死亡、人体受到严重伤害或财产或环境受到重大损害。

我国《刑法》中的相关罪名包括：投放危险物质罪（第 114 条、第 115 条）；非法制造、买卖、运输、储存危险物质罪（第 125 条，由原"非法买卖、运输核材料罪"修改而来）；盗窃、抢夺枪支、弹药、爆炸物、危险物质罪（第 127 条）；抢劫枪支、弹药、爆炸物、危险物质罪（第 127 条）；走私核材料罪（第 151 条第 1 款）；非法携带枪支、弹药、管制刀具、危险物品危及公共安全罪（第 136 条）；危险物品肇事罪（第 136 条）；污染环境罪（第 338 条）。

较之于《制止核恐怖主义行为国际公约》，我国《刑法》缺少以下内容：一是行为方式方面，缺少"非法持有"核材料的行为；二是在犯罪对象方面，缺少核爆炸或放射性"装置"。而根据《制止核恐怖主义行为国际公约》第 5 条之规定，每一缔约国应酌情采取必要措施，在其国内法中将该《公约》第 2 条所述犯罪规定为刑事犯罪，并根据这些犯罪的严重性质规定适当的刑罚。为了履行公约义务，应将"非法持有"核材料的行为和针对核爆炸或放射性"装置"的行为规定为刑事犯罪。

3. 关于"核恐怖主义罪"的刑事管辖权

《制止核恐怖主义行为国际公约》第 5 条也规定了缔约国对"核恐怖主义罪"的属地管辖权、属人管辖权、保护管辖权和普遍管辖权，同时也承认缔约国可以行使其国内法确立的任何刑事管辖权。该《公约》关于刑事管辖权的规定与前述《制止恐怖主义爆炸的国际公约》《制止向恐怖主义提供资助的国际公约》的相关规定相类似。

4. "或引渡或起诉"条款

《制止核恐怖主义行为国际公约》第 11 条为缔约国规定了"或引渡或起诉"义务，与《制止恐怖主义爆炸的国际公约》、《制止向恐怖主义提供资助的国际公约》的相关规定相类似。该《公约》第 13 条要求缔约国将"核恐怖主义罪"视为可引渡的罪行。该《公约》第 15 条属于"去政治化"条款。该《公约》第 16 条规定了与引渡有关的人权条款。

二、专门性国际组织主持制定的关于恐怖主义犯罪的国际公约

（一）国际民用航空组织主持制定的反恐公约

1963 年 9 月 14 日，国际民用航空组织在日本东京召开国际航空法会议，通过了《关于在航空器内实施的犯罪和某些其他行为的公约》。1970 年 12 月 16 日，国际民用航空组织在荷兰海牙召开的国际航空法会议上签订了《关于制止非法劫持航空器的公约》。1971 年 9 月 23 日，国际民用航空组织在加拿大蒙特利尔召开的国际航空法外交会议上签订了《关于制止危害民用航空安全的非法行为的公约》。1988 年 2 月 9 日，国际民用航空组织在蒙特利尔召开了航空法会议，并于 2 月 24 日通过了《制止在用于国际民用航空的机场发生的非法暴力行为以补充 1971 年 9 月 23 日订于蒙特利尔的制止危害民用航空安全的非法行为的公约的议定书》。1991 年 3 月 1 日，在蒙特利尔签订了《关于在可塑炸药中添加识别剂以便侦测的公约》。2010 年 9 月 10 日，国际民用航空组织在北京签订了《制止非法劫持航空器公约的补充议定书》（简称 2010 年《北京议定书》）和《制止与国际民用航空有关的非法行为的公约》（简称 2010 年《北京公约》）。其中，最后两个条约尚未生效，我国于 2010 年 9 月 10 日签署了这两个条约。

1.《关于在航空器内实施的犯罪和某些其他行为的公约》

1963 年 9 月 14 日，国际民用航空组织在日本东京召开国际航空会议，通过了《关于在航空器内实施的犯罪和某些其他行为的公约》（Convention on Offences and Certain other Acts Committed on Board Aircraft），简称《东京公约》(the Tokyo Convention)，于 1969 年 12 月 14 日生效。1978 年 11 月 14 日，我国政府向国际民航组织秘书长交存了加入书，同时声明：台湾当局盗用中国名义对该《公约》的签字和批准是非法的、无效的；对该《公约》第 24 条第 1 款持有保留。该《公约》于 1979 年 2 月 12 日对我国生效。

《东京公约》是首次规定"非法劫持航空器"概念的法律文件。签订《东京公约》的目的，是为了统一国际飞行中在飞机上发生劫持等非法暴力行为

的处理原则。《东京公约》适用于影响空中安全的各种行为，包括 26 个条文，主要内容包括："非法劫持航空器"的概念；缔约国的刑事管辖权；机长的权力等。

（1）关于"劫持航空器"

《东京公约》第 11 条规定："一、如航空器内某人非法地用暴力或暴力威胁对飞行中的航空器进行了干扰、劫持或非法控制，或行将犯此类行为时，缔约国应采取一切适当措施，恢复或维护合法机长对航空器的控制。二、在前款情况下，航空器降落地的任何缔约国应允许其旅客和机组成员继续其旅行，并将航空器和所载货物交还给合法的占有人。"

根据《东京公约》第 11 条之规定，劫持航空器，是指非法使用暴力或暴力威胁方法，干扰、劫持、控制飞行中的航空器的行为。

关于"航空器"，1919 年《巴黎公约》将其定义为"大气层中靠空气反作用力作支撑的任何器械"。1967 年 11 月 18 日，国际民用航空组织将其修改为"航空器是大气中任何靠空气反作用力而不是靠空气对地（水）面反作用力作支撑的任何器械"。根据 1919 年《巴黎公约》和 1944 年《芝加哥公约》的规定，国际民用航空法中的航空器仅指民用航空器，即执行国际民用航空运输任务的航空器，不包括国家航空器和军事航空器。根据 1944 年《芝加哥公约》第 3 条之规定，用于军事、海关和警察部门的航空器，应视为国家航空器。根据《东京公约》第 1 条第 4 款之规定，本公约不适用于供军事、海关或警察用的航空器。其后签订的其他民用航空安全公约都有相同规定。

所谓"飞行中"，根据《东京公约》第 1 条第 3 款的规定，是指航空器从其开动马力起飞到着陆冲程完毕的这一时间。

《东京公约》虽然首次提出了"劫持航空器"的概念，但并未对"劫持航空器"行为的定义做出界定。《东京公约》作此规定的主要目的是强化航空器机长的权力，授权航空器机长必要时对自己有理由认为犯下或将要犯下此类行径的任何人采取包括禁锢在内的合理措施，以保护航空器安全，而没有对缔约国惩治和引渡劫持航空器者作强制性规定，缔约国的义务仅限于拘捕犯罪者，"恢复或维护合法机长对航空器的控制"以及"应允许其旅客和机组成员继续其旅行，并将航空器和所载货物交还给合法的占有人"。

（2）关于"劫持航空器"的刑事管辖权

《东京公约》第3条规定："一、航空器登记国有权对在该航空器内的犯罪和所犯行为行使管辖权。二、缔约国应采取必要的措施，对在该国登记的航空器内的犯罪和行为，规定其作为登记国的管辖权。三、本公约不排斥根据本国法行使刑事管辖权。"该条确立了航空器登记国管辖权原则，航空器登记国有权对航空器内违反刑法的罪行以及危害航空器及其所载人员或财产的安全、危害良好秩序和纪律的行为具有管辖权。《东京公约》第4条规定："非登记国的缔约国除下列情况外，不得对飞行中的航空器进行干预以对航空器内的犯罪行使其刑事管辖权。甲、该犯罪行为在该国领土上发生后果；乙、犯人或受害人为该国国民或在该国有永久居所；丙、该犯罪行为危及该国的安全；丁、该犯罪行为违反该国现行的有关航空器飞行或驾驶的规定或规则；戊、该国必须行使管辖权，以确保该国根据某项多边国际协定，遵守其所承担的义务。"

根据《东京公约》第3条和第4条之规定，对"劫持航空器"的行为，作为航空器登记国的缔约国有管辖权；非航空器登记国的缔约国，只有在该国是犯罪结果发生地国、罪犯或受害人国籍国、罪犯或受害人永久居所地国、罪行危及该国安全的情况下，才具有管辖权，除此之外，非航空器登记国不得对飞行中的航空器进行干预以对航空器内的犯罪行使其刑事管辖权。

（3）"引渡"条款

《东京公约》第16条规定："一、在一缔约国登记的航空器内的犯罪，在引渡问题上，应被认为不仅是发生在发生地点，而且也是发生在航空器登记国领土上。二、在不影响前款规定的情况下，本公约中的任何规定不应当被解释为规定引渡的义务。"

《东京公约》规定"引渡"条款的主要目的在于强调航空器登记国的管辖权，因而此处的"引渡"并非缔约国的强制性义务。

2.《关于制止非法劫持航空器的公约》

1970 年 12 月 16 日，国际民航组织在荷兰海牙召开的国际航空法会议上签订了《关于制止非法劫持航空器的公约》(Convention for the Suppression of Unlawful Seizure of Aircraft)，简称《海牙公约》(the Hague Convention)。本公约于 1971 年 10 月 14 日生效。1980 年 9 月 10 日，中华人民共和国政府向美国政府交存加入书，同时声明：对本《公约》第十二条第一款持有保留；台湾当局用中国名义对该公约的签署和批准是非法和无效的。该《公约》于 1980 年 10 月 10 日对我国生效。

《海牙公约》是专门针对非法劫持航空器行为的公约，全文共 14 条，主要内容为：对"劫持航空器罪"的概念做了界定；规定劫持航空器是一种严重犯罪，要求《公约》各缔约方将劫持行为定为可受"严重刑罚"惩处的行为；规定了各缔约国对所有在其领域内发现的空中劫持都有管辖权；规定了缔约国对罪犯"或引渡或起诉"义务；要求各缔约方在依本《公约》提起刑事诉讼方面互相协助。

(1) 关于"劫持航空器罪"

根据《海牙公约》第 1 条① 之规定，"劫持航空器罪"，是指使用暴力或暴力威胁或任何其他恐吓方式，非法劫持或控制航空器或企图非法劫持或控制该航空器的行为。

本罪的犯罪对象必须是飞行中的航空器。根据《海牙公约》第 3 条之规定，所谓"飞行中"，是指航空器从装载完毕、机舱外部各门均已关闭时起直至打开任一机舱门以便卸载时为止的时间段；或者是指航空器强迫降落时，在主管当局接管对该航空器及其所载人员和财产的责任前的时间段。可见，《海牙公约》界定的"飞行中"的范围远大于《东京公约》。

《海牙公约》第 2 条要求"各缔约国承允对上述罪行给予严厉惩罚"。我

① 《海牙公约》第 1 条规定："凡在飞行中的航空器内的任何人：(甲) 用暴力或用暴力威胁，或用任何其他恐吓方式，非法劫持或控制该航空器，或企图从事任何这种行为，或 (乙) 是从事或企图从事任何这种行为的人的同犯，即是犯有罪行 (以下称为'罪行')。"

国 1979 年《刑法》虽然没有明确规定劫持航空器罪，但有相关内容，如其第 100 条规定："以反革命为目的……（三）劫持船舰、飞机、火车、电车、汽车的"；其第 107 条规定："破坏火车、汽车、电车、船只、飞机，足以使火车、汽车、电车、船只、飞机发生倾覆、毁坏危险，尚未造成严重后果的，处三年以上十年以下有期徒刑。"①1992 年 12 月 28 日，第七届全国人民代表大会代表常务委员会第二十九次会议通过的《关于惩治劫持航空器犯罪分子的决定》规定："为了惩治劫持航空器的犯罪分子，维护旅客和航空器的安全，特作如下决定：以暴力、胁迫或者其他方法劫持航空器的，处十年以上有期徒刑或者无期徒刑；致人重伤、死亡或者使航空器遭受严重破坏或者情节特别严重的，处死刑；情节较轻的，处五年以上十年以下有期徒刑。"该《决定》取消了 1979 年《刑法》规定的"以反革命为目的"的主观条件；规定了"暴力、胁迫或者其他方法"等空中劫持的行为方式；将"飞机"改为"航空器"，扩大了犯罪对象的范围。1997 年《刑法》第 121 条（劫持航空器罪）沿袭了 1979 年《刑法》和《关于惩治劫持航空器犯罪分子的决定》的有关规定，根据《刑法》第 121 条之规定，以暴力、胁迫或者其他方法劫持航空器的，处 10 年以上有期徒刑或者无期徒刑；致人重伤、死亡或者使航空器遭受严重破坏的，处死刑。第 121 条的规定，能够覆盖《海牙公约》的相关规定。

（2）关于"劫持航空器罪"的刑事管辖权

根据《海牙公约》第 4 条的规定，航空器登记国、航空器降落地国、航

---

① 1990 年 7 月 18 日，北京市中级人民法院根据中国 1979 年《刑法》第 10 条、第 79 条、第 107 条和 1970 年《海牙公约》第 1 条的规定，对张某某进行了公开审判后，认定被告人劫持民用航空器，危害了公共安全，遂比照 1979 年《刑法》第 107 条，对张某某的罪行类推定为劫持飞机罪，判处有期徒刑 8 年，剥夺政治权利 2 年。由于 1979 年《刑法》尚未规定"劫持飞机罪"（或"劫持航空器罪"），故对张某某的罪行比照《刑法》第 107 条（破坏交通工具罪）类推定为劫持飞机罪。1979 年《刑法》第 79 条规定："本法分则没有明文规定的犯罪，可以比照本法分则最相类似的条文定罪判刑，但是应当报请最高人民法院核准。"该条是关于"类推"的规定。

空器承租人的主要营业地国或永久居所地国对劫持航空器的行为具有管辖权。该条同时规定，罪犯所在地国在不引渡该罪犯时应当对该犯罪行使管辖权，可以理解为，各缔约国在特定条件下，可以对该罪行行使普遍管辖权。另外，缔约国可以根据本国法行使任何刑事管辖权。

（3）"或引渡或起诉"条款

《海牙公约》第 7 条规定："在其境内发现被指称的罪犯的缔约国，如不将此人引渡，则不论罪行是否在其境内发生，应无例外地将此案件提交其主管当局以便起诉。该当局应按照本国法律以对待任何严重性质的普通罪行案件的同样方式作出决定。"

根据《海牙公约》第 8 条之规定，缔约国之间如果有引渡条约，则应当将劫持航空器罪视为该引渡条约中的可引渡的罪行，并应当将此罪列入缔约国间将要缔结的每一项引渡条约中；如果没有引渡条约，则可以将本公约视为引渡此罪的法律根据；为了便于引渡，此罪应当被视为不但发生在实际发生的地点，而且发生在对罪行有管辖权的国家领土上。

《海牙公约》中的"或引渡或起诉"条款具有标杆作用，成为后来反恐怖主义国际公约相关规定的范本，但其第 8 条第 2 款中的"引渡应遵照被要求国法律规定的其他条件"实际上阻碍了缔约国之间引渡合作的顺利开展。

3.《关于制止危害民用航空安全的非法行为的公约》

1971 年 9 月 23 日，国际民用航空组织在加拿大蒙特尔召开的航空法外交会议上签订了《关于制止危害民用航空安全的非法行为的公约》（Convention for the Suppression of Unlawful Acts against the Safety of Civil Aviation），简称《蒙特利尔公约》（the Montreal Convention）。该《公约》于 1973 年 1 月 26 日生效。中国于 1980 年 9 月 10 日加入《蒙特利尔公约》，同时声明中国政府将不受关于将争端提交国际法院的规定的约束。该《公约》于 1980 年 10 月 10 日对中国生效。

《蒙特利尔公约》共有 16 个条文。鉴于《海牙公约》将危害国际民用航空安全的行为仅限于航空器本身，不足以有效防止危害国际民用航空安全的行为，《蒙特利尔公约》在《海牙公约》基础上，作了较为完善的规定，扩大了适用范围。其主要内容包括：对危害民用航空安全的行为扩大到包括一切破坏、损害和其他危害民用航空安全的行为，不仅包括对在"飞行中"的航空器所实施的犯罪行为，还包括对"使用中"的航空器所实施的犯罪行为，此处"使用中"的时间段涵盖自地面人员对某一航空器开始进行飞行前的准备时起直至降落后24小时止；"危害民用航空安全罪"不仅包括对航空器本身所实施的行为，而且包括对航空设备实施的行为；要求缔约国将危害民用航空安全的罪行定为可受"严重刑罚"惩处的行为；规定了缔约国对"危害民用航空安全罪"的刑事管辖权；规定了缔约国对此类罪犯"或引渡或起诉"义务。

（1）关于"危害民用航空安全罪"

根据《蒙特利尔公约》第1条的规定，"危害民用航空安全罪"，是指行为人对飞行中的航空器内的人员使用暴力，或破坏使用中的航空器，或在使用中的航空器内放置或使他人放置危及飞行安全的装置或物质，或破坏、损坏航行设备或妨碍其工作而危及飞行安全，或企图实施此类罪行，或与他人共同实施或企图实施此类罪行，或传递虚假情报，从而危及该航空器安全的行为。

（2）关于"飞行中"和"使用中"的界定

根据《蒙特利尔公约》第2条的规定，所谓"飞行中"，是指航空器从装载完毕、机舱外部各门均已关闭时起，直至打开任一机舱门以便卸载时为止，以及航空器强迫降落时，在主当局接管对该航空器及其所载人员和财产的责任前的时间段；所谓"使用中"，是指航空器从地面人员或机组人员为某一次飞行而进行航空器飞行前的准备时起，直到降落后24小时止，且使用的期间包括该航空器在"飞行中"的整个期间。据此，自地面人员或机组人员对航空器进行飞行前的准备时起直至降落后24小时止的整个时间段内，如果行为人实施了危害航空安全的行为，均可以构成犯罪。

虽然《海牙公约》和《蒙特利尔公约》都属于维护民用航空安全的公约，

但两者之间有区别，后者比前者更为完善。《海牙公约》规定的"劫持航空器罪"的犯罪对象仅限于航空器，① 而《蒙特利尔公约》规定的"危害民用航空安全罪"的犯罪对象则包括航空器和航行设备；"劫持航空器罪"在客观方面仅限于空中劫持行为，而"危害民用航空安全罪"则是指除劫持航空器之外的其他危害民用航空安全的行为；"劫持航空器罪"仅限于劫持"飞行中"的航空器，而"危害民用航空安全罪"则包括危害"飞行中"和"使用中"的航空器飞行安全的行为。

《蒙特利尔公约》第 3 条要求"各缔约国承允对第一条所指的罪行给予严厉惩罚"。我国 1979 年《刑法》虽然没有直接规定"危害民用航空安全罪"，但有相关条款，如其第 110 条规定："破坏交通工具、交通设备、电力煤气设备、易燃易爆设备造成严重后果的，处十年以上有期徒刑、无期徒刑或者死刑。"1997 年《刑法》第 116 条规定的破坏交通工具罪、第 117 条规定的破坏交通设施罪、第 123 条规定的暴力危及飞行安全罪、2001 年《刑法修正案（三）》增加规定的《刑法》第 291 条规定的编造、故意传播虚假恐怖信息罪，可视为《蒙特利尔公约》规定的"危害民用航空安全罪"的相关罪名。但是，我国《刑法》的某些规定与《蒙特利尔公约》有差距，如根据《刑法》第 116 条之规定，破坏火车、汽车、电车、船只、航空器，足以使火车、汽车、电车、船只、航空器发生倾覆、毁坏危险，尚未造成严重后果的，处 3 年以上 10 年以下有期徒刑；根据第 123 条之规定，对飞行中的航空器上的人员使用暴力，危及飞行安全，尚未造成严重后果的，处 5 年以下有期徒刑或者拘役；造成严重后果的，处 5 年以上有期徒刑。《蒙特利尔公约》第 1 条第 1 款第 3 项规定的在使用中的航空器内放置或使他人放置将会危及其飞行安全的装置和物质的行为，在我国《刑法》前述条款中找不到根据。

（3）关于"危害民用航空安全罪"的刑事管辖权

根据《蒙特利尔公约》第 5 条之规定，在缔约国是犯罪发生地国、航空

---

① 《蒙特利尔公约》第 4 条第 1 款规定："本公约不适用于供军事、海关或警察用的航空器。"

器登记国、航空器降落地国、航空器承租人的主要营业地国或永久居所地国、罪犯所在地国的情况下，对"危害民用航空安全罪"具有管辖权，同时该《公约》不排斥缔约国根据其本国法行使任何刑事管辖权。较之于《东京公约》和《海牙公约》，《蒙特利尔公约》将犯罪发生地国增加规定为可以行使管辖权的国家之一。

（4）"或引渡或起诉"义务

根据《蒙特利尔公约》第7条的规定，在其境内发现被指控的罪犯的缔约国，如果不引渡此人，则不论罪行是否发生在其境内，应当毫无例外地将该案件提交其主管当局以便起诉。该当局应当按照本国法律，以对待任何严重性质的普通罪行案件的同样方式作出决定。

根据《蒙特利尔公约》第8条的规定，缔约国应当将"危害民用航空安全罪"视为是包括在缔约各国间现有引渡条约中的可引渡的罪行，并承允将此种罪行作为一种可引渡的罪行列入它们之间将要缔结的每一项引渡条约中；若某一缔约国规定只有在订有引渡条约的条件下才可以引渡，而当该缔约国接到未与其订有引渡条约的另一缔约国的引渡请求时，可以将本《公约》作为引渡该罪行的法律根据，但引渡应当遵守被请求国法律规定的其他条件；若缔约各国未规定只有在订有引渡条约下才可引渡，则在遵守被请求国法律规定的条件下，应当承认此种罪行是其相互之间可引渡的罪行。

4.《制止在用于国际民用航空的机场发生的非法暴力行为的议定书》

虽然，较之于《东京公约》和《海牙公约》，《蒙特利尔公约》取得了较大进步，但其规定的犯罪仅包括破坏飞行中的航空器、破坏机场地面上正在使用中的航空器及其航行设施的行为，尚未涉及对机场内服务人员、设备实施的犯罪以及破坏机场上未使用的航空器的犯罪。鉴于此，有必要进一步修订国际航空安保条约。1988年2月9日，国际民航组织在蒙特利尔召开了航空法会议，并于同年2月24日通过了《制止在用于国际民用航空的机场发生的非法暴力行为以补充1971年9月23日订于蒙特利尔的制止危害民用航空安全的非法行为的公约的议定书》（Protocol for the Suppression of Unlawful

Acts of Violence at Airports Serving International Civil Aviation, Supplementary to the Convention for the Suppression of Unlawful Acts against the Safety of Civil Aviation), 简称《蒙特利尔议定书》(the Montreal Protocol)。1988 年 2 月 24 日, 中国政府代表签署了该《议定书》, 该《议定书》于 1989 年 8 月 6 日生效。

1998 年 10 月 27 日至 11 月 4 日期间, 第九届全国人民代表大会常务委员会第五次会议通过了《全国人民代表大会常务委员会关于批准〈制止在用于国际民用航空的机场发生的非法暴力行为以补充 1971 年 9 月 23 日订于蒙特利尔的制止危害民用航空安全的非法行为的公约的议定书〉的决定》, 同时声明: 我国在加入《制止危害民用航空安全的非法行为的公约》时对该公约第十四条第一款所作的保留同样适用于该议定书。

《蒙特利尔议定书》是对 1971 年 9 月 23 日签订的《蒙特利尔公约》的补充, 包括 9 个条文。该《议定书》第 1 条规定: "本议定书补充 1971 年 9 月 23 日订于蒙特利尔的制止危害民用航空安全非法行为的公约(以下称'公约')。在本议定书各缔约国之间, 公约和议定书应被视为并解释为一个单一的文件。"虽然二者被视为是一个单一的文件, 但二者各有侧重点, 《蒙特利尔公约》主要针对的是危及民用航空飞行安全的行为, 而《议定书》则主要针对的是国际民用航空机场发生的危害航空安全的非法暴力行为和破坏机场设施的非法行为。

根据《蒙特利尔议定书》第 2 条的规定, [①]"危害国际民用航空机场安全罪", 是指行为人非法使用某种装置、物质或武器, 对国际民用航空的机场上的人员使用暴力, 造成或足以造成人员重伤或死亡, 或者破坏机场设施、

---

① 《蒙特利尔议定书》第 2 条规定: "一、在公约第一条中, 增加第一款甲如下: 一甲、任何人使用一种装置、物质或武器, 非法地和故意地实施下列行为, 即为犯罪: (一) 在用于国际民用航空的机场内对人实施暴力行为, 造成或足以造成重伤或死亡的; 或者 (二) 破坏或严重损坏用于国际民用航空的机场的设备或停在机场上未在使用中的航空器, 或者中断机场服务危及或足以危及该机场的安全。二、在公约第一条第二款(甲)项中, 在'第一款'一词后增加下列措辞: '或第一款甲'。"

停在机场上未在使用中的航空器、中断机场服务，危及或足以危及机场安全的行为。根据《蒙特利尔公约》第1条第2款①和《蒙特利尔议定书》第2条第2款之规定，如果行为人企图实施危害国际民用航空机场安全的行为或者是犯有或企图犯任何此种罪行的人的同犯，也构成"危害国际民用航空机场安全罪"。"危害国际民用航空机场安全罪"的犯罪对象包括：为国际民用航空服务的机场上的人员；为国际民用航空服务的机场上的设备；为国际民用航空服务停放在机场上未使用的航空器。

我国1979年《刑法》中也有相关规定，如其第108条规定："破坏轨道、桥梁、隧道、公路、机场、航道、灯塔、标志或者进行其他破坏活动，足以使火车、汽车、电车、船只、飞机发生倾覆、毁坏危险，尚未造成严重后果的，处三年以上十年以下有期徒刑。"第159条规定："聚众扰乱车站、码头、民用航空站、商场、公园、影剧院、展览会、运动场或者其他公共场所秩序，聚众堵塞交通或者破坏交通秩序，抗拒、阻碍国家治安管理工作人员依法执行职务，情节严重的，对首要分子处五年以下有期徒刑、拘役、管制或者剥夺政治权利。"第108条和第159条保护"机场"和"民用航空站"的规定属于维护民用航空安全的刑法措施。1997年《刑法》第117条规定的破坏交通设施罪属于相应罪名。

5.《关于在可塑炸药中添加识别剂以便侦测的公约》

《关于在可塑炸药中添加识别剂以便侦测的公约》于1988年泛美航空公司103号航班被炸后谈判拟定，旨在对使用未添加识别剂和无法侦测的炸药的行为进行管制和限制。

鉴于联合国安全理事会于1989年6月14日通过的第635号决议和联合国大会1989年12月4日通过的第44/39号决议强烈要求国际民用航空组织加强工作，以建立一种注标塑性炸药以便探测的国际制度，国际民用航

---

① 《蒙特利尔公约》第1条第2款规定："任何人如果他从事下述行为，也是犯有罪行：（甲）企图犯本条第一款所指的任何罪行；或（乙）是犯有或企图犯任何此种罪行的人的同犯。"

空组织大会第二十七届会议一致通过第 A27—8 号决议，批准以绝对优先安排，准备一个关于注标塑性炸药以便探测的新国际文件。1991 年 3 月 1 日在蒙特利尔召开的国际民用航空组织航空法会议上通过了《关于在可塑炸药中添加识别剂以便侦测的公约》（或《关于注标塑性炸药以便探测的公约》，Convention on the Marking of Plastic Explosive for the Purpose of Detection）。该《公约》于 1998 年 6 月 21 日生效，我国尚未加入。

该《公约》在序言中指出："意识到恐怖主义的行为对世界安全的影响；对以摧毁航空器、其他运输工具以及其他目标为目的的恐怖行为表示严重关切；对利用塑性炸药实施此类恐怖行为十分忧虑；鉴于注标塑性炸药便于探测，对防止此类非法行为具有重要意义；承认为防止此类行为的发生，紧急需要制订一个国际文件，使各国承担义务采取适当的措施，以确保塑性炸药按照规定注标。"该《公约》属于有关注标塑性炸药以便探测的新国际文件，有助于建立注标塑性炸药以便探测的国际制度，有助于防止恐怖分子利用难以侦测的塑性炸药实施恐怖活动。

该《公约》共 15 条，主要内容是：对"炸药"、"塑性炸药"、"探测元素"、"注标"、"制造"、"正式批准的军事装置"、"生产国"等术语做了界定；规定缔约国应在其各自领土确保对"未添加识别剂"的可塑炸药，即不含本条约《技术性附件》所述侦测剂的可塑炸药加以有效管制，即采取必要和有效措施，禁止和阻止在其领土上制造非注标炸药，防止未添加识别剂的可塑炸药进出其领土、对拥有和转让本《公约》生效前制造或进口的未添加识别剂的炸药实施严格和有效的管制，确保 3 年内销毁或用完非军方或警方掌握的一切此类未添加识别剂的炸药库存、给其添加识别剂或使之永远失效，采取必要措施确保 15 年内销毁或用完军方或警方掌握的一切此类未添加识别剂的炸药、给其添加识别剂或使之永远失效，确保尽快销毁本《公约》对该国生效之日后制造的任何未添加识别剂的炸药；规定应设立一个炸药技术国际委员会；规定了国际合作等内容。

6.2010 年《北京公约》和 2010 年《北京议定书》

2010 年 9 月 10 日在北京签订的《制止与国际民用航空有关的非法行为的公约》(简称 2010 年《北京公约》)和 2010 年《制止非法劫持航空器公约的补充议定书》(简称 2010 年《北京议定书》)。其中,2010 年《北京议定书》是为了补充 1970 年 12 月 16 日在海牙签订的《制止非法劫持航空器的公约》而签订的。

此前,国际民用航空组织主持签订的 1963 年《东京公约》、1970 年《海牙公约》、1971 年《蒙特利尔公约》、1988 年《蒙特利尔公约补充议定书》;1991 年《关于在可塑炸药中添加识别剂以便探测的公约》等 5 个公约是应对国际民用航空犯罪的主要法律依据,但随着国际民用航空犯罪形势的发展变化,已无法应对新情况,例如已有的公约主要针对危害国际民用航空安全的实施者,而非其背后的策划者、组织者、指挥者,并侧重于针对在航空器或机场上实施犯罪的人,对将航空器用作武器或者实施生物、化学或放射性武器攻击的行为也未涉及,《北京公约》和《北京议定书》的任务是弥补前述公约的不足。

较之于已有的国际民用航空公约,《北京公约》和《北京议定书》主要有以下变化和发展:

(1)罪状方面

①扩大了犯罪对象的范围

2010 年《北京议定书》将劫持航空器罪的犯罪对象由 1970 年《海牙公约》规定的"飞行中的航空器"修改为"使用中的航空器"。《海牙公约》第 3 条第 1 款规定:"在本公约中,航空器从装载完毕、机舱外部各门均已关闭时起,直至打开任一机舱门以便卸载时为止,应被认为是在飞行中。航空器强迫降落时,在主管当局接管对该航空器及其所载人员和财产的责任前,应被认为仍在飞行中。"而 2010 年《北京议定书》第 5 条第 1 款规定:"一、公约第三条第一款应以下文取代:'第三条　一、为本公约的目的,从地面人员或机组人员为某一特定飞行而对航空器进行飞行前的准备时起,直至降落后二十四小时止，该航空器被视为是在使用中。在航空器遭迫降时，直至主管当局接管对该航空器及其所载人员和财产的责任时止，航空器应当被视为仍在飞行中。'"显而易见，"使用中的航空器"持续的时间段远远长于"飞行中的航空器"所持续的时间段，新规定能够更有效地维护国际民用航空安全。此外，1988年《蒙特利尔议定书》第2条（危及国际民用航空机场安全罪）将危害民用航空安全的犯罪对象扩及至"机场内的人员"、"机场设备"、"机场服务"，而《北京公约》第2条第3款将犯罪对象扩大至"空中航行设施"，该条规定："'空中航行设施'包括航空器航行所必需的信号、数据、信息或系统"，进一步严密了民用航空安保法律体系。

②增加了犯罪行为的方式

《北京公约》和《北京议定书》为了应对"9·11"事件后出现的国际恐怖主义犯罪的新形式，将利用航空器对地面目标进行攻击的行为、使用生物武器、化学武器或核武器对民用航空进行攻击或使用民用航空器非法传播生物、化学或核物质的行为规定为犯罪，不仅有助于有效打击利用这些武器对航空器进行攻击的行为，同时也能够有效阻止这些危险武器或危险物质落入恐怖分子手中。

《海牙公约》第1条规定："凡在飞行中的航空器内的任何人：（甲）用暴力或用暴力威胁，或用任何其他恐吓方式，非法劫持或控制该航空器，或企图从事任何这种行为，或（乙）是从事或企图从事任何这种行为的人的同犯，即是犯有罪行（以下称为'罪行'）。"而《北京议定书》第1条规定的劫持航空器罪的行为，包括"以武力或以武力威胁，或以胁迫，或以任何其他恐吓方式，或以任何技术手段"劫持或控制航空器的行为，或者威胁实施劫持航空器的行为或使他人受到这种威胁的行为，或者"企图实施"劫持航空器的行为，或者"组织或指挥他人实施"劫持航空器的行为、"作为共犯参与"实施劫持航空器的行为，或者"非法和故意地协助他人逃避调查、起诉或惩罚"的行为。此外，根据2010年《北京议定书》第1条第4款之规定，如果被证明有共谋意图，即使没有实施犯罪行为，也构成犯罪。

1971年《关于制止危害民用航空安全的非法行为的公约》(《蒙特利尔公约》)第1条规定的"危害民用航空安全罪"的行为包括：对飞行中的航空器内的人实施暴力，将会危及该航空器安全的行为；破坏使用中的航空器或对该航空器造成损坏，使其不能飞行或将会危及其飞行安全的行为；用任何方法在使用中的航空器内放置或使别人放置一种将会破坏该航空器或对其造成损坏使其不能飞行或对其造成损坏而将会危及其飞行安全的装置和物质的行为；破坏或损坏航行设备或妨碍其工作，危及飞行中航空器安全的行为；传送他明知是虚假的情报，从而危及飞行中的航空器的安全的行为；企图危害民用航空安全的任何罪行；实施或企图实施此种罪行的人的共犯，而2010年《北京公约》第1条第1款规定的"危害民用航空安全罪"的行为，除了前述1971年《蒙特利尔公约》第1条规定的行为之外，第1条第1款第6项至第9项还增加了下列四类行为方式：一是利用使用中的航空器旨在造成死亡、严重身体伤害，或对财产或环境的严重破坏；二是从使用中的航空器内释放或排放任何生物武器、化学武器和核武器或爆炸性、放射性或类似物质而其方式造成或可能造成死亡、严重身体伤害或对财产或环境的严重破坏；三是对某一使用中的航空器或在某一使用中的航空器内使用任何生物武器、化学武器和核武器或爆炸性、放射性或类似物质而其方式造成或可能造成死亡、严重身体伤害或对财产或环境的严重破坏；四是在航空器上运输、导致在航空器上运输或便利在航空器上运输：任何爆炸性或放射性材料，并明知其意图是用来造成或威胁造成死亡或严重伤害或损害，而不论是否具备本国法律规定的某一条件，旨在恐吓人群，或迫使某一政府或国际组织作出或放弃作出某种行为；或任何生物武器、化学武器和核武器，并明知其是第2条中定义的一种生物武器、化学武器和核武器；或任何原材料、特种裂变材料、或为加工、使用或生产特种裂变材料而专门设计或配制的设备或材料，并明知其意图将用于核爆炸活动或未按照与国际原子能机构的保障监督协定置于保障监督措施下的任何其他核活动；或未经合法授权的任何对设计、制造或运载生物武器、化学武器和核武器有重大辅助作用的设备、材料或软件或相关技术，且其意图是用于此类目的。2010年《北京公约》第1条第1款在1971年《蒙特利尔公约》第1条规定的基础上，为"危害民用航空安全罪"增加的前述四类行为可以概括为：利用使用中的航空器造成人员伤亡或对财产或环境造成严重破坏的行为；从使用中的航空器内释放或排放任何生化学武器或核武器或爆炸性、放射性或类似物质造成或可能造成严重后果的行为；对使用中的航空器或在使用中的航空器内使用生化武器或核武器或爆炸性、放射性或类似物质造成或可能造成严重后果的行为；在航空器上运输、导致在航空器上运输或便利在航空器上运输危险物品的非法行为。

③扩大了犯罪主体的范围

根据现有国际民用航空安全公约的相关规定，危害民用航空安全犯罪的主体仅限于实施者，并不包括策划者、组织者、领导者等幕后操纵者和威胁者、包庇者，而2010年《北京公约》和《北京议定书》第1条将危害国际民用航空安全犯罪的主体扩大至组织或指挥他人实施犯罪的人、威胁实施犯罪的人、作为共犯参与实施犯罪的人、非法和故意协助他人逃避调查、起诉或惩罚的人。此外，《北京公约》第4条将法人增设为犯罪主体，并规定法人承担刑事、民事或行政责任不影响实施罪行的个人的刑事责任。

较之于国际航空安保条约，我国刑法仅将自然人规定为危害民用航空安全犯罪的主体，尚未将法人或其他组织规定为该类犯罪的主体。

（2）管辖权方面

2010年《北京公约》扩大了缔约国刑事管辖权的范围。1970年《海牙公约》第4条确立了航空器登记国管辖权、航空器降落地国管辖权、航空器承租人营业地国或永久居所地国管辖权。1971年《蒙特利尔公约》第5条在1970年《海牙公约》的基础上增加规定了罪行发生地国管辖权。2010年《北京公约》第8条第2款和2010年《北京议定书》第7条第2款规定："各当事国也可就下列情况而对任何此种罪行确立其管辖权：（一）罪行是针对该国国民实施的；（二）罪行是由其惯常居所在该国领土内的无国籍人实施的。"据此，作为被害人国籍国的缔约国和作为犯罪嫌疑人或被告人的无国籍人惯常居所地国的缔约国也有管辖权，进一步扩大了缔约国对危害民用航空安全犯罪的管辖权。

（3）"或引渡或起诉"条款

《海牙公约》第 7 条为缔约国确立了"或引渡或起诉"义务，《蒙特利尔公约》第 7 条作了相同的规定、《蒙特利尔议定书》第 3 条有类似规定。《海牙公约》第 8 条、《蒙特利尔公约》第 8 条、《蒙特利尔议定书》第 11 条都将危害民用航空安全的犯罪规定为可引渡的犯罪。2010 年《北京公约》和《北京议定书》在上述公约的基础上增加规定了以下内容：一是政治犯罪不引渡的例外条款。根据《北京公约》第 13 条和《北京议定书》第 12 条之规定：为引渡或司法互助的目的，对公约第 1 条（分别指《北京公约》第 1 条和《海牙公约》第 1 条）所列的任何罪行均不应当被视为政治犯罪或与政治犯罪有关的罪行或政治动机引起的罪行。因此，对于此种罪行提出的引渡或司法互助请求，不得只以其涉及政治犯罪或与政治犯罪有关的罪行或政治动机引起的罪行为由而加以拒绝。该新规定意味着，对于实施劫持航空器罪、危及民用航空安全罪、危害国际民用航空机场安全罪的犯罪分子不适用政治犯罪不引渡原则，必须加以严惩。二是不歧视条款。《北京公约》第 14 条和《北京议定书》第 13 条第 2 款规定："如果被请求的当事国有实质理由认为，请求为第一条所列的罪行进行引渡或请求为此种罪行进行司法互助的目的，是为了因某人的种族、宗教、国籍、族裔、政见或性别而对该人进行起诉或惩罚，或认为接受这一请求将使该人的情况因任何上述原因受到损害，则本公约的任何规定均不应当被解释为规定该国有引渡或提供司法互助的义务。"其中的"第一条"，是指《北京公约》第 1 条和《海牙公约》第 1 条。该条款被称为"不歧视条款"，属于人权保护条款，能够阻却公约缔约国管辖权的行使以及缔约国之间的引渡合作。

（二）国际海事组织主持制定的反恐公约

1988 年 3 月 10 日，国际海事组织通过了《制止危及海上航行安全非法行为公约》（Convention for the Suppression of Unlawful Acts against the Safety of Maritime Navigation），同时通过了《制止危及大陆架固定平台安全非法行为议定书》（Protocol for the Suppression of Unlawful Acts against the Safety of Fixed Platforms Located on the Continental Shelf）。1991 年 6 月 29 日，第七届全国人民代表大会常务委员会第二十次会议决定：批准中华人民共和国代表冀朝铸于 1988 年 10 月 25 日签署的《制止危及海上航行安全非法行为公约》及《制止危及大陆架固定平台安全非法行为议定书》，同时声明不受《制止危及海上航行安全非法行为公约》第 16 条第 1 款的约束。2005 年 10 月 14 日在伦敦订立了《制止危害航海安全的非法行为公约》2005 年议定书和《制止危及大陆架固定平台安全的非法行为议定书》。

1.《制止危及海上航行安全非法行为公约》

《制止危及海上航行安全非法行为公约》包括 22 个条文，对发生在船舶上的犯罪行为、对此种罪行的管辖、引渡等作了规定。

（1）关于"危及海上航行安全罪"

根据《制止危及海上航行安全非法行为公约》第 3 条之规定，"危及海上航行安全罪"，是指故意实施武力、武力威胁或其他方式等，危及海上航行安全的行为。该罪在客观方面表现为下列行为：以武力、武力威胁或其他恐吓方式非法和蓄意劫持或控制船只的行为；对船上人员实施暴力，可能危及船舶航行安全的行为；毁坏船舶或损坏船舶或其货物，有可能危及船舶航行安全的行为；在船上放置某种装置或物质，有可能毁坏船舶或损坏船舶或其货物而危及或有可能危及船舶航行安全的行为；毁坏或严重损坏海上导航设施或严重干扰其运行，可能危及船舶的航行安全的行为；传递其明知是虚假的情报，从而危及船舶航行安全的行为；唆使他人实施危及船舶航行安全的行为；为了迫使某自然人或法人从事或不从事某种行为，威胁实施第 1 款

(b) 项、(c) 项和 (e) 项所述的任何罪行,① 可能危及船舶航行安全的行为。

关于"船舶",根据《制止危及海上航行安全非法行为公约》第 1 条之规定,"船舶",是指任何种类的非永久依附于海床的船舶,包括动力支撑船、潜水器或任何其他水上船艇。该《公约》第 2 条第 1 款规定,本公约不适用于军舰、国家拥有或经营的用作海军辅助船或用于海关或警察目的的船舶、已退出航行或闲置的船舶。

我国《刑法》第 122 条规定的劫持船只、汽车罪及第 116 条规定的破坏交通工具罪、第 117 条规定的破坏交通设施罪属于相关罪名。虽然,对于《公约》规定的"危及海上航行安全罪",可以以劫持船只罪等相关罪名论处,但相关罪名仍然不能涵盖《公约》规定的"危及海上航行安全罪"的所有罪状。

(2) 关于"危及海上航行安全罪"的刑事管辖权

根据《制止危及海上航行安全非法行为公约》第 6 条之规定,在缔约国是船旗国、犯罪发生地国、罪犯的国籍国、无国籍人的惯常居所地国、受害者的国籍国、犯罪意图迫使其从事或不从事某种行为的国家的情况下,应采取必要措施,对"危及海上航行安全罪"确定管辖权。该条还规定,如果被指称的罪犯出现在某缔约国领土内,而该缔约国又不将罪犯引渡给根据第 6 条第 1 款、第 2 款确定了管辖权的任何国家,该缔约国应当采取必要措施,确定其对第 3 条所述罪行的管辖权。该《公约》不排除缔约国根据国内法行使的任何刑事管辖权。

---

① 《制止危及海上航行安全非法行为公约》第 3 条第 1 款规定:"1.任何人如非法并故意从事下列活动,则构成犯罪:(a) 以武力或武力威胁或任何其他恐吓形式夺取或控制船舶;或 (b) 对船上人员施用暴力,而该行为有可能危及船舶航行安全;或 (c) 毁坏船舶或对船舶或其货物造成有可能危及船舶航行安全的损坏;或 (d) 以任何手段把某种装置或物质放置或使之放置于船上,而该装置或物质有可能毁坏船舶或对船舶或其货物造成损坏而危及或有可能危及船舶航行安全;或 (e) 毁坏或严重损坏海上导航设施或严重干扰其运行,而此种行为有可能危及船舶的航行安全;或 (f) 传递其明知是虚假的情报,从而危及船舶的航行安全;或 (g) 因从事 (a) 至 (f) 项所述的任何罪行或从事该类罪行未遂而伤害或杀害任何人。"

（3）"或引渡或起诉"义务

根据《制止危及海上航行安全非法行为公约》第10条的规定，在其领土内发现罪犯或被指称的罪犯，并根据该《公约》第6条确定了管辖权的缔约国，如果不引渡该罪犯，则无论罪行是否发生在其领土内，均应当毫无例外地立即将案件送交其主管当局，以便按照其国内法规定的程序起诉。主管当局应当以处理本国法中其他严重犯罪的方式作出决定。

根据《制止危及海上航行安全非法行为公约》第11条之规定，缔约国应当将第3条所规定的"危及海上航行安全罪"视为它们之间任何现有国际条约中可引渡的罪行，并承允将此类罪行作为可引渡的罪行列入它们之间将要缔结的每一项引渡条约中；以订有引渡条约为引渡条件的缔约国，如果收到未与其订有引渡条约的另一缔约国的引渡请求，被请求国可以根据自己的选择将本《公约》作为引渡第3条所述罪行的法律依据，同时应当符合被请求国法律规定的其他条件；不以订有引渡条约为引渡条件的缔约国，在符合被请求国法律规定的条件下，应当将第3条所述的罪行作为它们之间可引渡的罪行；必要时，为了缔约国之间引渡的目的，第3条所述的罪行应当被视为不仅发生在罪行的发生地，而且发生在请求引渡的缔约国管辖范围内的某个地方；如果某一缔约国接到根据第7条确定管辖权的多个国家的引渡请求，①并且决定不起诉该案，在选择将罪犯或被指称的罪犯引渡给何国时，

---

① 《制止危及海上航行安全非法行为公约》第7条规定："1.罪犯或被指称的罪犯出现在其领土内的任何缔约国，在确信情况有此需要时，应根据其法律，将罪犯或被指称的罪犯拘留或采取其他措施，确保其在提起刑事诉讼或引渡程序所必要的时间内留在其国内。2.该缔约国应按照本国法律立即对事实作初步调查。3.任何人，如对其采取第1款所述的措施，有权：（a）及时与其国籍国或有权建立此种联系的国家的最近的适当代表联系，或者，如其为无国籍人时，与其惯常居所地国的此种代表联系；（b）接受该国代表探视。4.第3款所述权利应按照罪犯或被指称的罪犯所在地国的法律和规章行使，但这些法律和规章必须能使第3款所给予的权力的目的得以充分实现。5.当缔约国根据本条将某人拘留时，应立即将该人被拘留的事实和应予拘留的情况通知已按照第六条第1款确定管辖权的国家，在认为适当时，应立即通知其他有关国家。进行本条第2款所述初步调查的国家应迅速将调查结果报告上述国家，并应表明它是否有意行使管辖权。"

应当适当考虑罪行发生时船舶悬挂其国旗的缔约国的利益和责任。

2.《制止危及大陆架固定平台安全非法行为议定书》

1988 年《制止危及大陆架固定平台安全非法行为议定书》对危害大陆架固定平台安全的犯罪行为以及对此类犯罪行为的刑事管辖作了规定。2005 年 10 月 14 日在伦敦订立了《制止危害航海安全的非法行为公约》2005 年议定书和《制止危及大陆架固定平台安全的非法行为议定书》。其中，1988 年《制止危及大陆架固定平台安全非法行为议定书》共 6 个条文。

（1）关于"危及大陆架固定平台安全罪"

根据《制止危及大陆架固定平台安全的非法行为议定书》第 2 条之规定，"危及大陆架固定平台安全罪"，是指以实施武力或威胁实施武力或实施其他恐怖活动的方式，危及大陆架固定平台安全的行为。

"危及大陆架固定平台安全罪"在客观方面表现为：以武力或武力威胁或任何其他恐吓方式夺取或控制固定平台的行为；对固定平台上的人员实施暴力，可能危及固定平台的安全的行为；毁坏固定平台或损坏固定平台，可能危及其安全的行为；以任何手段放置装置或物质放置或使之放置于固定平台上，可能毁坏固定平台或危及其安全的行为；实施前述行为或实施前述行为未遂而伤害、杀人的行为；唆使任何人实施此类罪行或共谋实施此类罪行的行为；为了迫使某自然人或法人从事或不从事某种行为，以对固定平台上的人员施用暴力或破坏固定平台而可能危及固定平台的安全相威胁的行为。

关于"固定平台"，根据《制止危及大陆架固定平台安全的非法行为议定书》第 1 条第 3 款之规定，是指用于资源的勘探或开发或用于其他经济目的的永久依附于海床的人工岛屿、设施或结构。

我国《刑法》没有规定"危及大陆架固定平台安全罪"，为了保护大陆架固定平台的安全，维护海洋秩序及其他利益，可以考虑在我国《刑法》中增设该罪名。

（2）关于"危及大陆架固定平台安全罪"的刑事管辖权

根据《制止危及大陆架固定平台安全的非法行为议定书》第 3 条之规

定，每一缔约国在罪行是针对其大陆架上的固定平台或罪行发生于该固定平台上，或者其为罪犯国籍国、无国籍罪犯的惯常居所地国、受害者的国籍国或为犯罪意图迫使其从事或不从事某种行为的国家的情况下，应采取必要措施，确定其对"危及大陆架固定平台安全罪"的刑事管辖权。根据第 3 条第 4 款的规定，如果被指称的罪犯出现在某缔约国领土内，而该缔约国又不将其引渡给根据本条第 1 款和第 2 款确定了管辖权的任何国家，那么该缔约国应当采取必要措施，确定其对第 2 条所述的危及大陆架固定平台安全罪行的管辖权。该《议定书》关于管辖权的规定不影响缔约国按照其国内法所行使的任何刑事管辖权。

(3)"或引渡或起诉"义务

根据《制止危及大陆架固定平台安全的非法行为议定书》第 1 条第 1 款的规定，①《制止危及海上航行安全非法行为公约》第 10 条的规定在作必要的修改后应同样适用于本《议定书》第 2 条所述的在大陆架固定平台上或针对大陆架固定平台所犯的罪行。换言之，《制止危及海上航行安全非法行为公约》第 10 条关于"或引渡或起诉"的规定可以适用于"危及大陆架固定平台安全罪"，也就是，在其领土内发现罪犯或被指称的罪犯的缔约国，在根据《制止危及海上航行安全非法行为公约》第 6 条确定了管辖权的情况下，如果不引渡罪犯，则无论罪行是否发生在其领土内，均应当毫无例外地立即将案件送交其主管当局，以便其按照国内法规定的程序起诉。主管当局应当以处理本国法中其他严重犯罪案件的方式作出决定。《制止危及海上航行安全非法行为公约》第 10 条强调了被起诉人的人权保障，要求缔约国保证因实施"危及大陆架固定平台安全罪"而被起诉的任何人在诉讼的所有阶段均能获得公平待遇，包括享有所在国法律针对此类诉讼规定的一切权利和保障。

---

① 《制止危及大陆架固定平台安全的非法行为议定书》第 1 条第 1 款规定："《制止危及海上航行安全非法行为公约》（以下称公约）的第 5 条和第 7 条及第 10 条至第 16 条的规定在作必要的修改后应同样适用于本议定书第 2 条所述的在大陆架固定平台上或针对大陆架固定平台所犯的罪行。"

（三）国际原子能机构主持制定的反恐公约

1980 年 3 月 3 日，联合国大会通过的《核材料实物保护公约》(Convention on the Physical Protection of Nuclear Material，CPPNM) 在维也纳国际原子能机构总部和纽约联合国总部开放签署。在其第 19 条第 1 款规定的条件满足后，该《公约》于 1987 年 2 月 8 日生效。1988 年 12 月 2 日，中华人民共和国政府向国际原子能机构总干事交存加入书，并同时声明对《公约》第 17 条第 2 款所规定的两种争端解决程序提出保留。该《公约》于 1989 年 1 月 2 日对我国生效。2005 年 7 月，《公约》缔约方通过了其修正案扩大适用范围，《核材料实物保护公约》(CPPNM) 修正案于 2016 年 5 月 8 日正式生效。我国于 2009 年 9 月 14 日向国际原子能机构递交《核材料实物保护公约》(CPPNM) 修正案批准书。

《核材料实物保护公约》的主旨是，保护核材料在国际运输中的安全转移，防止未经政府批准或者授权的集团或个人获取、使用或扩散核材料，并在追回和保护丢失或被盗窃的核材料，惩处或引渡被控罪犯方面加强国际合作，对《公约》范围内的犯罪确立普遍管辖权，防止核材料扩散。

《核材料实物保护公约》由序言、正文和两个附件组成，正文共 23 条。其主要内容包括：缔约国应当确保对其境内的核材料或装载于其管辖的船舶或飞机上的核材料，在国际运输中按附件规定的级别予以保护；缔约国承诺不输出不输入核材料，也不准他国经由其陆地、内河航道、机场或海港过境运输核材料，除非已经取得核材料已经按照附件规定的级别受到保护的保证；在核材料被盗窃、抢劫或受到威胁时，缔约国应当向任何请求国提供合作，以追回丢失的核材料；规定了非法获取和使用核材料犯罪的定义、管辖权以及针对被指控的犯罪的起诉和引渡程序；除对国内使用、储存和运输中的民用核材料明确作出的承诺外，《公约》不影响缔约国对核材料的主权权力；缔约国之间对《公约》的解释和适用发生争端时，应协商解决，如果协商未果，经争端任何一方请求，应提交仲裁或国际法院裁决。对后两种争端解决程序，《公约》允许保留；规定了核材料的分类办法以及相应的实物保护级别。

1.关于"非法获取和使用核材料罪"

根据《核材料实物保护公约》第7条之规定,"非法获取和使用核材料罪",是指行为人采用盗窃、抢劫、欺骗、勒索等非法手段获取核材料,或者非法持有、使用、处置核材料并引起或可能引起人员死亡或重大财产损害的行为。

"非法获取和使用核材料罪"的行为包括:非法收受、拥有、使用、转移、更换、处理或散布核材料,并引起或可能引起任何人死亡或重大财产损害的行为;盗窃或抢劫核材料的行为;以欺骗手段取得核材料的行为;以武力威胁或使用武力或任何其他恐吓手段勒索核材料的行为;威胁使用核材料引起人员死亡或重伤或重大财产损害的行为;威胁盗窃或抢劫核材料的行为;迫使某自然人或法人、国际组织或国家从事或不从事某种行为的行为;企图实施第7条第1款(a)、(b)或(c)所述的犯罪行为;① 参与实施前述任何犯罪行为。

2.关于"核材料"的界定

《核材料实物保护公约》第1条第1款规定:"(a)'核材料'是指:钚,但钚-238同位素含量超过80%者除外;铀-233;同位素235或233浓缩的铀;非矿石或矿渣形式的含天然存在的同位素混合物的铀;任何含有上述一种或多种成分的材料;(b)'同位素235或233浓缩的铀'是指含有铀同位素235或233或两者总含量对同位素238的丰度比大于天然存在的同位素235对同

---

① 《核材料实物保护公约》第7条第1款规定:"1.每一缔约国根据其国家法律,对下述蓄意犯罪行为应予以惩处:(a)未经合法授权,收受、拥有、使用、转移、更换、处理或散布核材料,并引起或可能引起任何人死亡或重大财产损害;(b)偷窃或抢劫核材料;(c)盗取或以欺骗手段取得核材料;(d)以武力威胁或使用武力或任何其他恐吓手段勒索核材料;(e)威胁:(i)使用核材料引起任何人死亡或重伤或重大财产损害,或(ii)进行(b)项所述犯罪行为,以迫使一个自然人或法人、国际组织或国家做或不做某种行为;(f)图谋进行(a)、(b)或(c)项所述任何犯罪行为;和(g)参与(a)至(f)项所述任何犯罪行为。"

位素 238 的丰度比的铀。"

我国《刑法》未使用"核材料"一词，其第 125 条第 2 款规定的非法制造、买卖、运输、储存危险物质罪和第 127 条规定的盗窃、抢夺枪支、弹药、爆炸物、危险物质罪和抢劫枪支、弹药、爆炸物、危险物质罪，属于与该《公约》有关的罪名。但是，该《公约》规定的非法收受、拥有、使用、转移、更换、处理、散布核材料，威胁使用核材料，以欺骗手段取得核材料或以武力威胁或使用武力或任何其他恐吓手段勒索核材料的行为，却在我国《刑法》中找不到根据。

3. 关于"非法获取和使用核材料罪"的刑事管辖权

根据《核材料实物保护公约》第 8 条的规定，每一缔约国在犯罪行为发生于其领土内或其注册的船舶或飞机上，或者其为罪犯国籍国，或者罪犯在其境内而不按照本公约第 11 条将其引渡给有管辖权的国家的情况下，采取必要措施，对本公约规定的非法获取和使用核材料的罪行确立其管辖权。缔约国也可以根据本国法行使任何刑事管辖权。同时，任何缔约国也可以根据国际法，在其作为输出国或输入国参与国际核运输时，确立其对本公约第 7 条所述罪行的刑事管辖权。换言之，该《公约》规定了缔约国对"非法获取和使用核材料罪"的属地管辖权、属人管辖权、普遍管辖权，并规定，如果缔约国是国际核运输中的输出国或输入国时，则对该罪行具有管辖权，同时认可缔约国根据国内法行使的任何管辖权。

4. "或引渡或起诉"义务

《核材料实物保护公约》第 10 条关于"或引渡或起诉"义务的规定和第 11 条关于"可引渡的罪行"的规定与前文所述数项公约的相关规定类似，在此不再赘述。

（四）万国邮政联盟主持制定的反恐公约

万国邮政联盟于 1891 年签订了《万国邮政公约》，该《公约》于 1892 年 7 月 1 日生效。我国于 1982 年 11 月 25 日加入了《万国邮政公约》。1984

年7月27日，我国签署了万国邮政联盟第十九届代表大会修订的《万国邮政公约》。1986年12月22日，国务院决定核准万国邮政联盟第十九届代表大会修订的《万国邮政联盟总规则》、《万国邮政公约》和《邮政包裹协定》，由外交部办理通知手续。我国于1987年1月22日向瑞士联邦政府交存了关于《万国邮政公约》的批准书。

《万国邮政公约》包括86个条文，其第13条和第36条规定了"非法使用邮件罪"。该《公约》第13条"关于刑事上应采取的措施"规定："各会员国政府应采取或向各该国立法机关建议下列必要的措施：……（5）除公约和各项协定所特许的以外，禁止在邮件内装入麻醉物品、作用于精神的药物、爆炸品、易燃品或其他危险物品。如违反这项规定，则予以处罚。"第36条"禁寄物品"第4款"函件内禁止装寄下列物品"规定："4. ……（2）麻醉药物和作用于精神的药物……（4）爆炸、易燃物品或其他危险物品；但第二十一条所指的容易腐烂的生物品和放射性物品不在禁寄之例；（5）淫秽或有伤风化的物品"。①

我国《刑法》第125条规定的非法制造、买卖、运输、邮寄、储存枪支、弹药、爆炸物罪，不能涵盖该《公约》中规定的"其他危险物品"中的放射性物质、毒害性物质、传染病病原体等危险品。

通过阐述上述国际公约关于恐怖活动犯罪的主要内容和比较国际公约和我国刑法的相关规定，便可得知，我国刑法还需要进一步完善。首先，对某些现有恐怖活动犯罪具体罪名的罪状予以扩充，如参照《核材料实物保护公约》的规定，对《刑法》第125条规定的"非法制造、买卖、运输、邮寄、储存枪支、弹药、爆炸物罪"和第127条规定的"盗窃、抢夺枪支、弹药、

---

① 《万国邮政公约》第21条"容易腐烂的生物品、放射性物品"规定："1. 按照实施细则有关规定包装的容易腐烂的生物品，需挂号并按信函付费。这类邮件只能在已声明同意双方都接受或者由其中一方接受的各国邮政之间互相寄递。邮件由最快邮路，一般由航空发运，但应照付相应的航空附加费。2. 此外，容易腐烂的生物品限于在政府承认的实验室之间互寄，而放射性物品限于由特许的寄件人交寄。"

爆炸物、危险物质罪"进行扩充,将该《公约》规定的非法收受、使用、变更、处理、转移、散布核材料以及以欺骗手段获得核材料的行为揉进相关罪名中;将《蒙特利尔公约》第 1 条第 1 款第 3 项规定的在使用中的航空器内放置将会危及其飞行安全的装置和物质的行为和第 4 项规定的传送虚假情报而危及飞行安全的行为纳入"暴力危及飞行安全罪"中。其次,可以考虑增加"侵害应受国际保护人员罪"、"危及海上航行安全罪"、"危及大陆架固定平台安全罪"等。

三、区域性国际组织主持制定的关于恐怖主义犯罪的国际公约

区域性主要反恐公约包括:美洲国家组织成员国于 1971 年 2 月 2 日在华盛顿签订的《美洲国家组织关于防止和惩治恐怖主义行为的公约》(1973 年 10 月 16 日生效)、欧洲理事会成员国于 1977 年 1 月 27 日在法国斯特拉斯堡签订的《关于制止恐怖主义的欧洲公约》、南亚区域合作联盟于 1987 年 11 月 4 日在加德满都签署的《南亚区域合作联盟打击恐怖主义地区协定》、阿拉伯内政部长理事会于 1993 年在第 15 次会议通过的《阿拉伯反恐怖主义斗争协议》、阿拉伯国家联盟内政部长理事会和司法部长理事会于 1998 年 4 月 22 日在开罗签订的《阿拉伯国家联盟关于打击恐怖主义的公约》(1999 年 5 月 7 日生效)、独联体国家签订的《关于合作打击恐怖主义的条约》、伊斯兰会议组织于 1997 年 7 月在布基纳法索首都瓦加杜古签订的《伊斯兰会议组织关于打击国际恐怖主义的公约》、非洲统一组织于 1999 年 7 月 13 日在阿尔及尔通过了《非洲统一组织预防和打击恐怖主义的公约》、阿拉伯国家联盟于 2000 年 4 月在开罗签订了《阿拉伯反恐公约》、上海合作组织六国元首于 2001 年 6 月 15 日在上海签署了《打击恐怖主义、分裂主义和极端主义上海公约》、东南亚国家联盟在 2007 年 1 月 13 日至 14 日第十二届东盟首脑会议期间签订的《东南亚国家联盟反恐公约》。

较之于前述"一行为一公约"的全球性反恐公约,这些区域性公约属于

反恐怖主义全面公约，为区域性反恐怖主义国际合作提供了法律依据。本书主要论述上海合作组织主持制定的反恐公约。

上海合作组织（Shanghai Cooperation Organization，SCO）的前身是"上海五国"会晤机制。1996年4月26日，中国、俄罗斯、哈萨克斯坦、吉尔吉斯斯坦、塔吉克斯坦五国元首在上海举行会晤，上海五国会晤机制正式确立。2001年6月14日至15日，上海五国元首在上海举行第六次会晤，乌兹别克斯坦加入"上海五国"。同年6月15日，中国、俄罗斯、哈萨克斯坦、吉尔吉斯斯坦、塔吉克斯坦、乌兹别克斯坦等六国在上海签署了《上海合作组织成立宣言》，宣告上海合作组织正式成立。上海合作组织成员国总面积近3018.9万平方公里，约占欧亚大陆面积的五分之三；人口约15亿，约占世界人口的四分之一；工作语言为汉语和俄语。2017年6月，巴基斯坦和印度加入上海合作组织。上海合作组织除八个成员国外，还有伊朗、阿富汗、蒙古三个观察员国。上海合作组织设有两个常设机构，分别为设在北京的秘书处和设在乌兹别克斯坦首都塔什干的地区反恐怖机构。

鉴于国际恐怖主义已对全球构成严重威胁，上海合作组织一经成立，就始终将打击恐怖主义、极端主义、分裂主义"三股势力"作为优先合作的方向，相继采取了一系列应对恐怖主义的重要举措。

2001年6月15日，六国元首共同签署了《打击恐怖主义、分裂主义和极端主义上海公约》（简称《上海公约》），对"恐怖主义"、"分裂主义"和"极端主义"的概念做了界定，在国际上尚属首次。《上海公约》对恐怖主义、分裂主义和极端主义的概念界定，为上海合作组织成员国联合打击"三股势力"提供了法律依据。

2002年6月7日，上海合作组织成员国在俄罗斯圣彼得堡举行第二次首脑会晤，签署了《上海合作组织宪章》、《关于地区反恐怖机构的协定》、《上海合作组织成员国宣言》三个文件。

2005年7月5日，六国签署了《上海合作组织成员国合作打击恐怖主义、分裂主义和极端主义构想》。

2009 年 6 月，上海合作组织元首理事会会议签订了《上海合作组织反恐怖主义公约》（简称《上海反恐公约》），该《公约》于 2012 年 1 月 14 日生效。该《公约》对"恐怖主义"、"恐怖主义行为"、"恐怖主义组织"的概念做了界定。我国全国人大常委会于 2014 年 12 月 28 日批准了该《公约》。

2016 年 6 月，在塔什干举行的上海合作组织成立 15 周年的元首理事会上，各成员国重申，打击各种形式的恐怖主义、分裂主义、极端主义是上海合作组织框架内合作的优先任务之一。

2017 年 6 月 8 日至 9 日，在哈萨克斯坦首都阿斯塔纳召开的上海合作组织成员国元首理事会第十七次会议发表了《上海合作组织成员国元首关于共同打击国际恐怖主义的声明》，成员国元首签署了《上海合作组织成员国元首阿斯塔纳宣言》、《上海合作组织反极端主义公约》、《关于完成接收印度共和国加入上海合作组织程序并给予其上海合作组织成员国地位的决议》、《关于完成接收巴基斯坦伊斯兰共和国加入上海合作组织程序并给予其上海合作组织成员国地位的决议》、《关于给予印度共和国和巴基斯坦伊斯兰共和国上海合作组织成员国地位背景下上海合作组织成员国会费比例的决议》、《关于〈上海合作组织秘书长关于过去一年上海合作组织工作的报告〉的决议》、《关于〈上海合作组织地区反恐怖机构理事会关于地区反恐怖机构 2016 年工作的报告〉的决议》和《关于〈上海合作组织成员国常驻地区反恐怖机构代表条例〉的决议》等。

2018 年 6 月 9 日至 10 日，上海合作组织元首理事会第十八次会议在中国青岛举行。这次元首理事会签署了关于批准《〈上海合作组织成员国长期睦邻友好合作条约〉实施纲要（2018—2022 年）》、《上海合作组织成员国打击恐怖主义、分裂主义和极端主义 2019 年至 2022 年合作纲要》等 12 份决议。其中，《上海合作组织成员国打击恐怖主义、分裂主义和极端主义 2019 年至 2022 年合作纲要》旨在巩固各成员国在侦测、预警和打击恐怖主义、分裂主义和极端主义方面的协作，消除"三股势力"产生的诱因和条件，抵御"三股势力"思想的传播。①

（一）《打击恐怖主义、分裂主义和极端主义上海公约》

《打击恐怖主义、分裂主义和极端主义上海公约》是上海合作组织成员国联合打击"三股势力"的区域性反恐怖主义国际法律文件，它首次在国际上对"恐怖主义"、"分裂主义"和"极端主义"下了定义，深化了国际社会对恐怖主义的认识，为成员国之间联合打击"三股势力"奠定了法律基础，有助于维护本地区的安全与稳定，有助于维护成员国的主权、安全和领土完整，对维护地区乃至世界和平与安全具有重要意义。

《上海公约》共 21 个条文，主要内容包括：对"恐怖主义"、"分裂主义"和"极端主义"的概念做了界定；规定了缔约国对区域恐怖主义犯罪的国际司法合作义务；规定缔约国应将该《公约》所规定的恐怖主义行为视为可相互引渡的犯罪行为；规定了缔约国反恐怖主义合作的原则、内容和程序；规定设立地区性反恐怖机构等。

1. 关于"恐怖主义"、"分裂主义"和"极端主义"

《上海公约》对"恐怖主义"、"分裂主义"和"极端主义"的概念做了界定。

（1）关于"恐怖主义"

根据《上海公约》第 1 条第 1 款第（一）项的规定，"恐怖主义"，是指为本公约附件所列条约之一所认定并经其定义为犯罪的任何行为，② 或者致

---

① 黄河：《上合组织秘书长阿利莫夫：八个成员国将秉承"上海精神"，续写上合组织新的历史》，新华网：http://www.xinhuanet.com/world/2018-06/13/c_129892870.htm（2018 年 9 月17 日访问）。

② 《上海公约》附件所列条约包括：1970 年 12 月 16 日在海牙签署的《关于制止非法劫持航空器的公约》；1971 年 9 月 23 日在蒙特利尔签署的《关于制止危害民用航空安全的非法行为的公约》；1973 年 12 月 14 日联合国大会通过的《关于防止和惩处侵害应受国际保护人员包括外交代表的罪行的公约》；1979 年 12 月 17 日联合国大会通过的《反对劫持人质国际公约》；1980 年 3 月 3 日在维也纳通过的《核材料实物保护公约》；1988 年 2 月 24 日在蒙特利尔签订的补充《关于制止危害民用航空安全的非法行为的公约》的（转下页）

使平民或武装冲突情况下未积极参与军事行动的任何其他人员死亡或对其造成重大人身伤害、对物质目标造成重大损失的任何其他行为，以及组织、策划、共谋、教唆上述活动的行为，而此类行为因其性质或背景可认定为恐吓居民、破坏公共安全或强制政权机关或国际组织以实施或不实施某种行为，并且是依各方国内法应追究刑事责任的任何行为。

"恐怖主义"体现为以下行为：《上海公约》附件所列系列条约所述的非法劫持航空器、危害民用航空安全、侵害应受国际保护人员、劫持人质、非法获取和使用核材料、危害国际民用航空机场安全、危及海上航行安全、危及大陆架固定平台安全、恐怖主义爆炸、资助恐怖主义等罪行；造成平民或武装冲突情况下未积极参与军事行动的任何其他人员伤亡或对物质目标造成重大损失的任何其他行为，以及组织、策划、共谋、教唆上述活动的行为，而此类行为因其性质或背景可认定为恐吓居民、破坏公共安全或强制政权机关或国际组织以实施或不实施某种行为，并且是按照各方国内法应当追究刑事责任的任何行为。

（2）关于"分裂主义"

根据《上海公约》第1条第1款第（二）项的规定，"分裂主义"，是指旨在破坏国家领土完整，包括将国家领土的一部分分裂出去或分解国家而使用暴力，以及策划、准备、共谋和教唆从事上述活动的行为，并且是按照各方国内法应当追究刑事责任的任何行为。

（3）关于"极端主义"

根据《上海公约》第1条第1款第（三）项的规定，"极端主义"，是指旨在使用暴力夺取政权、执掌政权或改变国家宪法体制，通过暴力手段侵犯

（接上页）《制止在国际民用航空机场的非法暴力行为议定书》；1988年3月10日在罗马签署的《制止危及海上航行安全非法行为公约》；1988年3月10日在罗马签署的《制止危及大陆架固定平台安全非法行为议定书》；1997年12月15日联合国大会通过的《制止恐怖主义爆炸的国际公约》；1999年12月9日联合国大会通过的《制止向恐怖主义提供资助的国际公约》。

公共安全，包括为达到上述目的组织或参加非法武装团伙，并且按照各方国内法应当追究刑事责任的任何行为。

《上海公约》对恐怖主义、分裂主义和极端主义的概念界定，为上海合作组织成员国联合打击"三股势力"提供了法律依据。

2. 关于反恐怖主义的国际合作

根据《上海公约》第 2 条的规定，缔约各方根据本公约及其所承担的其他国际义务，并考虑到各自的国内法，在预防、查明和惩治本公约第 1 条规定的恐怖主义、分裂主义和极端主义行为方面进行合作；缔约各方应当将恐怖主义、分裂主义和极端主义行为视为可以相互引渡的罪行；在引渡和刑事司法协助方面，缔约各方应当根据其参加的国际条约并考虑各方国内法开展合作。

根据《上海公约》第 5 条至第 9 条对缔约各方及其中央主管机关就打击恐怖主义、分裂主义和极端主义合作的内容和合作程序作了较为详细的规定：

（1）反恐怖主义国际合作的内容

根据《上海公约》第 5 条至第 7 条的规定，缔约各方及其中央主管机关就打击恐怖主义、分裂主义和极端主义合作的主要内容包括：缔约各方可以就打击恐怖主义、分裂主义和极端主义事项进行磋商、交换意见、协调立场；各方中央主管机关应当根据本公约交流情报；① 执行关于快速侦查的请

---

① 《上海公约》第 7 条规定："各方中央主管机关交换共同关心的情报，包括：（一）准备实施及已经实施本公约第一条第一款所指行为的情报，已经查明及破获的企图实施上述行为的情报；（二）对国家元首及其他国家领导人，外交代表机构、领事机构和国际组织的工作人员，其他受国际保护人员以及国事访问、国际和国家政治、体育等其他活动的参加者准备实施本公约第一条第一款所指行为的情报；（三）准备、实施及以其他方式参与本公约第一条第一款所指行为的组织、团体和个人的情报，包括其目的、任务、联络和其他信息；（四）为实施本公约第一条第一款所指行为，非法制造、获取、储存、转让、运输、贩卖和使用烈性有毒和爆炸物质、放射性材料、武器、引爆装置、枪支、弹药、核武器、化学武器、生物武器和其他大规模杀伤性武器，可用于制造上述武器的原料和设备的情报；（五）已查明涉及或可能涉及本公约第一条第一款所指行为的资金来源的情报；（六）实施本公约第一条第一款所指行为的形式、方法和手段的情报。"

求；为预防、查明和惩治恐怖主义、分裂主义和极端主义，制定并采取协商一致的措施，并相互通报结果；采取措施预防、查明和阻止通过提供资金、武器、弹药和其他协助的方式资助或帮助恐怖主义、分裂主义和极端主义的行为；采取措施预防、查明、阻止、禁止并取缔训练从事恐怖主义、分裂主义和极端主义行为的人员的活动；交换相关法律法规及其实施情况的材料；交流预防、查明和惩治恐怖主义、分裂主义和极端主义的经验；通过各种形式培训各自的专家以提高其专业素质；在惩治恐怖主义、分裂主义和极端主义以及消除其后果方面提供实际帮助。

（2）反恐怖主义国际合作的程序

根据《上海公约》第 8 条至第 9 条的规定，缔约各方及其中央主管机关就打击恐怖主义、分裂主义和极端主义合作的程序性内容包括：提出协助请求或提供信息的协作应当在双边或多边基础上进行。协助请求的提出或信息的提供应当采用书面形式，在紧急情况下可以采用口头形式，但应当在 72 小时以内以书面形式确认，必要时可以使用技术手段转交文本。请求书的内容应当包括：一是请求和被请求的中央主管机关的名称；二是关于请求的目的和理由的说明；三是关于请求协助的内容的说明；四是有利于及时和适当执行请求的其他信息；五是必要时应当标明密级。如果协助请求的提出或信息的提供是以书面形式作出，则应当由提出请求的中央主管机关首长或其副职签字，或者由该中央主管机关盖章确认。请求书与所附文件和信息应当由中央主管机关用本公约第 15 条规定的工作语言来表达。协助请求的执行。一是被请求的中央主管机关应采取一切必要措施以保障尽可能快速、全面地执行请求，并在尽可能短的期限内通知结果；二是如果存在妨碍或严重延迟执行请求的情况，则应当立即将该情况通知提出请求的中央主管机关；三是如果执行请求超出被请求的中央主管机关的职权范围，则该中央主管机关应当将请求转交本国其他负责执行该请求的中央主管机关，并应当立即将相关情况通知提出请求的中央主管机关；四是被请求的中央主管机关可以要求请求方提供其认为必要的补充信息；五是执行请求应当适用被请求方的法律，但在不违背被请求方法律的基本原则或国际义务的情况下，根据提出请求的中央主管机关的请求，也可以适用请求方的法律；六是如果被请求的中央主管机关认为执行请求可能有损其国家主权、安全、公共秩序、其他根本利益或者违背其国内法或国际义务，则可以推迟执行请求或者全部或部分拒绝执行请求；七是如果请求所涉行为根据被请求方的法律不构成犯罪，也可以拒绝执行请求；八是如果全部或部分拒绝执行请求或推迟执行请求，则应当将此情况书面通知提出请求的中央主管机关。

3. 地区性反恐怖机构

《上海公约》第 10 条规定："为有效打击本公约第一条第一款所指行为，各方将签订单独协定和通过其他必要的文件，在比什凯克市建立各方的地区性反恐怖机构并保障其运行。"

上海合作组织成员国六国元首于 2002 年 6 月 7 日在圣彼得堡签订的《上海合作组织成员国关于地区反恐怖机构的协定》对地区反恐怖机构的设立、法律地位和职能作了规定。根据该《协定》的相关规定，上海合作组织地区反恐怖机构总部设在吉尔吉斯斯坦比什凯克市。地区反恐怖机构是常设机构，其目的是促进各方主管机关在打击《上海公约》确定的恐怖主义、分裂主义和极端主义行为中进行协调与相互协作。地区反恐怖机构具有法人地位，其基本任务和职能包括：为上海合作组织的有关机构以及根据各方的请求，准备有关加强合作打击恐怖主义、分裂主义和极端主义的建议和意见；根据一方请求，包括根据《上海公约》的规定，协助各方主管机关打击恐怖主义、分裂主义和极端主义；收集和分析缔约各方向地区反恐怖机构提供的有关打击恐怖主义、分裂主义和极端主义的信息；建立地区反恐怖机构资料库，包括：国际恐怖组织、分裂组织和其他极端组织及其结构、头目和成员、参与上述组织活动的其他人员，以及资金来源和渠道的信息；涉及各方利益的有关恐怖主义、分裂主义和极端主义的现状、动态和蔓延趋势的信息；向恐怖主义、分裂主义和极端主义提供支持的非政府组织和人员的情况信息；根据各方主管机关的请求提供信息；根据有关方的请求，协助准备和举行反恐怖指挥司令部演习及战役战术演习；应各方请求，协助准备和进行打击恐怖主义、分裂主义和极端主义的侦查等活动；协助对《上海公约》第 1 条第 1 款所述行为的犯罪嫌疑人进行国际侦查以追究其刑事责任；参与准备有关打击恐怖主义、分裂主义和极端主义问题的国际法律文件；协助为反恐部队培训专家和教官；参与筹备及举行科学实践会议、研讨会，协助就打击恐怖主义、分裂主义和极端主义问题进行经验交流；与从事打击恐怖主义、分裂主义和极端主义的国际组织建立联系并保持工作接触。

简言之，上海合作组织地区反恐怖机构的主要任务和职能包括：就打击恐怖主义、分裂主义、极端主义与本组织成员国主管机关及国际组织保持工作联系，加强协调；参与准备打击恐怖主义、分裂主义和极端主义问题的国际法律文件草案，与联合国安理会及其反恐委员会、国际和地区组织共同致力于建立应对全球性挑战与威胁的有效反应机制；收集和分析成员国提供的有关打击恐怖主义、分裂主义和极端主义的信息等。

自 2003 年起，上海合作组织地区反恐怖机构研讨会每年在乌兹别克斯坦首都塔什干市举办。

2003 年 10 月 31 日，上海合作组织地区反恐怖机构理事会第一次会议在乌兹别克斯坦首都塔什干举行，通过了关于推荐乌兹别克斯坦人维·吉·卡西莫夫于 2004 年至 2006 年期间担任上海合作组织地区反恐怖机构执行委员会主任的决议、关于地区反恐怖机构执行委员会配额岗位分配方案以及地区反恐怖机构理事会程序规则等文件。

2004 年 6 月 17 日，上海合作组织峰会在乌兹别克斯坦首都塔什干举行，上海合作组织地区反恐怖机构正式启动。

2007 年，地区反恐怖机构创建了恐怖组织和恐怖分子公用数据库，该数据库汇集了来自上海合作组织成员国的各种具体信息，以便成员国共享国际恐怖组织和个人的信息及其行动路线等情报。

2017 年 3 月 30 日，地区反恐怖机构理事会第三十次会议在乌兹别克斯坦首都塔什干举行，通过了《上海合作组织反极端主义公约（草案）》。2017

年 9 月 17 日，上海合作组织地区反恐怖机构理事会第三十一次会议在北京举行，通过了《关于上海合作组织地区反恐怖机构与亚洲相互协作与信任措施会议秘书处合作议定书（草案）》和《上海合作组织地区反恐怖机构、独联体反恐中心和集体安全条约组织秘书处合作备忘录（草案）》，批准了《关于上海合作组织成员国主管机关打击恐怖主义、分裂主义和极端主义组织招募成员的联合措施》和《上海合作组织地区反恐怖机构与负责打击恐怖主义、分裂主义和极端主义的国际组织提高合作效率的措施》。

2018 年 4 月 5 日，上海合作组织地区反恐怖机构理事会第三十二次会议在乌兹别克斯坦塔什干市举行。本次会议总结了过去一个阶段地区反恐怖机构框架下的合作情况，通过了拟提交上合组织成员国元首理事会审议的《地区反恐怖机构 2017 年工作报告》、《上海合作组织成员国打击恐怖主义、分裂主义和极端主义 2019 年至 2021 年合作纲要（草案）》等重要文件。与会各方讨论了"三股势力"的活动形势，研究了成员国主管机关的合作情况，决定继续加强各项合作措施的落实。本次会议还审议了中方主办的"厦门—2017"联合网络反恐演习和上海合作组织成员国主管机关"联合—2017"联合边防行动成果，高度评价了中方主管机关及地区反恐怖机构执委会为组织和举行相关活动所做的工作。

上海合作组织地区反恐怖机构自成立以来，主要致力于反恐怖主义法制建设、情报交流、大型活动安全保卫、反恐演习等事项，为各成员国联合打击"三股势力"做出了重要贡献。

（二）《上海合作组织反恐怖主义公约》

2009 年 6 月 16 日，上海合作组织六国签订了《上海合作组织反恐怖主义公约》（简称《上海反恐公约》），该《公约》于 2012 年 1 月 14 日生效。2014 年 12 月 28 日，第十二届全国人民代表大会常务委员会第十二次会议通过了关于批准《上海合作组织反恐怖主义公约》的决定，2009 年 6 月 16 日，由时任国家主席胡锦涛代表中华人民共和国在叶卡捷琳堡签署《上海合作组织反恐怖主义公约》，同时声明：在中华人民共和国政府另行通知前，《上海合作组织反恐怖主义公约》暂不适用于中华人民共和国香港特别行政区。

《上海反恐公约》是为了进一步完善 2001 年 6 月 15 日签署的《打击恐怖主义、分裂主义和极端主义上海公约》和 2005 年 7 月 5 日签署的《上海合作组织成员国合作打击恐怖主义、分裂主义和极端主义构想》而制定，旨在加强上海合作组织框架内合作打击恐怖主义的法律基础，提高反恐怖主义合作的效率。

《上海反恐公约》由序言和 37 条正文组成，主要内容包括："恐怖主义"和"恐怖主义行为"的内涵和外延，认定"恐怖主义组织"的基本标准；该《公约》的适用范围和原则；确定司法管辖权的属地和属人相结合的原则；防范恐怖主义的相关措施；各方为将恐怖主义行为、成立涉恐法人机构、公开煽动恐怖主义、招聘和训练人员、参加恐怖组织、资助恐怖主义、协助从事恐怖活动等行为规定为刑事犯罪而制定国内立法的义务；各方为监控金融交易，防范和打击恐怖主义融资活动制定国内立法等措施的义务；法人作为恐怖犯罪主体的法律责任；引渡、移管和司法协助的适用及程序等；《公约》的争议解决程序和损失赔偿办法；《公约》的生效、加入、修改程序，以及缔约方退出程序等。

1. 关于"恐怖主义"、"恐怖主义行为"、"恐怖主义组织"

《上海反恐公约》第 2 条第 1 款规定对"恐怖主义"、"恐怖主义行为"、"恐怖主义组织"的概念做了界定。

（1）关于"恐怖主义"

《上海反恐公约》第 2 条第 1 款第（二）项规定，"恐怖主义"，是指通过实施或威胁实施暴力和（或）其他犯罪活动，危害国家、社会与个人利益，影响政权机关或国际组织决策，使人们产生恐惧的暴力意识形态和实践。

（2）关于"恐怖主义行为"

《上海反恐公约》第 2 条第 1 款第（三）项规定，"恐怖主义行为"，是指为影响政权机关或国际组织决策，实现政治、宗教、意识形态或其他目的而实施的恐吓居民、危害人员生命和健康，造成巨大财产损失、生态灾难或其他严重后果等行为，以及为上述目的而威胁实施上述活动的行为。

（3）关于"恐怖主义组织"

《上海反恐公约》第2条第1款第（四）项规定，"恐怖主义组织"，是指为实施本公约所涵盖的犯罪而成立的和（或）实施本公约所涵盖的犯罪的犯罪团伙、非法武装、匪帮和黑社会组织，或者以其名义、按其指示或为其利益策划、组织、准备和实施本公约所涵盖的犯罪的法人。根据《上海反恐公约》第2条第1款第（五）项之规定，"法人"，是指根据各方国内法的规定建立并开展活动的组织。

较之于《上海公约》，《上海反恐公约》对"恐怖主义"和"恐怖主义行为"做了区分，消除了长期混淆恐怖主义意识形态与具体行为的弊端；在广泛意义上对"恐怖主义组织"作了广义的界定，将犯罪团伙、非法武装、匪帮、黑社会组织、法人组织等包罗无遗；对"法人"的概念作了界定，强调了法人作为恐怖主义犯罪主体的法律责任。

我国《反恐怖主义法》第3条对"恐怖主义"、"恐怖活动"、"恐怖活动组织"、"恐怖活动人员"、"恐怖事件"的概念或术语作了界定，其中，对部分术语的界定，类似于《上海反恐公约》对"恐怖主义"、"恐怖主义行为"、"恐怖主义组织"等概念的界定。

2.成员国应当采取的刑事立法措施

根据《上海反恐公约》第9条第1款的规定，① 各方应当采取必要的立

---

① 《上海合作组织反恐怖主义公约》第9条第1款规定："一、各方应采取必要的立法措施，将故意实施的下列行为认定为刑事犯罪：（一）恐怖主义行为；（二）各方均参加的国际反恐公约认定为犯罪的行为；（三）成立并利用法人机构策划、组织、预备和实施本款第一、二项，第四至十项所指的犯罪，或为此成立犯罪团伙、非法武装、匪帮、黑社会组织等；（四）公开煽动或公开怂恿恐怖主义，即为唆使实施本款第一至三项、第五至十项所指的犯罪而传播某些言论，或公开呼吁支持和效仿恐怖主义；（五）招募他人或用其他方式使其参与预备或实施本款第一至四项、第六至十项所指的犯罪；（六）训练人员，以便实施或协助实施本款第一至五项、第七至十项所指的犯罪；（七）参加恐怖主义组织；（转下页）

法措施，将恐怖主义行为规定为刑事犯罪。根据第9条第1款的规定，各成员国应当将下列行为规定为刑事犯罪：

（1）恐怖主义行为。

（2）缔约各方均参加的国际反恐公约认定为犯罪的行为。

（3）成立并利用法人机构策划、组织、预备和实施第9条第1款第（一）项至第（二）项和第（四）项至第（十）项所指的犯罪，或为此成立犯罪团伙、非法武装、匪帮、黑社会组织等。

具体而言，包括两大类：

第一大类：成立并利用法人机构策划、组织、预备和实施第9条第1款第（一）项至第（二）项和第（四）项至第（十）项所指的犯罪；

第二大类：为策划、组织、预备和实施第9条第1款第（一）项至第（二）项和第（四）项至第（十）项所指的犯罪而成立犯罪团伙、非法武装、匪帮、黑社会组织等。

以下仅对第一大类展开阐述，该大类涉及的犯罪行为具体包括：

成立并利用法人机构策划、组织、预备和实施恐怖主义行为。

成立并利用法人机构策划、组织、预备和实施各方均参加的国际反恐公约认定为犯罪的行为。

成立并利用法人机构策划、组织、预备和实施公开煽动或公开怂恿恐怖主义，即为唆使实施第9条第1款第（一）项至第（三）项和第（五）项至第（十）项所指的犯罪而传播某些言论，或公开呼吁支持和效仿恐怖主义。

详言之，具体行为包括两类：

第一类，成立并利用法人机构策划、组织、预备和实施为唆使实施第9

（接上页）（八）资助恐怖主义，即募集资金或提供金融服务以资助组织、准备和实施本款第一至七项，第九至十项所指的犯罪，或向恐怖主义组织活动提供资金或金融服务；（九）为他人提供用于实施本款第一至八项、第十项所指犯罪的武器、爆炸物品或者其他工具；（十）为涉嫌或被指控实施本款第一至九项所指犯罪的嫌疑人提供掩护、资助，帮助其逃跑，以及为其提供伪证。"

条第（一）项至第（三）项和第（五）项至第（十）项所指的犯罪而传播某些言论。

具体包括：为唆使他人实施恐怖主义行为而传播某些言论；为唆使他人实施各方均参加的国际反恐公约认定为犯罪的行为而传播某些言论；为唆使他人成立并利用法人机构策划、组织、预备和实施第9条第1款第（一）项至第（二）项和第（四）项至第（十）项所指的犯罪，或为此成立犯罪团伙、非法武装、匪帮、黑社会组织等而传播某些言论；为唆使他人实施招募他人或用其他方式使其参与预备或实施第9条第1款第（一）项至第（四）项和第（六）项至第（十）项所指的犯罪而传播某些言论；为唆使他人训练人员，以便实施或协助实施第9条第1款第（一）项至第（五）项和第（七）项至第（十）项所指的犯罪而传播某些言论；为唆使他人参加恐怖主义组织而传播某些言论；为唆使他人资助恐怖主义，即募集资金或提供金融服务以资助组织、准备和实施第9条第1款第（一）项至第（七）项和第（九）项至第（十）项所指的犯罪，或向恐怖主义组织活动提供资金或金融服务而传播某些言论；为唆使某人为他人提供用于实施第9条第1款第（一）项至第（八）项和第（十）项所指犯罪的武器、爆炸物品或者其他工具而传播某些言论；为唆使某人为涉嫌或被指控实施第9条第1款第（一）项至第（九）项所指犯罪的嫌疑人提供掩护、资助，帮助其逃跑，以及为其提供伪证而传播某些言论。

第二类，成立并利用法人机构策划、组织、预备和实施公开呼吁支持和效仿恐怖主义的行为。

成立并利用法人机构策划、组织、预备和实施公开煽动或公开怂恿恐怖主义，即为唆使实施第9条第1款第1—3项和第5—10项所指的犯罪而传播某些言论，或公开呼吁支持和效仿恐怖主义。

成立并利用法人机构策划、组织、预备和实施招募他人或用其他方式使其参与预备或实施第9条第1款第（一）项至第（四）项和第（六）项至第（十）项所指的犯罪。

成立并利用法人机构策划、组织、预备和实施训练人员，以便实施或协助实施第9条第1款第（一）项至第（五）项和第（七）项至第（十）项所指的犯罪。

成立并利用法人机构策划、组织、预备和实施参加恐怖主义组织。

成立并利用法人机构策划、组织、预备和实施资助恐怖主义，即募集资金或提供金融服务以资助组织、准备和实施第9条第1款第（一）项至第（七）项和第（九）项至第（十）项所指的犯罪，或向恐怖主义组织活动提供资金或金融服务。

成立并利用法人机构策划、组织、预备和实施为他人提供用于实施第9条第1款第（一）项至第（八）项和第（十）项所指犯罪的武器、爆炸物品或者其他工具。

成立并利用法人机构策划、组织、预备和实施为涉嫌或被指控实施第9条第1款第（一）项至第（九）项所指犯罪的嫌疑人提供掩护、资助，帮助其逃跑，以及为其提供伪证。

（4）公开煽动或公开怂恿恐怖主义，即为唆使实施第9条第1款第（一）项至第（三）项和第（五）项至第（十）项所指的犯罪而传播某些言论，或公开呼吁支持和效仿恐怖主义。

（5）招募他人或用其他方式使其参与预备或实施第9条第1款第（一）项至第（四）项和第（六）项至第（十）项所指的犯罪。

（6）训练人员，以便实施或协助实施第9条第1款第（一）项至第（五）项和第（七）项至第（十）项所指的犯罪。

（7）参加恐怖主义组织。

（8）资助恐怖主义，即募集资金或提供金融服务以资助组织、准备和实施第9条第1款第（一）项至第（七）项和第（九）项至第（十）项所指的犯罪，或向恐怖主义组织活动提供资金或金融服务。

（9）为他人提供用于实施第9条第1款第（一）项至第（八）项和第（十）项所指犯罪的武器、爆炸物品或者其他工具。

（10）为涉嫌或被指控实施第 9 条第 1 款第（一）项至第（九）项所指犯罪的嫌疑人提供掩护、资助，帮助其逃跑，以及为其提供伪证。

《上海反恐公约》第 9 条第 2 款规定，缔约各方可根据本国法律认定以下行为应受刑事处罚：故意窝藏、转移、收购或代为销售本条第 1 款规定的犯罪的嫌疑人和被告人的财产。《上海反恐公约》第 9 条第 3 款规定，无论恐怖主义行为是否已实际发生，或被招募和（或）被训练的个人是否意识到本人行为的恐怖主义性质，不影响第 9 条第 1 款第（三）项至第（十）项所指犯罪的构成。根据《上海反恐公约》第 9 条第 4 款的规定，缔约各方还应当采取必要的立法措施，将第 9 条第 1 款所指犯罪的同谋行为、预备行为、未遂行为认定为应受刑事处罚的行为。

《上海反恐公约》要求缔约各方应当通过国内立法，将恐怖主义行为、成立涉恐法人机构、公开煽动恐怖主义、招聘和训练人员、参加恐怖组织、资助恐怖主义、协助从事恐怖活动等行为认定为刑事犯罪。

我国《刑法》第 120 条规定的组织、领导、参加恐怖组织罪，第 120 条之一规定的帮助恐怖活动罪，第 120 条之二规定的准备实施恐怖活动罪，第 120 条之三规定的宣扬恐怖主义、极端主义、煽动实施恐怖活动罪，第 191 条规定的洗钱罪，第 310 条规定的窝藏、包庇罪等罪名，基本能够涵盖《上海反恐公约》规定的策划、组织、参加、预备、实施、煽动、招募、训练、资助、提供、窝藏、转移、收购、代为销售、掩护等行为。

3. 关于恐怖主义犯罪的刑事管辖权

《上海反恐公约》主要以属地和属人相结合的原则来确定司法管辖权。根据该《公约》第 5 条的规定，在缔约国为犯罪发生地国、船旗国或航空器的注册国、罪犯国籍国、受害者国籍国、作为受害者的无国籍人的惯常居所地国、作为罪犯的无国籍人惯常居所地国或者受害国的情况下，对该《公约》规定的犯罪确定各自的刑事管辖权；如果犯罪嫌疑人在一方境内且该方不将其引渡给其他方，该方应当采取必要措施确定其对该《公约》所涵盖犯罪的司法管辖权；缔约各方可以根据其国内法行使任何刑事管辖权；如果两个以上缔约国都提出对该《公约》规定的犯罪具有管辖权时，可以协商解决。

4. 法人作为恐怖主义犯罪主体的法律责任

较之于上海合作组织的其他反恐文件，《上海反恐公约》的特色之一是强调了法人作为恐怖主义犯罪主体的刑事责任、民事责任和行政责任。

（1）关于"法人"

《上海反恐公约》第2条第1款第（五）项规定："'法人'指依据各方国内法的规定建立并开展活动的组织。"

（2）作为恐怖主义犯罪主体的法人的法律责任

根据《上海反恐公约》第10条第1款至第4款的规定，各方应当根据本国法律原则采取必要的立法及其他措施，禁止本国境内的法人参与本《公约》所涵盖的任何犯罪；各方应当采取必要的措施，规定法人参与本《公约》所涵盖的犯罪应负的责任；在遵守各方法律原则的条件下，可以追究法人的刑事责任、民事责任或行政责任；确定法人的责任时，不应当免除参与法人实施本《公约》所涵盖犯罪的自然人的刑事责任。

《上海反恐公约》第10条第5款要求各方确保采取下列措施，追究参与实施本《公约》所涵盖犯罪的法人的责任：警告；罚款；没收法人财产；暂时中止法人的活动；禁止法人的某些活动；取缔法人。《上海反恐公约》第10条第6款对作为法人形式的恐怖组织的认定及取缔事由作了规定：如果法人策划、组织、准备和实施本《公约》所涵盖的犯罪行为，各方应当采取法律措施，认定法人组织为恐怖组织，并根据法院判决或各方国内法律授权的其他机关的决定对其予以取缔。如果通过控制法人行使其权利和义务的人员策划、组织、准备和实施本《公约》所涵盖的犯罪，也可采取同样的措施。根据《上海反恐公约》第10条第7款的规定，实施了本《公约》规定的恐怖主义犯罪的外国法人在缔约各方境内设立的代表处或分支机构，也同样要承担恐怖主义犯罪的法律责任。

5. 国际刑事司法合作

《上海反恐公约》第11条规定的司法合作包括引渡、被判刑人的移管、司法协助。

（1）引渡

根据《上海反恐公约》第 11 条第 1 款至第 7 款之规定，缔约各方应当将该《公约》所涵盖的犯罪视为可适用引渡、移管和司法协助的犯罪；该《公约》所涵盖的犯罪，均应当视为任何已签订的各方之间的引渡条约中可以引渡的犯罪。缔约各方应当在将来签订的条约中承认这些犯罪是可以引渡的犯罪；如果某一方以条约作为引渡条件，在收到与其未签订引渡条约的另一方的引渡请求后，被请求方应当将本《公约》视为引渡本《公约》所涵盖犯罪的法律依据。执行引渡时，应当遵守被请求方国内法规定的条件；不以条约为引渡条件的各方，应当将本《公约》所涵盖犯罪视为可以引渡的犯罪，并遵守被请求方国内法规定的条件；当涉及引渡和提供司法协助时，应当遵守双重犯罪的原则。无论被请求方法律是否将有关行为界定为请求方法律所规定的犯罪，或者是否使用请求方法律所使用的术语对其进行表述，只要被请求提供司法协助或引渡的行为，根据双方国内法均被认定应当受到刑事处罚，这一原则即可认为已得到遵守；该《公约》所涵盖的犯罪，无论在何地实际发生，只要根据该《公约》第 5 条的规定属于某一方司法管辖范围，即视为在其境内实施的犯罪而适用引渡；法人涉嫌实施的该《公约》所涵盖的犯罪及其应当承担的法律责任，根据各方国内法确定。

《上海反恐公约》第 11 条规定的双重犯罪原则意味着，只要是请求方和被请求方的法律都规定被请求引渡的行为是犯罪即可，而不要求被请求引渡的罪名在请求方和被请求方的法律中必须是同一名称或罪名的归类相同。

《上海反恐公约》为缔约各方规定了"或引渡或起诉"义务，根据该《公约》第 11 条第 9 款之规定，如果实施了本《公约》所涵盖犯罪的人在被请求方境内，而被请求方仅以该人是其公民不予引渡，则应当根据被请求方掌握的证据和有关材料，包括请求方提供的刑事案件材料，根据被请求方的法律进行刑事诉讼。此处的"或引渡或起诉"义务与其他反恐怖主义国际公约的相关规定基本一致。

（2）被判刑人的移管

根据《上海反恐公约》第 11 条第 1 款至第 8 款之规定，按照现行条约或双方商定，根据判刑国或被判刑人国籍国的请求，对因实施本《公约》所涵盖犯罪的被判刑人，经其本人同意，可以移交其国籍国继续服刑。

被判刑人的移管，是国际刑事司法合作的新形式，《上海反恐公约》顺应了国际刑事司法合作的发展趋势。

（三）《上海合作组织反极端主义公约》

鉴于当前全球安全形势错综复杂，极端主义思想不断蔓延，极端主义的危害不断上升，暴力恐怖活动进入新一轮活跃期，对地区国家的安全、公共安全构成严重挑战，上海合作组织成员国对安全合作的需求增加。2017 年 6 月 8 日至 9 日，上海合作组织成员国在哈萨克斯坦首都阿斯塔纳举行了上海合作组织成员国元首理事会第十七次会议，成员国元首发表了关于共同打击国际恐怖主义的声明，并签署了《上海合作组织反极端主义公约》。《上海合作组织反极端主义公约》的签署，为成员国联合反恐奠定了更坚实的法律基础。

《上海合作组织反极端主义公约》旨在提高各方反极端主义合作的效率。该《公约》由序言和 35 条正文组成。其序言指出："强烈谴责一切形式的极端主义意识形态和活动，坚决反对公开宣扬和教唆参与极端主义；承认本公约所涵盖的违法犯罪活动，不论在任何情况下实施，均无正当性可言，对实施和（或）参与实施这些违法犯罪活动者应当追究其责任。"其正文的主要内容包括：对《公约》中的一些术语和概念做了界定，明确了"极端主义"和"极端主义行为"、"资助极端主义"、"极端主义材料"的定义，明确了认定"极端主义组织"的基本标准；规定了《公约》的适用范围和原则；规定以属地和属人相结合的原则确定司法管辖权；规定了防范极端主义的相关措施；规定各方应当通过国内立法，将极端主义行为，资助极端主义，教唆他人实施极端主义行为，组织、策划实施极端主义行为，招聘和培训人员，协助从事恐怖活动等行为认定为刑事犯罪；规定了法人作为极端主义犯罪主体的法律责任；规定了引渡、移管和司法协助的适用及程序等；规定了《公约》的争议解决程序和损失赔偿办法；规定了《公约》的生效、加入、修改程序，以及缔约方退出程序等。

1. 关于"极端主义"、"极端主义行为"、"资助极端主义"、"极端主义材料"、"极端主义组织"等法律术语的界定

《上海合作组织反极端主义公约》第 2 条对一些关键术语做了界定。

（1）关于"极端主义"

《上海合作组织反极端主义公约》第 2 条第 1 款第（二）项规定，"极端主义"，是指将使用暴力和其他违法活动作为解决政治、社会、种族、民族和宗教冲突的主要手段的意识形态和实际活动。

（2）关于"极端主义行为"

《上海合作组织反极端主义公约》第 2 条第 1 款第（三）项规定，"极端主义行为"，是指 2001 年 6 月 15 日《打击恐怖主义、分裂主义和极端主义上海公约》第 1 条第 1 款第 3 项规定的违法犯罪行为；组织、领导和参加极端主义组织；煽动政治、社会、种族、民族和宗教仇恨与纷争；宣扬因政治、社会、种族、民族和宗教属性而使人具有特殊性、优越性或卑微性；公开煽动实施上述活动；以宣扬极端主义为目的，大量制作、持有和传播极端主义材料。

（3）关于"资助极端主义"

《上海合作组织反极端主义公约》第 2 条第 1 款第（四）项规定，"资助极端主义"，是指有预谋地提供和（或）募集资产或提供金融服务，用于资助组织、预备或从事本《公约》所涵盖的任何违法犯罪活动，或者保障极端主义组织活动。《上海合作组织反极端主义公约》第 2 条第 1 款第（八）项规定，本《公约》所涵盖的"违法犯罪活动"，是指以政治、社会、种族、民族和宗教仇恨与纷争为动机需追究刑事、行政或民事法律责任的违法犯罪活动（作为或不作为）。

（4）关于"极端主义材料"

《上海合作组织反极端主义公约》第 2 条第 1 款第（五）项规定，"极端主义材料"，是指用于传播极端主义思想或者煽动实施极端主义行为、为极端主义行为开脱罪责的任何信息载体。

（5）关于"极端主义组织"

《上海合作组织反极端主义公约》第 2 条第 1 款第（六）项规定，"极端主义组织"，是指以实施本公约所涵盖的违法犯罪活动为目的而成立的有组织团伙；因从事极端主义活动，根据各方国内法律依法取缔和（或）禁止活动的社会或宗教团体或其他组织。

（6）关于"反极端主义"

《上海合作组织反极端主义公约》第 2 条第 1 款第（九）项规定，"反极端主义"，是指各方保卫公民权利和自由、宪法体制、领土完整、国家安全免受极端主义危害的活动，预防、查明和阻止极端主义并消除其影响，以及查明和确定其产生的原因和条件以及助推其实施的活动。

我国《刑法》中的相关罪名包括：宣扬恐怖主义、极端主义、煽动实施恐怖活动罪（第 120 条之三），利用极端主义破坏法律实施罪（第 120 条之四），强制穿戴宣扬恐怖主义、极端主义服饰、标志罪（第 120 条之五），非法持有宣扬恐怖主义、极端主义物品罪（第 120 条之六），拒绝提供间谍犯罪、恐怖主义犯罪、极端主义犯罪证据罪（第 311 条），煽动民族仇恨、民族歧视罪（第 249 条）等，但并未区分"恐怖主义"与"极端主义"、"极端主义"与"极端主义行为"的界限，也并未对"极端主义"、"极端主义组织"的概念做出界定，现有的司法解释也未对此予以区分，致使相关罪名在司法实务中缺乏可操作性，导致相关刑事立法无法发挥功效，而《反极端主义公约》对"极端主义"和"极端主义行为"做了厘清，明确了"极端主义"和"极端主义行为"、"极端主义组织"等概念的内涵，可供我国刑事立法或司法解释借鉴。

2. 缔约国应当采取的国内刑事立法措施

《上海合作组织反极端主义公约》第 9 条第 1 款要求缔约国根据本国法律体系的基本准则，应当采取必要的立法措施，对实施下列违法犯罪活动追究民事、行政和刑事责任：极端主义行为；各方均参加的国际反极端主义公约所认定的违法犯罪行为；资助极端主义；招募或以其他方式吸收人员参与筹备、实施极端主义行为，为实施极端主义行为培训人员、教唆、组织、计划和共同实施极端主义行为；出境和（或）计划、教唆、培训其他人员出境实施涉及本公约所涵盖的违法犯罪活动；制作、传播、展示宣传极端主义的符号、标识、旗帜、徽章和标志物；信息网络服务提供者，包括因特网服务提供者不履行各方授权机关要求限制访问极端主义材料；组织和（或）参加以政治、社会、种族、民族和宗教仇恨与纷争为动机的群体骚乱。根据该《公约》第 9 条第 2 款之规定，各方可依据本国法律，将参与、筹备、蓄意实施本条第 1 款所规定的违法犯罪活动认定为应当受刑事处罚的行为。

我国《刑法》中的相关罪名有：宣扬恐怖主义、极端主义、煽动实施恐怖活动罪（第 120 条之三）和拒不履行信息网络安全管理义务罪（第 286 条之一），但我国《刑法》对《反极端主义公约》中规定的资助极端主义、招募或以其他方式吸收人员参与筹备、实施极端主义行为，为实施极端主义行为培训人员，教唆、组织、计划和共同实施极端主义行为，出境和（或）计划、教唆、培训其他人员出境实施极端主义犯罪活动，组织和（或）参加以政治、社会、种族、民族和宗教仇恨与纷争为动机的群体骚乱等行为，没有作出规定。为了在上海合作组织框架内合作打击极端主义行为奠定国内法基础，应当将《反极端主义公约》的相关规定转化为国内法。

3. 法人作为极端主义主体的法律责任

《上海合作组织反极端主义公约》第 2 条第 1 款第（七）项规定，"法人"，是指根据各方国内法的规定建立和（或）开展活动的组织。

与《上海反恐公约》相类似，《反极端主义公约》也强调了法人作为极端主义犯罪主体的刑事责任、民事责任和行政责任。

《反极端主义公约》第 10 条第 1 款至第 4 款规定，各方应当根据本国法律原则采取必要的立法及其他措施，禁止本国境内的法人参与本《公约》所涵盖的任何犯罪；各方应当采取必要的措施，规定法人参与本《公约》所涵盖的犯罪应负的责任；在遵守各方法律原则的条件下，可以追究法人的民事责任、行政责任或者刑事责任；确定法人的责任时，不应当免除参与法人实施本《公约》所涵盖犯罪的自然人的刑事责任。

我国《刑法》、《刑事诉讼法》、《反恐怖主义法》等法律对涉及极端主义行为的刑事法律责任、行政法律责任和民事法律责任作了规定，尤其是《反恐怖主义法》第 80 条至第 85 条对涉及极端主义行为的行政法律责任作了明确具体的规定。

《反极端主义公约》第 10 条第 5 款要求各方确保采取下列措施，追究参与实施本《公约》所涵盖犯罪的法人的责任：警告；罚款；取缔法人部分活动；暂时取缔法人的活动；没收法人财产；取缔法人；冻结法人的资金或财产。《反极端主义公约》第 10 条第 6 款对作为法人形式的恐怖组织的认定及取缔事由作了规定：如果法人策划、组织、准备和实施本《公约》所涵盖的犯罪活动，各方应当采取法律措施，认定法人组织为极端主义组织，并予以取缔；如果通过控制法人行使其权利和义务的人员策划、组织、准备和实施本《公约》所涵盖的犯罪，也可以采取这样的措施。根据《反极端主义公约》第 10 条第 7 款的规定，实施了本《公约》规定的极端主义犯罪的外国法人在缔约各方境内设立的代表处或分支机构，也同样要承担极端主义犯罪的法律责任。

较之于《反极端主义公约》，我国法律虽然也规定了单位犯罪，但并未明确规定极端主义犯罪的单位主体及其法律责任，也没有将实施极端主义犯罪的外国法人在境内设立的代表处或分支机构明确规定为极端主义犯罪的主体，在以后的刑事立法活动中可以考虑将其纳入国内法。

4.关于"极端主义"的刑事管辖权

根据《反极端主义公约》第 5 条的规定，缔约各方在其为犯罪发生地国、犯罪发生于其上的船舶或航空器的船旗国或注册国、罪犯国籍国、受害者国籍国、受害国、作为罪犯的无国籍人惯常居所地国的情况下，应当采取必要的措施，确定对本《公约》所涵盖的犯罪的司法管辖权。此外，如果犯罪嫌疑人在一方境内且该方不将其引渡给其他方，该方应当采取必要措施确定其对本《公约》所涵盖犯罪的司法管辖权；缔约各方可以根据其国内法行使任何刑事管辖权；如果有两个以上的缔约国均提出对本《公约》所涵盖的犯罪拥有司法管辖权，可以协商解决。

5. 国际司法合作

《反极端主义公约》第 11 条规定的司法合作包括引渡、被判刑人的移管、司法协助。

（1）引渡

根据《反极端主义公约》第 11 条第 1 款至第 6 款之规定，缔约各方将本《公约》所涵盖且根据本国法律应当追究刑事责任的犯罪视为可适用引渡、移管和司法协助的犯罪；如果一方以条约作为引渡和（或）司法协助的条件，在收到未与其签订引渡条约的其他方的引渡和（或）司法协助请求后，被请求方应当视本《公约》为开展涉及本《公约》所涵盖犯罪的引渡和（或）司法协助的法律依据。实施引渡和（或）司法协助时，应当遵守被请求方国内法的规定。不以条约为引渡条件的各方，应当将本《公约》所涵盖的犯罪视为可以引渡的犯罪，并遵守被请求方国内法的规定；当涉及引渡和提供司法协助时，应当遵守双重犯罪原则。无论被请求方法律是否将有关行为界定为请求方法律所规定的犯罪，或者是否使用请求方法律所使用的术语对其进行表述，只要被请求提供司法协助或引渡的行为，根据请求方和被请求方的国内法律均被认定应当受到刑事处罚，这一原则即可认为已得到遵守；本《公约》所涵盖的犯罪，无论在何地实际发生，只要根据本《公约》第 5 条的规定属于某一方司法管辖的范围，即视为在其境内实施的犯罪而适用引渡；法人涉嫌实施的本《公约》所涵盖的犯罪及其应当承担的法律责任，根据各方国内法确定。

《反极端主义公约》第 11 条规定的双重犯罪原则意味着，只要是请求方和被请求方的法律都规定被请求引渡的行为是犯罪即可，而不要求被请求引渡的罪名在请求方和被请求方的法律中必须是同一名称或罪名的归类相同。

较之于《上海反恐公约》，《反极端主义公约》未将《上海反恐公约》第 11 条第 2 款关于"本公约所涵盖的犯罪，均应视为任何已签订的各方之间的引渡条约中可以引渡的犯罪。各方有义务在今后签署的条约中承认这些犯罪是可以引渡的犯罪。"这一内容纳入本《公约》，其他方面的措辞也有差异。

《反极端主义公约》为缔约各方规定了"或引渡或起诉"义务，根据该《公约》第 11 条第 8 款之规定，如果实施了本《公约》所涵盖犯罪的人在被请求方境内，而该方仅以该人是其公民不予引渡，则应当根据该方掌握的证据和有关材料，包括请求方提供的刑事案件材料，根据被请求方的法律进行刑事诉讼。此处的"或引渡或起诉"义务与《上海反恐公约》以及其他反恐怖主义国际公约的相关规定基本一致。

（2）被判刑人的移管

根据《反极端主义公约》第 11 条第 7 款之规定，根据现行条约或双方商定，根据判刑国或被判刑人国籍国的请求（经本人同意），对因实施了本《公约》所涵盖犯罪的被判刑人，可移交其国籍国继续服刑。

《反极端主义公约》关于被判刑人的移管的规定，与《上海反恐公约》一致。

通过阐述和分析前述反恐怖主义、反极端主义国际公约的相关规定，便可得知，我国可以从以下方面完善我国《刑法》中的恐怖活动犯罪条款：一是应当明确界定"恐怖主义"、"恐怖主义行为"、"极端主义"、"极端主义行为"、"恐怖主义组织"、"极端主义组织"等概念的内涵与外延；二是增加罪名。应增设危害大陆架固定平台安全罪，非法获取和使用核材料罪，危害海上航行安全罪，侵害应受国际保护人员罪，组织、领导、参加极端主义组织罪，帮助极端主义活动罪；三是应扩充暴力危及飞行安全罪的罪状。根据《东京公约》、《海牙公约》、《蒙特利尔公约》的规定，将在航空器内放置危及飞行安全的装置或物质的行为予以吸收；四是参照《上海反恐怖主义公约》和《反极端主义公约》的相关规定，详细规定法人参与实施恐怖主义犯罪、极端主义犯罪的法律责任。上述建议是从刑事立法的角度提出的，罪刑法定原则意味着罪行和刑罚都必须是法定的，如果我国现行有效的刑事法律没有将某一行为规定为犯罪并配置刑罚，就不能对该行为定罪处刑，但根据我国《反恐怖主义法》第 11 条之规定 ①，对在中华人民共和国领域外……实施的中华人民共和国缔结、参加的国际条约所规定的恐怖活动犯罪，中华人民共和国行使刑事管辖权，依法追究刑事责任。根据我国刑法理论和刑事立法，我国缔结或参加的国际条约不能自动成为我国刑事法律的一部分，必须经过"转化"，才能成为我国刑事法律的一部分，而根据《反恐怖主义法》第 11 条之规定，只要某人在我国境外实施了我国缔结或参加的国际条约规定的恐怖活动犯罪，不论我国刑法是否对该犯罪有明文规定，我国都可以行使刑事管辖权，换言之，似乎可以理解为，前述国际条约就是我国行使刑事管辖权的直接法律依据。如果这样，我国刑法没有规定但我国缔结或参加的国际条约已规定为恐怖活动犯罪的，我国就可以直接根据国际条约对该犯罪进行追诉了，不需要再根据条约义务修改我国刑法了。

---

① 《反恐怖主义法》第 11 条规定："对在中华人民共和国领域外对中华人民共和国国家、公民或者机构实施的恐怖活动犯罪，或者实施的中华人民共和国缔结、参加的国际条约所规定的恐怖活动犯罪，中华人民共和国行使刑事管辖权，依法追究刑事责任。"

第四章 防治恐怖主义犯罪的国际刑事司法合作

在国际司法合作机制建设方面，我国已取得了较大成就。截至 2018 年 2 月，我国已与 71 个国家缔结司法协助条约、资产返还和分享协定、引渡条约和打击"三股势力"协定共 138 项（116 项生效）。具体如下：民刑事司法协助条约 19 项（全部生效）；刑事司法协助条约 41 项（35 项生效）；资产返还和分享协定 1 项（尚未生效）；民商事司法协助条约 20 项（18 项生效）；引渡条约 50 项（37 项生效）；打击"三股势力"协定 7 项（全部生效）。[①]值得关注的是，我国与其他国家缔结引渡条约的数量增长迅速，我国早期主要是与周边国家签订双边引渡条约，近年来与西班牙、法国、意大利、澳大利亚等主要西方国家也签订了引渡条约，其中，与西班牙、法国、意大利签订的引渡条约分别于 2007 年 4 月 4 日、2015 年 7 月 17 日、2015 年 12 月 13 日生效，这是一种突破。

恐怖主义在全球范围内的迅速蔓延与经济、信息技术全球化的迅速扩展密切相关。在应对恐怖主义这种全球性挑战时，任何国家都难以独善其身，必须积极参与打击恐怖主义的国际合作。就我国而言，随着"一带一路"建设的发展，海外利益不断增加，海外风险也不断升级，我国应不断加强反恐国际合作。

反恐国际刑事司法合作是反恐国际合作的重要组成部分，其途径和方式

---

① 参见中华人民共和国外交部网站：https://www.fmprc.gov.cn/web/ziliao_674904/tytj_674911/wgdwdjdsfhzty_674917/t1215630.shtml（2018 年 9 月 13 日访问）。

主要有：引渡；刑事司法协助；刑事诉讼的移管；被判刑人的移管；外国刑事裁判的承认与执行。

我国参加或缔结的国际条约和我国《刑事诉讼法》、《引渡法》等法律中包含了国际刑事司法合作条款，《反恐怖主义法》第七章"国际合作"对反恐怖主义的国际合作作了专门规定。《反恐怖主义法》第68条规定："中华人民共和国根据缔结或者参加的国际条约，或者按照平等互惠原则，与其他国家、地区、国际组织开展反恐怖主义合作。"据此，我国与其他国家或地区、国际组织之间的反恐怖主义合作的依据是国际条约或互惠原则。该法第69条对合作的内容作了规定，根据该条之规定，国务院有关部门根据国务院授权，代表中国政府与外国政府和有关国际组织开展反恐怖主义政策对话、情报信息交流、执法合作和国际资金监管合作；在不违背我国法律的前提下，边境地区的县级以上地方人民政府及其主管部门，经国务院或者中央有关部门批准，可以与相邻国家或者地区开展反恐怖主义情报信息交流、执法合作和国际资金监管合作。该法第70条规定："涉及恐怖活动犯罪的刑事司法协助、引渡和被判刑人移管，依照有关法律规定执行。"该法规定的反恐怖主义国际合作的方式包括引渡、刑事司法协助和被判刑人的移管。

本章将对国际刑事司法合作的主要内容作一阐述和分析。鉴于近年来我国成功进行司法合作的案件大多属于贪污贿赂犯罪案件和经济犯罪案件，而涉及恐怖主义犯罪的司法合作案件较少，[①] 本章为了说明问题而引用的案例基本都是普通案例。

第一节　引　渡

引渡，是指被请求国应请求国的请求，将其管辖范围内而被请求国指控

---

① 中国与有关国家进行引渡合作的相关案例有张振海案、玉山江案等。

实施了某种罪行或已被判刑的人，移交给请求国以便起诉或执行刑罚的刑事司法合作行为。引渡是一项重要的国际刑事司法合作制度，是国家有效行使刑事管辖权和制裁犯罪的重要保障，就请求国而言，通过请求他国予以引渡罪犯，从而将逃匿他国的罪犯缉拿归案，以行使其刑罚权，维护法律尊严，维护本国根本利益；就被请求国而言，通过将罪犯引渡他国，既可以维护其本国的管理秩序，也可以避免其本国成为他国罪犯的避罪天堂，还可以维护其与请求国之间的友好关系。

根据被请求引渡人所处的诉讼阶段，引渡可以分为诉讼引渡和行刑引渡。前者所针对的是处于侦查、预审或审判阶段的犯罪嫌疑人或者被告人；后者所针对的是已经被判处刑罚或者正在执行刑罚的犯罪人。对于前一类人的引渡以对该人进行刑事追诉和审判为目的，因而，在理论上被称为"诉讼引渡"；对于后一类人的引渡以对该人执行刑罚为目的，因而，在理论上被称为"行刑引渡"。[①] 我国与外国缔结的双边引渡条约一般都在其第1条对这两种类型的引渡作了规定，如2013年5月10日由中华人民共和国代表在布宜诺斯艾利斯签署的《中华人民共和国和阿根廷共和国引渡条约》第1条"引渡义务"规定："双方有义务根据本条约的规定，应对方请求，相互引渡在一方发现的被另一方通缉的人员，以便就可引渡的罪行对其起诉、审判或者执行刑罚。"

在国际法上，国家没有必须引渡的义务，引渡的依据应为双边引渡条约、含引渡条款的国际公约、互惠原则以及相关国内立法。具体而言，引渡的依据大致分为两类：

第一类是国际条约或互惠原则。双边引渡条约、含引渡条款的国际公约是各国进行引渡的法律基础，其中，双边引渡条约是有些国家尤其是英美国家开展引渡的先决条件。要求以双边引渡条约作为引渡的前提条件的情形在理论上被称为"条约前置主义"。"条约前置主义"具有僵化、呆板的固有弊端，

[①]　黄风：《国际刑事司法合作的规则与实践》，北京大学出版社2008年版，第21页。

跟不上时代的发展。经济全球化、技术全球化为人员在全球大量迅速流动提供了便利，随之，跨国犯罪越来越频繁，波及面越来越广。故而，合作打击跨国犯罪是各国的现实需求，而一国不可能与所有国家之间都能成功缔结双边引渡条约，因此，如果"条约前置主义"一味固步自封，就无法开展引渡合作。为了克服"条约前置主义"固有的局限性，一些国家在没有双边引渡条约的情况下，采取了变通措施，或通过"特定安排"进行引渡，或允许以含有引渡条款的多边公约或"特定协议"为法律依据进行引渡。根据一些国家的法律规定，在没有签订双边引渡条约的情况下，按照互惠原则进行引渡，如2000年《中华人民共和国引渡法》第3条第1款规定："中华人民共和国和外国在平等互惠的基础上进行引渡合作。"又如，我国《反恐怖主义法》第68条规定："中华人民共和国根据缔结或者参加的国际条约，或者按照平等互惠原则，与其他国家、地区、国际组织开展反恐怖主义合作。"20世纪80年代的张振海劫持飞机案，是我国和日本之间按照互惠原则进行引渡合作的成功案例。

第二类是有关国家的国内引渡立法。国内引渡立法是本国进行引渡应遵守的规则，是国家之间不存在引渡条约时进行引渡的主要依据。各国国内引渡立法，一般采用"特别法"和"一般法"两种立法模式。采用"特别法"立法模式的国家制定了专门的引渡法；采用"一般法"立法模式的国家未制定专门的引渡法，而是将引渡法规定在一国宪法、刑法和刑事诉讼法中。2000年12月28日全国人大常委会通过的《引渡法》是规定引渡制度的专门法律，因而我国采用的是"特别法"立法模式。此前，我国长期以来没有直接规定引渡制度的法律。1992年，外交部、最高人民法院、最高人民检察院、公安部和司法部联合发布的《关于办理引渡案件若干问题的规定》为我国引渡活动提供了规则。

一、引渡的基本内容

引渡的基本内容包括引渡的主体、引渡的对象、可引渡的犯罪、"或引渡或起诉"义务、应当拒绝引渡或可以拒绝引渡的理由、引渡的程序等。

（一）引渡的主体

引渡不仅是国际刑事司法合作行为，也是国家主权行为，引渡的主体只能是国家，包括请求引渡国和被请求引渡国。

请求引渡国是对案件有管辖权并提出引渡请求的国家，通常为犯罪行为发生地国、犯罪结果发生地国、犯罪嫌疑人、被告人或罪犯的国籍国、犯罪行为的受害国。对被请求引渡的案件具有管辖权的多国对同一罪犯请求引渡时，被请求国可以按照一定的规则，决定将罪犯引渡给何国。被请求国通常会作如下考虑：在请求引渡国与被请求引渡国之间具有引渡条约时，缔约另一方具有优先权；在多个请求国均为缔约国或均为非缔约国时，犯罪行为地国具有优先权；在多个请求国均为缔约国或均为非缔约国时，而无一国为犯罪行为地国时，被请求引渡人的国籍国具有优先权；在多个请求国均为缔约国或均为非缔约国，而指控的罪名不同时，最严重罪行的发生地国具有优先权；如果数项罪行的严重程度大致相当时，则按照引渡请求的先后次序定夺何国具有优先权。简言之，在引渡请求发生竞合时，定夺优先权的先后顺序依次是引渡条约缔约国、犯罪行为地国、被请求引渡人国籍国、最严重罪行发生地国、最先请求国。根据我国《引渡法》第 17 条的规定，对于两个以上国家就同一行为或者不同行为请求引渡同一人的，应当综合考虑中华人民共和国收到引渡请求的先后、中华人民共和国与请求国是否存在引渡条约关系等因素，确定接受引渡请求的优先顺序。我国对引渡请求实行行政与司法混合审查制，在引渡请求发生竞合的情况下，由具有引渡审查权的行政机关和司法机关决定接受引渡请求的优先顺序。

被请求引渡国是请求引渡国要求引渡被请求引渡人的国家，该国应当履行条约义务，按照规定承担引渡义务。引渡义务主要规定在双边条约中，如《中华人民共和国和阿富汗伊斯兰共和国引渡条约》第 1 条"引渡义务"规定："双方有义务根据本条约的规定，应对方请求，相互引渡在一方境内发现的被另一方通缉的人员，以便对其进行刑事诉讼或者执行刑罚。"又如，《中华人民共和国和乌兹别克斯坦共和国引渡条约》第 1 条规定："缔约双方有义务根据本条约的规定，经适当请求，相互引渡在本国境内的人员，以便追究其刑事责任或执行刑罚。"

（二）被请求引渡人或被引渡人

被请求引渡或被引渡的对象是"被请求引渡人"或"被引渡人"。"被请求引渡人"是指请求国向被请求国请求准予引渡的人；"被引渡人"是指从被请求国引渡到请求国的人。"被请求引渡人"既可以是正在被通缉、追捕的犯罪嫌疑人，也可以是已经被判刑的人；既可以是请求引渡国国民，也可以是被请求引渡国国民，还可以是第三国国民。早期，绝大多数国家奉行"本国国民不引渡原则"，只有少数国家不拒绝引渡本国国民。近期，一部分国家突破了"本国国民不引渡原则"的限制，在一定条件下可以引渡本国国民。

（三）可引渡的犯罪

一般情况下，引渡应当遵守"双重犯罪原则"。所谓"双重犯罪原则"，又称为双重归罪原则，是指引渡、被判刑人的移管等国际刑事司法合作活动所针对的行为，根据请求国和被请求国各自的国内法均构成犯罪。有的国家将"双重犯罪原则"又称为双罚性原则，是指引渡请求所针对的行为，依照请求国和被请求国的法律均应构成犯罪且依照双方的法律均应受到刑罚处罚，才能引渡。因为，引渡罪犯的目的在于将罪犯交付审判或执行刑罚，所以，在缺少双罚性时，就不应当引渡。"双重犯罪原则"是在国际刑事司法合作实践中逐渐确立的重要规则，是请求国和被请求国之间彼此尊重对方国家主权和法律的体现。就引渡而言，"双重犯罪原则"是指请求国请求引渡时所指控的犯罪，根据请求引渡国和被请求引渡国双方的法律均应当构成犯罪并应受到一定的处罚，至于请求国和被请求国的法律是否将引渡请求所针对的犯罪列入相同的犯罪类别、是否使用相同的术语规定这种犯罪的名称或者犯罪构成要件是否相同，则在所不问，即不影响"双重犯罪原则"的适用。另外，与"双重犯罪原则"相关的问题是附带引渡，所谓附带引渡，是指当请求国引渡请求所列举的数项犯罪行为中只有一项或数项犯罪行为符合可引渡犯罪的法定条件和标准，而其他次要犯罪行为未达到这些条件和标准时，被请求国在允许对主要犯罪实行引渡的同时，也允许对其他次要犯罪实行引渡。① 对于附带引渡，包含国际刑事司法合作条款的国际公约、双边引渡条约和有关国家的国内引渡法基本都有规定。

对于"可引渡的犯罪"，国际公约、双边条约、国内法都有规定。1990年联合国大会通过的《引渡示范条约》第 2 条第 1 款规定："为本《条约》之目的，可予引渡之犯罪行为系指按缔约国双方法律规定可予监禁或以其他方式剥夺其自由最长不少于 1—2 年，或应受到更为严厉惩罚的任何犯罪行为。有关引渡的请求若是为了对所通缉者执行对此类罪行作出的监禁判决或其他剥夺自由的判决，仅在其未服刑期至少有 4—6 个月时方可准予引渡。"国家之间签订的双边条约对此作了明确规定，我国自 1993 年与泰国签订我国第一个引渡条约以来的所有双边引渡条约也对此有明确规定，② 如《中华人民共和国和西班牙王国引渡条约》第 2 条"可引渡的犯罪"规定："依双方法律均构成犯罪，并且符合下列条件之一的，为可引渡的犯罪：（一）为对

---

① 参见黄风：《国际刑事司法合作的规则与实践》，北京大学出版社 2008 年版，第 27 页。

② 1992 年 4 月 23 日外交部、最高人民法院、最高人民检察院、公安部、司法部发布的《关于办理引渡案件若干问题的规定》第 6 条规定："对于外国向我国提出的引渡请求，只在该项请求所依据的行为依照该国法律和我国法律均构成犯罪，并且符合下列条件之一的，方可同意：（一）对于旨在对犯罪嫌疑人追究刑事责任的引渡请求，请求国法律和我国法律就该项请求所依据的犯罪所规定的法定最高刑至少为两年有期徒刑；对于旨在对罪犯执行刑罚的引渡请求，按照请求国法院所作判决，对该罪犯尚未执行的刑期至少为六个月有期徒刑。我国缔结或者参加的国际条约就特定犯罪规定缔约国有'或者引渡，或者起诉'义务的，该犯罪被视为符合前款规定的条件。"该条规定的诉讼引渡中可引渡犯罪的最低刑期标准是 2 年有期徒刑。

被请求引渡人进行刑事诉讼而请求引渡的，依双方法律，对于该犯罪均可判处一年以上徒刑；（二）为执行徒刑或者以其他方式剥夺自由而请求引渡的，在请求方提出引渡请求时，被请求引渡人尚未服完的刑期至少为六个月。二、根据本条第一款确定某行为是否依双方法律均构成犯罪时，不必考虑双方法律是否将该行为归入同一犯罪种类或者使用同一罪名。三、如果引渡请求涉及两项以上依双方法律均构成犯罪的行为，只要其中有一项行为符合本条第一款规定的刑罚期限的条件，被请求方即可以针对上述各项行为同意引渡。"该条对可引渡的犯罪及其刑罚条件、同一行为的罪名及归类冲突问题、附带引渡作了规定。又如《中华人民共和国和埃塞俄比亚联邦民主共和国引渡条约》第2条"可引渡的犯罪"规定："一、为本条约之目的，可引渡的犯罪是指根据双方法律均可处以刑罚并且符合下列条件之一的犯罪：（一）为进行刑事诉讼而请求引渡的，根据双方法律，对于该犯罪均可判处1年以上有期徒刑或者更重的刑罚；（二）为执行刑罚而请求引渡的，在提出引渡请求时，被请求引渡人尚未服完的刑期至少为六个月。二、根据本条第一款确定某一行为是否根据双方法律均可处以刑罚时，不应考虑：（一）双方法律是否将构成犯罪的该作为或者不作为归入同一犯罪种类或者使用同一罪名；（二）根据双方法律犯罪构成要件是否不同。应当将请求方指控被请求引渡人的作为或者不作为视为一个整体加以考虑。三、如果引渡请求涉及两项以上根据双方法律均构成犯罪的作为或者不作为，只要其中有一项符合本条第一款规定的条件，被请求方即可以针对上述各项作为或者不作为同意引渡。四、如果引渡请求系针对违反有关税收、关税、外汇管制法律的犯罪，被请求国不得以其法律没有规定相同种类的税收，或者没有规定和请求方法律相同种类的税收、关税或者外汇管制为由拒绝引渡。五、在不影响本条第一款的情况下，当犯罪发生在请求方境外时，如果被请求方法律对类似情况下发生在其境外的犯罪规定了刑罚，则该犯罪也是可引渡的犯罪。"该条也对双重归罪原则、可判处刑罚的刑度条件、余刑刑度要求、同一行为罪名及其归类的冲突问题、附带引渡作了规定。较之于《中华人民共和国和西班牙王国引渡条约》，《中华人民共和国和埃塞俄比亚联邦民主共和国引渡条约》的不同之处在于：双方法律规定的犯罪构成要件的不同，不影响引渡；税收犯罪和外汇犯罪可以引渡；[①] 发生在请求方境外的犯罪，一定条件下也可引渡。"可引渡的犯罪"也是各国国内引渡法不可回避的问题，如我国《引渡法》第 7 条第 1 款规定："外国向中华人民共和国提出的引渡请求必须同时符合下列条件，才能准予引渡：（一）引渡请求所指的行为，依照中华人民共和国法律和请求国法律均构成犯罪；（二）为了提起刑事诉讼而请求引渡的，根据中华人民共和国法律和请求国法律，对于引渡请求所指的犯罪均可判处一年以上有期徒刑或者其他更重的刑罚；为了执行刑罚而请求引渡的，在提出引渡请求时，被请求引渡人尚未服完的刑期至少为六个月。对于引渡请求中符合前款第一项规定的多种犯罪，只要其中有一种犯罪符合前款第二项的规定，就可以对上述各种犯罪准予引渡。"根据我国《刑法》的规定，该条第 1 款第 2 项规定的"可判处一年以上有期徒刑或者其他更重的刑罚"，是指可引渡犯罪的刑罚条件必须具备该罪行可判处的"法定最低刑"条件，而所谓的"法定最低刑"，在《刑法》为该罪行配置了两个以上量刑幅度的情况下，是指与该罪行相应的量刑幅度内的法定最低刑，而不是针对该罪行的所有法定刑中的最低刑。《引渡法》第 7 条第 2 款对附带引渡也作了规定，即"对于引渡请求中符合前款第一项规定的多种犯罪，只要其中有一种犯罪符合前款第二项的规定，就可以对上述各种犯罪准予引渡"。

　　另外，引渡请求国还应遵守"特定性原则"。"特定性原则"，又称为同一原则、引渡效果有限原则或引渡与追诉一致原则，是指在被请求引渡人被移交给请求国后，请求国只能就引渡请求书中对被引渡人所指控的罪行进行追诉或执行刑罚，而不能对被引渡人在引渡前所实施的其他罪行进行追诉或

---

①　财政税收犯罪能否引渡的问题，经历了一个从否定到肯定的过程。传统理论认为，财政税收犯罪侵犯的是犯罪地国的国家利益，对国际社会影响不大。后来，财税犯罪波及面越来越大，逐渐与跨国洗钱、走私等犯罪相关联，破坏了国际秩序，因而，近期的一些公约和双边引渡条约将财税犯罪规定为可引渡的犯罪。

执行刑罚，也不能将被引渡人再引渡给第三国，除非已征得被请求引渡国的同意。同理，在引渡程序中提交的证据，仅能用于请求书中所记载的引渡目的，而不能用于该引渡目的以外的其他目的。但是，在被引渡人离开请求引渡国以后再进入该国管辖范围时，该国可以对被引渡人的其他犯罪行为进行追诉，而不受"特定性原则"的约束。"特定性原则"有助于防止引渡制度的滥用，从而避免请求国对被引渡人施加政治迫害或其他不公正待遇。《中华人民共和国和吉尔吉斯共和国引渡条约》第15条"特定规则"规定："一、未经被请求方同意，请求方不得对被引渡人因其在引渡前实施的其他犯罪追究刑事责任或判刑，也不能将其引渡给第三国。二、有下列情况的，无需被请求方同意：（一）在诉讼终结、服刑期满或提前释放后三十天内，被引渡人可离开但未离开请求方领土。被引渡人由于其无法控制的原因未能离开请求方领土的时间不计算在此期限内；（二）被引渡人在离开请求方领土后自愿返回。"我国《引渡法》第14条规定："请求国请求引渡，应当作出如下保证：（一）请求国不对被引渡人在引渡前实施的其他未准予引渡的犯罪追究刑事责任，也不将该人再引渡给第三国。但经中华人民共和国同意，或者被引渡人在其引渡罪行诉讼终结、服刑期满或者提前释放之日起三十日内没有离开请求国，或者离开后又自愿返回的除外……""特定性原则"为请求引渡国设定了义务，一方面有助于保证引渡合作的顺利开展，另一方面有助于保护被引渡人的权利。

（四）"或引渡或起诉"义务

1."或引渡或起诉"的界定

"或引渡或起诉"，是指在其境内发现被请求引渡的犯罪人的国家，根据有关的国际条约或互惠原则，应当将该人引渡给请求国；如果不同意引渡，则应当根据本国法律对该人提起诉讼以便追究其刑事责任。设定"或引渡或起诉"义务的目的在于防止罪犯控制国尤其是罪犯国籍国包庇罪犯。

"或引渡或起诉"来源于拉丁语"*aut dedere aut judicare*"，其前身为

"*aut dedere aut punire*（或引渡或惩罚）"，格老秀斯（Hugo Grotius）在《战争与和平法》（*De Jure Belli ac Pacis*）中使用过。有人还将"*aut dedere aut judicare*"衍生为"*aut dedere aut judicare aut transferere*（或引渡或起诉或移交）"，这里的"移交"是第三种选择，或指将案件移交第三国，或指将案件移交给有管辖权的国际法庭。"或引渡或起诉"在英语中表述为"the obligation to extradite or prosecute"。英语中的"extradition（引渡）"一词是拉丁语"*ex*（向外）"与"*traditionem*（递交、移交）"的合成。1929 年 4 月 20 日订立的《惩治伪造货币国际公约》被认为是第一个规定"或引渡或起诉"义务的国际公约。1937 年《防止和惩治恐怖主义公约》第 9 条、第 10 条间接地规定了"或引渡或起诉"义务。1949 年《日内瓦四公约》也规定了"或引渡或起诉"义务。

2. 反恐国际公约中的"或引渡或起诉"条款

1963 年《东京公约》仅有关于引渡的规定。该《公约》第 16 条第 2 款"在不影响前款规定的情况下，本公约中的任何规定不应当被解释为规定引渡的义务"，意味着本《公约》缔约国没有引渡相关罪犯的强制性义务，是否引渡，完全取决于缔约国的意愿。

1970 年《海牙公约》将"或引渡或起诉"引入了当代一系列反恐国际公约，具有示范意义。该《公约》第 7 条规定："在其境内发现被指称的罪犯的缔约国，如不将此人引渡，则不论罪行是否在其境内发生，应无例外地将此案件提交其主管当局以便起诉。该当局应按照本国法律以对待任何严重性质的普通罪行案件的同样方式作出决定。"第 8 条第 2 款规定："如一缔约国规定只有在订有引渡条约的条件下才可以引渡，而当该缔约国接到未与其订有引渡条约的另一缔约国的引渡要求时，可以自行决定认为本公约是对该罪行进行引渡的法律根据。引渡应遵照被要求国法律规定的其他条件。"1971 年《蒙特利尔公约》第 7 条和第 8 条第 2 款的规定与《海牙公约》的对应条款完全相同。1979 年《反对劫持人质国际公约》第 8 条第 1 款和第 10 条第 2 款、1997 年《制止恐怖主义爆炸的国际公约》第 8 条第 1 款和第 9 条第 2

款、1999 年《制止向恐怖主义提供资助的国际公约》第 7 条和第 11 条第 2 款的规定、2005 年《制止核恐怖主义行为的国际公约》第 11 条第 1 款和第 13 条第 2 款，与前述公约的相关规定并无实质差异。

反恐国际公约中"或引渡或起诉"义务条款的立法初衷，在于谋求缔约国通过履行该义务，来防止恐怖主义犯罪人利用国家主权边界逃脱制裁、逍遥法外。虽然这些部门性反恐公约对防范国际恐怖主义发挥了一定的作用，但由于这些公约是拥有不同政治利益和意识形态的国家之间妥协意志的产物，"或引渡或起诉"条款的政治属性大于法律属性，难免存在模糊性和不确定性，缺乏可操作性。关于前述公约相关规定仍有以下问题需要澄清："或引渡或起诉"义务是否为强制性义务；"引渡"和"起诉"义务具有同等地位还是存在先后次序；各公约所指的恐怖主义犯罪与普通罪行有何区别；根据前述公约的规定，如果缔约国规定只有在订有引渡条约的条件下才可以引渡，而当该缔约国接到未与其订有引渡条约的另一缔约国的引渡要求时，可以将该公约作为引渡有关罪行的法律根据。这意味着，在没有双边引渡条约的情况下，相关公约就相当于缔约国之间的一个引渡条约，但公约又规定："应遵照被要求国法律规定的其他条件。"在这种情况下进行引渡，无论是在实体上还是在程序上，都缺乏明确的法律依据，如何具体操作，不得而知。另外，从国际社会的实践看，在反恐公约缔约国之间不存在双边引渡条约的情况下，要求其根据共同参加的反恐公约中的"或引渡或起诉"条款来引渡罪犯，几乎是不可想象的，除非它们之间存在高度的政治互信。

由于现行反恐国际公约存在缺陷，关于"或引渡或起诉"义务，尚有以下主要相关问题需要解决："或引渡或起诉"义务的习惯国际法地位问题；"或引渡或起诉"涉及的罪行范围；"或引渡或起诉"义务与普遍管辖原则、罪刑法定原则、一事不再理原则、本国国民不引渡原则的关系问题；"或引渡或起诉"义务的适用条件；"或引渡或起诉"义务的履行问题；"或引渡或起诉"义务与移交(是指将被指称的罪犯移交有管辖权的国际刑事法庭，被称为"第三种选择")的关系问题。

从引渡实践看，双边引渡条约是国家之间最理想的引渡合作依据，但由于政治利益、意识形态等因素的制约，很多国家仅和一定数量的国家之间订有双边引渡条约。双边引渡条约的普遍性有限，现有的国际公约又存在先天缺陷，引起的争议难以调和。鉴于此，国际社会如果意欲解决所有相关问题，就需要制定一部关于国际恐怖主义犯罪的综合性引渡公约。

（五）拒绝引渡的理由

1.本国国民不引渡

基于国家主权原则及刑事管辖中的属人管辖原则，国家对本国国民在本国领域外实施的犯罪具有管辖权，因此，在本国国民在他国犯罪后返回本国的情形下，当犯罪地国提出引渡请求时，国家一般都会拒绝引渡。本国国民不引渡原则最早出现在1909年法国与美国签订的引渡条约中。早期，本国国民不引渡原则主要为大陆法系国家所主张，英美法系国家并无此限制，但时至今日，绝大多数国家将"本国国民不引渡"作为拒绝引渡的理由之一。我国也将其作为应当拒绝引渡的理由之一，1992年《关于办理引渡案件若干问题的规定》第7条规定："有下列情形之一的，应当拒绝引渡：……（四）被要求引渡人依照《中华人民共和国国籍法》具有中华人民共和国国籍"。我国《引渡法》第1条规定："外国向中华人民共和国提出的引渡请求，有下列情形之一的，应当拒绝引渡：（一）根据中华人民共和国法律，被请求引渡人具有中华人民共和国国籍的……"《中华人民共和国和法兰西共和国引渡条约》第4条规定："一、如果被请求引渡人具有被请求方国籍，应当拒绝引渡。该人的国籍依引渡请求所针对的犯罪发生时确定……"规定"本国国民不引渡"条款的目的，一方面是为了行使属人管辖权，另一方面是为了保护本国国民的利益。但是，本国国民不引渡原则有可能成为罪犯逃避制裁的护身符，因此，国内法和国际条约又作了限制性规定：如果被请求国以本国国民为由拒绝将被请求引渡人引渡给请求国，那么就要承担由此产生的法律后果，即承担在本国对被请求引渡人进行起诉或执行刑罚的义务。我国缔结的双边引渡条约对此作了规定，此类规定实际上为被请求国施加了"或引渡或起诉"或者"或引渡或惩处"义务。一些包含国际司法合作条款的国际公约对此作了规定，我国缔结的双边引渡条约中也含有此类条款，如《中华人民共和国和白俄罗斯共和国引渡条约》第 5 条"不引渡本国国民的后果"第 1 款规定："被请求的缔约一方如果根据本条约第三条第（一）项拒绝引渡本国国民，在遵守本条约第二条规定的情况下，该方应根据请求的缔约一方的请求将该案件提交本国主管机关审理，以便根据被请求的缔约一方的法律对该国民提起刑事诉讼。为此目的，请求的缔约一方应向被请求的缔约一方移交与该案有关的文件和证据。"又如《中华人民共和国和阿根廷共和国引渡条约》第 5 条"国民的引渡"第 2 款规定："如果不同意引渡，被请求方应当根据请求方的请求，将该案件提交主管机关以便根据国内法提起刑事诉讼。为此目的，请求方应当向被请求方提供与该案件有关的文件和证据。"

2. 政治犯罪不引渡

政治犯罪不引渡，是指被请求引渡国如果认为请求引渡国的引渡请求所针对的犯罪属于政治犯罪或者是与政治有关联的犯罪，则不予引渡。政治犯罪不引渡，是国际上普遍承认的引渡原则。遵守政治犯罪不引渡原则的目的，在于保护基本人权，防止对持不同政见者施以政治迫害或不公正的审判。

从历史上看，引渡经历了从起初专门引渡政治犯到后来政治犯罪不引渡原则确立的过程。

引渡的历史可以追溯至公元前 13 世纪，早在公元前 1280 年，古埃及的拉姆西斯二世（Ramses Ⅱ）和赫梯国王哈杜西里三世（Hattusili Ⅲ）签订了一项和平条约，其中包含相互遣返逃到对方境内的罪犯的规定。当时引渡的对象主要是政治犯和异教徒，国家之间的引渡实际上是一种政治交易，并不存在有关引渡程序的法律文件。直到 1376 年，法国查理五世与萨伏伊（Savoy）伯爵签订了一项条约，首次建立了非政治犯移交机制。1736 年法国与荷兰签订的引渡条约被视为第一项现代引渡条约。政治犯罪不引渡原则是 18 世纪末期以后形成的一项引渡原则。1793 年法国《宪法》第 120 条规定：“法国人民对于因争取自由而被其本国放逐的外国人给予避难所。”这一规定奠定了政治犯罪不引渡原则的基础。1794 年，英国和美国签订了《杰伊条约》，该条约以列举的方式将政治犯的引渡予以排除。1802 年法国、英国和西班牙签订的《亚眠和约》将政治犯排除在外。1833 年 10 月 1 日比利时制定的《比利时犯罪人引渡法》（Loi sur les extraditions），是世界上第一部禁止引渡政治犯的国内法。之后，该法成为欧洲各国制定引渡法的范本，其在 1874 年 3 月 15 日被修正之后，成为比利时的现行法。该法第 6 条规定：“在缔结条约时将明文规定，外国人不得因引渡以前的政治犯罪、与政治犯罪有关的行为或本法未规定的重罪或轻罪而受追诉或被处罚；在这种情况下，拒绝一切形式的引渡和临时逮捕。”该法将政治犯罪或与政治犯罪有关的行为排除在可引渡的犯罪之外。1834 年比利时和法国签订的《引渡条约》中规定了政治犯罪不引渡条款。此后，其他欧洲国家之间订立的引渡条约如 1873 年英国和丹麦签订的《引渡条约》、1876 年法国和英国签订的《引渡条约》等，都规定了政治犯罪不引渡条款。至此，政治犯罪不引渡原则在欧洲得到普遍认可。后来，政治犯罪不引渡原则几乎在所有的引渡条约和所有国家的国内法中得到体现。如今，政治犯罪不引渡原则已成为一项刚性原则。

我国也承认政治犯罪不引渡原则，我国《宪法》第 32 条第 2 款规定：“中华人民共和国对于因为政治原因要求避难的外国人，可以给予受庇护的权利。”1992 年《关于办理引渡案件若干问题的规定》第 7 条第 1 项将“请求国提出的引渡请求所依据的犯罪属于因为政治原因的犯罪”规定为应当拒绝引渡的情形，该《规定》沿袭了《宪法》的规定，使用了“因为政治原因”的措辞。我国《引渡法》第 8 条规定：“外国向中华人民共和国提出的引渡请求，有下列情形之一的，应当拒绝引渡：……（三）因政治犯罪而请求引渡的，或者中华人民共和国已经给予被请求引渡人受庇护权利的……”我国所缔结的双边引渡条约中也体现了该原则，《中华人民共和国和泰王国引渡条约》第 3 条“应当拒绝引渡”规定：“有下列情形之一的，不应根据本条约予以引渡：（一）被请求方认为请求方提出的引渡请求所涉及的犯罪属于政治犯罪，但政治犯罪不应包括谋杀或企图谋杀国家元首、政府首脑或其家庭成员。"《中华人民共和国和阿富汗伊斯兰共和国引渡条约》第3条规定："应当拒绝引渡的理由有下列情形之一的，应当拒绝引渡：（一）被请求方认为，引渡请求所针对的犯罪是政治犯罪，或者被请求方已经给予被请求引渡人受庇护的权利。但为引渡的目的，恐怖主义犯罪和双方均为缔约国的国际公约不认为是政治犯罪的不应视为政治犯罪……"《中华人民共和国和西班牙王国引渡条约》第3条"应当拒绝引渡的理由"规定："第三条有下列情形之一的，应当拒绝引渡：（一）被请求方认为，引渡请求所针对的犯罪是政治犯罪。为此目的，恐怖主义犯罪和双方均为缔约国的国际公约不认为是政治犯罪的行为均不视为政治犯罪……"《中华人民共和国和意大利共和国引渡条约》第3条"应当拒绝引渡的理由"规定："有下列情形之一的，应当拒绝引渡：（一）如果引渡请求所针对的犯罪是政治犯罪，或者被请求方已经给予被请求引渡人受庇护的权利。为此目的，恐怖主义犯罪不能被视为政治性质的犯罪，双方均为缔约国的国际条约、公约和协定不认为是政治犯罪的也应除外……"《中华人民共和国和罗马尼亚引渡条约》第3条"应当拒绝引渡的情形"规定："有下列情形之一的，应当拒绝引渡：……（二）被请求方认为请求方引渡请求所涉及的犯罪属于政治性质的犯罪"。《中华人民共和国和哈萨克斯坦共和国引渡条约》第3条"应当拒绝引渡的情形"规定："有下列情形之一的，不予引渡：……（二）被请求的缔约一方已根据本国法律给予被请求引渡人以受庇护权……"该条没有直接提及"政治犯罪"这个概念，而是将政治庇护作为应当拒绝引渡的情形。我国与他国签订的部分引渡条约采用"庇护"作为政治犯罪不引渡的替代表达方式。

综上所述，我国国内法和我国缔结的引渡条约使用"政治原因"、"政治犯罪"、"政治性质的犯罪"、"庇护权"等不同词语来表达政治犯罪不引渡原则，无论措辞如何，都已表明我国承认政治犯罪不引渡原则，但恐怖主义犯罪是例外。

　　另外，我国缔结的部分双边引渡条约以包含"政治见解"或"政治信仰"等词语的条款来补充政治犯罪不引渡条款，如《中华人民共和国和埃塞俄比亚联邦民主共和国引渡条约》第 3 条"应当拒绝引渡的理由"规定："一、有下列情形之一的，应当拒绝引渡：（一）被请求方认为，引渡请求所针对的犯罪是政治犯罪，但为引渡之目的，双方均为缔约国的国际公约不认为是政治性质犯罪的，不应视为政治犯罪；（二）被请求方有充分理由认为，请求引渡的目的是基于被请求引渡人的种族、性别、宗教、国籍、族裔、政治见解或者身份而对该人进行起诉或者处罚，或者该人的地位将会因为上述任何原因受到损害……"其中，含有"政治见解"一词的第 2 项就是对第 1 项关于政治犯罪不引渡条款的补充；《中华人民共和国和白俄罗斯共和国引渡条约》第 3 条"应当拒绝引渡的情况"规定："有下列情形之一的，不应予以引渡：……（二）被请求的缔约一方已根据本国法律给予被请求引渡人受庇护权；（三）被请求的缔约一方有充分理由认为，引渡请求旨在对被请求引渡人因其种族、宗教、民族、国籍、政治信仰等原因而追究其刑事责任或者执行刑事判决，或者被请求引渡人在诉讼过程中的地位会因上述任何一种原因而受到损害。"其中，第 3 项是对第 2 项的补充。制定这类补充条款的目的在于防止实施普通犯罪的行为人被引渡后受到政治迫害或其地位受损害。

　　虽然国家在其缔结的引渡条约和国内法中承认政治犯罪不引渡原则，但都对"政治犯罪"的概念没有做出界定，国际社会也没有共同接受的"政治犯罪"的定义。这意味着被请求国对于被请求引渡的行为是否为政治犯罪，具有根据其国内法并考虑其他因素进行定夺的权利，从而决定是否引渡。虽然本书第三章所述的反恐公约将恐怖主义犯罪排除在"政治犯罪不引渡原则"之外，但由于国际上没有统一的恐怖主义犯罪的定义，使得恐怖主义犯罪和政治犯罪的界限变得模糊不清，致使恐怖主义犯罪的引渡合作面临重重障碍或者成为不可能。

3. 死刑不引渡

死刑不引渡原则，是指被请求国如果有理由相信被请求引渡人被引渡后将被处以死刑，则被请求国不予引渡的原则。这一原则在相当一部分国家的国内引渡立法以及国际引渡立法中都有规定，如《瑞士联邦国际刑事协作法》第 37 条第 2 款规定："如果请求国不承诺将不在请求国境内对被追究人处以死刑，或被追究人将会受到有损其人格尊严的待遇，则应拒绝引渡。"又如联合国 1990 年《引渡示范条约》第 4 条"拒绝引渡之任择理由"将"按请求国的法律作为请求原因的罪行应判处死刑，除非该国作出被请求国认为是充分的保证，表示不会判处死刑或即使判处死刑，也不会执行"规定为被请求国拒绝引渡的理由之一。

死刑不引渡原则是对生命权的尊重和保障，体现了人道主义精神。死刑不引渡在国际社会已形成共识，联合国大会于 1966 年 12 月 16 日在第 2200A（XXI）号决议通过的《公民权利和政治权利国际公约》（International Covenant on Civil and Political Rights）（1976 年 3 月 23 日生效）和《旨在废除死刑的公民权利和政治权利国际公约第二项任择议定书》（Second Optional Protocol to the International Covenant on Civil and Political Rights，aiming at the Abolition of the Death Penalty）均呼吁各国限制或废止死刑。①

我国《刑法》的相关规定与《公民权利和政治权利国际公约》第 6 条、《旨在废除死刑的公民权利和政治权利国际公约第二项任择议定书》（以下简

---

① 《公民权利和政治权利国际公约》与《世界人权宣言》（Universal Declaration of Human Rights）、《经济、社会、文化权利国际公约》（International Covenant on Economic，Social，Cultural Rights）、《公民权利和政治权利国际公约任择议定书》（Optional Protocol to the International Covenant on Civil and Political Rights）、《旨在废除死刑的公民权利和政治权利国际公约第二项任择议定书》（Second Optional Protocol to the International Covenant on Civil and Political Rights，aiming at the Abolition of the Death Penalty）一起被称为"国际人权宪章"（The International Bill of Human Rights）。我国政府继 1997 年 10 月 27 日签署《经济、社会、文化权利国际公约》（全国人大常委会已于 2001 年 3 月 1 日正式批准该公约）之后，又于 1998 年 10 月 5 日签署了《公民权利和政治权利国际公约》。

称《第二项任择议定书》）的相关规定存在差异。该《公约》第6条规定：
"一、人人有固有的生命权。这个权利应受法律保护。不得任意剥夺任何人
的生命。二、在未废除死刑的国家，判处死刑只能是作为对最严重的罪行的
惩罚，判处应按照犯罪时有效并且不违反本公约规定和防止及惩治灭绝种族
罪公约的法律。这种刑罚，非经合格法庭最后判决，不得执行。三、兹了
解：在剥夺生命构成灭种罪时，本条中任何部分并不准许本公约的任何缔约
国以任何方式克减它在防止及惩治灭绝种族罪公约的规定下所承担的任何义
务。四、任何被判处死刑的人应有权要求赦免或减刑。对一切判处死刑的案
件均得给予大赦、特赦或减刑。五、对十八岁以下的人所犯的罪，不得判处
死刑；对孕妇不得执行死刑。六、本公约的任何缔约国不得援引本条的任何
部分来推迟或阻止死刑的废除。"《第二项任择议定书》第1条规定："1.在
本议定书缔约国管辖范围内，任何人不得被处死刑。2.每一缔约国应采取
一切必要措施在其管辖范围内废除死刑。"第2条第1款规定："本议定书不
接受任何保留，唯在批准或加入时可提出这样一项保留：即规定在战时可对
在战时犯下最严重军事性罪行被判罪的人适用死刑。"联合国1984年5月25
日《关于保护死刑犯权利的保障措施》规定："在没有废除死刑的国家，只
有最严重的罪刑可判处死刑，但应理解为死刑的范围只限于蓄意而结果为害
命或其他极其严重的罪行"，同时规定："对犯罪时未满18岁的人不得判处死
刑，对孕妇或新生婴儿的母亲或已患精神病者不得执行死刑。"1997年4月
3日，联合国人权委员会通过1997/12号决议，敦促保留死刑的国家停止适
用死刑，并号召所有批准了《公民权利与政治权利国际公约》的国家批准该
公约的《第二项任择议定书》。上述关于死刑的规定，主要包括以下关键点：
死刑适用于"最严重的罪行"，即将适用死刑的范围只限于对蓄意而结果为
害命或其他极端严重后果的罪行。"蓄意而结果为害命"是适用死刑的关键
标准；死刑犯有权要求大赦、特赦或减刑，国家对一切死刑犯均应给予大赦、
特赦或减刑的机会；对未成年不得判处死刑；对孕妇、新生婴儿的母亲、精
神病患者不得执行死刑，也就是说，只要是怀孕的妇女、新生婴儿的母亲或

精神病患者，即使已被判了死刑，也不得执行；国家最终应当废除死刑。

根据我国《刑法》第48条、第49条、第50条及《刑事诉讼法》的相关规定，死刑的适用必须受到以下限制：在适用范围上，"死刑只适用于罪行极其严重的犯罪分子"，"对于应当判处死刑的犯罪分子，如果不是必须立即执行的，可以判处死刑同时宣告缓期二年执行"，"判处死刑缓期执行的，在死刑缓期执行期间，如果没有故意犯罪，二年期满以后，减为无期徒刑；如果确有重大立功表现，二年期满以后，减为二十五年有期徒刑；如果故意犯罪，查证属实的，由最高人民法院核准，执行死刑。对被判处死刑缓期执行的累犯以及因故意杀人、强奸、抢劫、绑架、放火、爆炸、投放危险物质或者有组织的暴力性犯罪被判处死刑缓期执行的犯罪分子，人民法院根据犯罪情节等情况可以同时决定对其限制减刑"；在适用对象上，"犯罪的时候不满18周岁的人和审判的时候怀孕的妇女，不适用死刑"，从我国的司法实践看，"审判的时候怀孕的妇女"，是指从立案时起至刑罚执行完毕前怀孕的妇女，包括在此期间发生人工流产或自然流产的妇女。特别值得注意的是：对于审判时怀孕的妇女不适用死刑，是指不能判处死刑，而不是暂不执行死刑，待其分娩后再执行死刑；对审判时怀孕的妇女不适用死刑，同样包括不能适用死刑缓期二年执行。《刑法》对死刑适用对象的另一个限制性规定是"审判的时候已满七十五周岁的人，不适用死刑，但以特别残忍手段致人死亡的除外"；在适用程序上，死刑除依法由最高人民法院判决的以外，都应当报请最高人民法院或者高级人民法院核准；在执行方式上，可以采取注射等更为人道的方法执行。

但是，较之于《公民权利和政治权利国际公约》，我国《刑法》在生命权的保护方面还存在以下问题：

第一，死刑罪名偏多，适用范围偏广。根据1997年《刑法》的规定，可以适用死刑的罪名有68种。在可以适用死刑的罪名中，危害国家安全的犯罪有7种，危害公共安全的犯罪有14种，破坏市场经济秩序的犯罪有16种，侵犯公民人身权利、民主权利的犯罪有5种，侵犯财产的犯罪有2种，妨害社会管理秩序的犯罪有 8 种，危害国家军事利益和国防利益的犯罪有 14 种，贪污贿赂犯罪有 2 种。根据 2011 年《中华人民共和国刑法修正案（八）》的规定，13 种经济犯罪将不再适用死刑。这 13 种罪名包括：走私文物罪；走私贵重金属罪；走私珍贵动物、珍贵动物制品罪；走私普通货物、物品罪；票据诈骗罪；金融凭证诈骗罪；信用证诈骗罪；虚开增值税专用发票、用于骗取出口退税、抵扣税款发票罪；伪造、出售伪造的增值税专用发票罪；盗窃罪；传授犯罪方法罪；盗掘古文化遗址、古墓葬罪；盗掘古人类化石、古脊椎动物化石罪。这样，死刑罪名就由 68 种减为 55 种。根据 2015 年《中华人民共和国刑法修正案（九）》的规定，9 种犯罪将不再适用死刑。这 9 种犯罪分别为：走私武器、弹药罪；走私核材料罪；走私假币罪；伪造货币罪；集资诈骗罪；组织卖淫罪；强迫卖淫罪；阻碍执行军事职务罪；战时造谣惑众罪。这样，死刑罪名由 55 种减为 46 种。现行《刑法》分则中死刑罪名的分布状况如下：《刑法》分则第一章"危害国家安全罪"中包括 7 个死刑罪名：背叛国家罪；分裂国家罪；武装叛乱、暴乱罪；投敌叛变罪；间谍罪；为境外窃取、刺探、收买、非法提供国家秘密、情报罪；资敌罪。第二章"危害公共安全罪"中包括 14 个死刑罪名：放火罪；决水罪；爆炸罪；投放危险物质罪；以危险方法危害公共安全罪；破坏交通工具罪；破坏交通设施罪；破坏电力设备罪；破坏易燃易爆设备罪；劫持航空器罪；非法制造、买卖、运输、邮寄、储存枪支、弹药、爆炸物罪；非法制造、买卖、运输、储存危险物质罪；盗窃、抢夺枪支、弹药、爆炸物、危险物质罪；抢劫枪支、弹药、爆炸物、危险物质罪。第三章"破坏社会主义市场经济秩序罪"中包括 2 个死刑罪名：生产、销售假药罪；生产、销售有毒、有害食品罪。第四章"侵犯公民人身权利、民主权利罪"中包括 5 个死刑罪名：故意杀人罪；故意伤害罪；强奸罪；绑架罪；拐卖妇女、儿童罪。第五章"侵犯财产罪"中包括 1 个死刑罪名：抢劫罪。第六章"妨害社会管理秩序罪"中包括 3 个死刑罪名：暴动越狱罪；聚众持械劫狱罪；走私、贩卖、运输、制造毒品罪。第七章"危害国防利益罪"中包括 2 个死刑罪名：破坏武器装备、军事设施、军事通信罪；故意提供不合格武器装备、军事设施罪。第八章"贪污贿赂罪"中包括 2 个死刑罪名：贪污罪；受贿罪。第十章"军人违反职责罪"中包括 10 个死刑罪名：战时违抗命令罪；隐瞒、谎报军情罪；拒传、假传军令罪；投降罪；战时临阵脱逃罪；军人叛逃罪；为境外窃取、刺探、收买、非法提供军事秘密罪；盗窃、抢夺武器装备、军用物资罪；非法出卖、转让武器装备罪；战时残害居民、掠夺居民财物罪。《刑法修正案（八）》和《刑法修正案（九）》对死刑罪名的削减，虽然体现了对生命的尊重和对人权保障的重视，但和国际人权法的规定之间仍然存在一定距离，也和国际社会减少和废除死刑的大趋势不尽合拍。

第二，没有关于新生婴儿母亲和精神病患者不得执行死刑的规定。

第三，没有关于死刑犯大赦和减刑的规定。根据《公民权利和政治权利国际公约》的规定，被判处死刑的人有权要求赦免或减刑，对一切判处死刑的案件均得给予大赦、特赦，但我国的赦免制度还不完善。尽管 1954 年《宪法》规定了大赦和特赦，1975 年《宪法》、1978 年《宪法》和 1982 年《宪法》都规定了特赦，1997 年《刑法》中也存在"赦免"的措辞，但在司法实践中，特赦的使用次数较少，可以分为两个阶段：第一个阶段是 1959 年至 1975 年期间。这个阶段先后实行过 7 次特赦，在这 7 次特赦中，第一次特赦的对象包括战争罪犯、反革命罪犯和普通刑事罪犯，其余六次都只对战争罪犯实行了特赦。此后 40 年间，再也没有实行过任何特赦。另外，根据《公约》的规定，一切死刑犯均有权请求减刑，国家对一切判处死刑的案件均得给予减刑，但我国刑法只规定对宣告缓期 2 年执行的死刑犯可以减刑，对一般死刑犯不适用减刑制度。第二个阶段是指 2015 年。在第一个阶段的特赦结束 40 年之后，2015 年 8 月重启特赦制度，实行了新中国成立以来的第 8 次特赦，也是 1982 年《中华人民共和国宪法》实施以来的首次特赦。2015 年 8 月 29 日，习近平签署主席特赦令，根据第十二届全国人大常委会第十六次会议于 2015 年 8 月 29 日通过的全国人大常委会关于特赦部分服刑罪犯的决定，对参加过抗日战争、解放战争等四类服刑罪犯实行特赦。根据主席特赦令，对依据 2015 年 1 月 1 日前人民法院作出的生效判决正在服刑，释放后不具有现实社会危险性的四类罪犯实行特赦：一是参加过中国人民抗日战争、中国人民解放战争的；二是中华人民共和国成立以后，参加过保卫国家主权、安全和领土完整对外作战的，但犯贪污受贿犯罪，故意杀人、强奸、抢劫、绑架、放火、爆炸、投放危险物质或者有组织的暴力性犯罪，黑社会性质的组织犯罪，危害国家安全犯罪，恐怖活动犯罪的，有组织犯罪的主犯以及累犯除外；三是年满七十五周岁、身体严重残疾且生活不能自理的；四是犯罪的时候不满十八周岁，被判处三年以下有期徒刑或者剩余刑期在一年以下的，但犯故意杀人、强奸等严重暴力性犯罪，恐怖活动犯罪，贩卖毒品犯罪的除外。

为了和《公民权利和政治权利国际公约》等国际人权法文件保持一致，并为引渡合作扫清障碍，我国在综合考虑传统文化、民意、社会环境等因素之后，如果认为条件成熟，在切实可行的情况下，可以在刑事立法方面采取以下措施：一是缩减死刑罪名和死刑的适用范围，规定死刑只适用于严重危害公民的生命健康、危害国家安全、危害公共安全、妨害国防利益的犯罪，而不适用于经济犯罪、财产犯罪、职务犯罪。二是增加关于新生婴儿母亲和精神病患者不得执行死刑的规定。三是增加关于对死刑犯大赦、减刑的规定。

由于多方面因素的制约，我国还不可能在短时间内大幅度削减死刑，更不可能很快废止死刑。鉴于我国仍保留死刑，我国《引渡法》中尚无"死刑不引渡"条款，但为了保证国际刑事司法合作的顺利开展，我国近年来签订的双边引渡条约中体现了"死刑不引渡原则"，① 如全国人大常委会于2006

---

① 我国早期与其他国家签订的双边引渡条约都尽量避免提及或直接提及死刑不引渡原则。我国与柬埔寨、哈萨克斯坦、吉尔吉斯斯坦、乌克兰、蒙古等国家签订的引渡条约不存在"死刑不引渡"条款；我国与俄罗斯、罗马尼亚等国家签订的引渡条约虽不直接表述"死刑不引渡"条款，但有相关条款，如《中华人民共和国和俄罗斯联邦引渡条约》第3条"应当拒绝引渡的情形"规定："……（六）根据被请求的缔约一方的法律规定，不予引渡"；《中华人民共和国和罗马尼亚引渡条约》第4条"可以拒绝引渡的情形"规定："有下列情形之一的，可以拒绝引渡：……（三）如果同意引渡将与被请求方法律的一些基本原则相抵触。"这些间接表述既能避免直接提及敏感的死刑问题，又能保证不违背死刑不引渡原则。

年 4 月 29 日批准的《中华人民共和国和西班牙王国引渡条约》(2005 年 11 月 14 日签署,2007 年 4 月 4 日生效)首次规定了"死刑不引渡"条款。该《引渡条约》第 3 条 "应当拒绝引渡的理由" 将 "根据请求方法律,被请求引渡人可能因引渡请求所针对的犯罪被判处死刑,除非请求方作出被请求方认为足够的保证不判处死刑,或者在判处死刑的情况下不执行死刑"。作为被请求国应当拒绝引渡的八种情形之一。《中华人民共和国和法兰西共和国引渡条约》(2007 年 3 月 20 日签署,2015 年 7 月 17 日生效)第 3 条 "应当拒绝引渡的理由" 规定:"有下列情形之一的,应当拒绝引渡:……(七)引渡请求所针对的犯罪依照请求方的法律应当判处死刑,除非请求方作出被请求方认为足够的保证不判处死刑,或者在判处死刑的情况下不予执行。"《中华人民共和国和意大利共和国引渡条约》(2010 年 10 月 7 日签署,2015 年 12 月 13 日生效)也有此条款,标志着"死刑"这一最大的法律障碍在双边条约层面上已基本消除。

从我国与其他国家之间的国际刑事司法合作实践看,一些西方国家总要拿死刑问题说事,使得死刑问题成为国际司法合作的障碍之一,① 赖昌星案就是例证。赖昌星是厦门特大走私案的首要嫌疑人,原系香港远华国际有限公司、厦门远华电子有限公司董事长。赖昌星在案发后,于 1999 年 8 月携家人逃往加拿大。经中加双方的努力,2011 年 7 月 23 日,赖昌星被遣返回国。赖昌星案被视为中国跨国追逃国际刑事司法合作的成功范例。但中国促使加拿大遣返赖昌星的努力曾面临着重重障碍,死刑问题就是其中之一。自 1962 年后加拿大实际上就不执行死刑了。1976 年 7 月 14 日,加拿大在立法上正式废除了所有普通犯罪的死刑。1998 年,加拿大国防法中废除了军事犯罪和叛国罪的死刑。加拿大在引渡法中明确规定死刑不引渡原则;如果引渡请求所针对的行为可能被判处死刑,司法部长可以拒绝做出引渡命令。加

---

① 我国在与个别国家的引渡合作中,在双方都保留死刑且双边引渡条约未规定"死刑不引渡"条款的情况下,死刑问题不是障碍,糯康案便是例证。

拿大对非法移民的遣返也遵守死刑不引渡原则。而赖昌星所实施的走私普通货物罪在当时仍保留了死刑。为了消除国际司法合作障碍，我国对赖昌星遣返案作出了不判处死刑的承诺。2001年10月，我国向加拿大政府发出外交照会，明确表示，中国最高人民法院决定，对于赖昌星的走私、贿赂案件不判处死刑和死缓，并且已经知会将来审判赖昌星案件的地方法院，中国的有关法官将不会对赖昌星被遣返回国之前犯下的所有罪行判处死刑。我国《引渡法》第50条规定："被请求国就准予引渡附加条件的，对于不损害中华人民共和国主权、国家利益、公共利益的，可以由外交部代表中华人民共和国政府向被请求国作出承诺。对于限制追诉的承诺，由最高人民检察院决定；对于量刑的承诺，由最高人民法院决定。在对被引渡人追究刑事责任时，司法机关应当受所作出的承诺的约束。"在最高人民法院作出量刑承诺决定的基础上，由外交部对外作出不判处赖昌星死刑的承诺。加拿大认可了中国不判处赖昌星死刑的承诺。2011年7月21日，加拿大联邦法院做出的IMM-4373-11号判决书表达了对中国承诺不判处赖昌星死刑的认可。2012年5月18日，厦门市中级人民法院作出一审判决，宣告赖昌星犯走私普通货物罪，判处无期徒刑，剥夺政治权利终身，并处没收个人全部财产；犯行贿罪，判处有期徒刑15年，并处没收个人财产人民币2000万元，决定执行无期徒刑，并处没收个人全部财产。赖昌星的违法犯罪所得予以追缴。一审宣判后，赖昌星没有上诉。

4. 一事不再理

对于一事不再理原则，大陆法系国家一般采用拉丁文"ne bis in idem"来表达。普通法系国家一般用禁止"双重损害"（double jeopardy）来表达。一事不再理原则是一项重要的刑法原则，其含义是一个人不能因同一行为或同一罪名受到两次或多次审判和处罚。具体而言，任何人已被一国根据其刑事法律作出了宣告有罪或者无罪的终局判决者，不得就同一犯罪再行审判或处罚，因此，被请求国在请求国已经对被请求引渡人就请求引渡的犯罪作了确定判决的情形下，应当拒绝引渡；被请求国对同一犯罪决定不起诉或终止程序或正在审理者，也可以拒绝引渡。

根据 1992 年《关于办理引渡案件若干问题的规定》第 7 条第 6 项之规定，"我国司法机关对被要求引渡人在该请求提出前已就同一犯罪作出最终决定，或者正在进行诉讼或者其他司法程序"的，应当拒绝引渡；根据该《规定》第 8 条之规定，"我国司法机关对引渡请求所依据的犯罪具有管辖权，并且准备提起诉讼或者进行其他司法程序"的，可以拒绝引渡。我国《引渡法》第 8 条第 2 项将"在收到引渡请求时，中华人民共和国的司法机关对于引渡请求所指的犯罪已经作出生效判决，或者已经终止刑事诉讼程序的"情形作为应当拒绝引渡的情形之一；《引渡法》第 9 条第 1 项将"中华人民共和国对于引渡请求所指的犯罪具有刑事管辖权，并且对被请求引渡人正在进行刑事诉讼或者准备提起刑事诉讼的"情形作为可以拒绝引渡的两种情形之一。《中华人民共和国和西班牙王国引渡条约》第 4 条"可以拒绝引渡的理由"规定："有下列情形之一的，可以拒绝引渡：（一）被请求方根据本国法律对引渡请求所针对的犯罪具有管辖权，并且对被请求引渡人就该犯罪正在进行刑事诉讼或者准备提起刑事诉讼；（二）被请求引渡人已经因为引渡请求所针对的犯罪在第三国受到审判并被宣告无罪或者刑罚执行完毕……"这两项是该《引渡条约》规定的可以拒绝引渡的三种情形中的两种。我国与其他国家签订的引渡条约中也有类似规定。

《刑法》第 10 条规定："凡在中华人民共和国领域外犯罪，依照本法应当负刑事责任的，虽然经过外国审判，仍然可以依照本法追究，但是在外国已经受过刑罚处罚的，可以免除或者减轻处罚。"我国对外国刑事判决采取消极承认的态度，实际上不受外国判决效力的影响，但要考虑实际情况，如果罪犯在外国已经受过刑罚处罚，如受过缓刑宣告、或执行了刑期的一部或全部的，可以考虑免除或者减轻处罚。可见，《刑法》第 10 条意味着，允许在一定情况下有可能对移管的被判刑人进行审判，这一规定和我国缔结的双边引渡条约的相关规定也是有不一致的情况，这也是出于维护国家利益的需要。

5.告诉才处理的犯罪

我国《刑法》规定的告诉才处理的犯罪包括：第 246 条规定的侮辱罪、诽谤罪（但是严重危害社会秩序和国家利益的除外）、第 257 条规定的暴力干涉婚姻自由罪（致使被害人死亡的除外）、第 260 条规定的虐待罪（致使被害人重伤、死亡的以及被害人没有能力告诉，或者因受到强制、威吓无法告诉的除外），第 270 规定的侵占罪。对告诉才处理的案件，根据《刑事诉讼法》的相关规定，只有被害人和其法定代理人告诉的，司法机关才处理；如果他们没有告诉或者告诉后又撤回告诉的，司法机关不再追究犯罪人的刑事责任；如果已经追诉的，应当撤销案件。《刑事诉讼法》第 15 条第 4 项将"依照刑法告诉才处理的犯罪，没有告诉或者撤回告诉的"情形作为"不追究刑事责任"的情形之一。《中华人民共和国和吉尔吉斯共和国引渡条约》第 4 条第 4 项将"根据缔约一方的法律，属于受害人告诉才受理的刑事案件"作为可以拒绝引渡的四种情形之一。

6.基于歧视目的的引渡请求

本书第三章所述国际公约在将恐怖主义犯罪排除在政治犯罪之外、不适用政治犯罪不引渡原则的同时，又规定了作为引渡例外的"人权条款"，如《制止核恐怖主义行为国际公约》第 15 条将核恐怖主义罪排除在政治犯罪之外，但根据其第 16 条的规定，如果被请求的缔约国有实质理由认为，请求为第二条所述犯罪进行引渡或请求就此种犯罪提供相互司法协助的目的，是为了基于某人的种族、宗教、国籍、族裔或政治观点而对该人进行起诉或惩罚，或认为接受这一请求将使该人的情况因任何上述理由受到损害，则本《公约》的任何条款均不应被解释为规定该国有引渡或提供相互司法协助的义务。这样，缔约国仍可以以"人权条款"为理由，拒绝其他缔约国提出的可能基于歧视目的的引渡请求以及司法协助要求。根据 1992 年《关于办理引渡案件若干问题的规定》第 7 条第 2 项之规定，"请求国提出的引渡请求旨在对被要求引渡人因其种族、宗教、国籍、政治见解等原因而追究刑事责任或者执行刑罚，或者被要求引渡人在司法程序中的地位将会因上述原因受到损害"的,应当拒绝引渡。我国《引渡法》第 8 条第 4 项将"被请求引渡人可能因其种族、宗教、国籍、性别、政治见解或者身份等方面的原因而被提起刑事诉讼或者执行刑罚,或者被请求引渡人在司法程序中可能由于上述原因受到不公正待遇的"的情形作为应当拒绝引渡的八种情形之一。我国与其他国家缔结的双边引渡条约也将此种情形作为应当拒绝引渡的情形之一。

7. 酷刑

无论是国际公约、双边条约还是国内法,都将是否会遭受酷刑作为是否引渡或遣返的一个考虑因素。中国于 1988 年 10 月 4 日批准的 1984 年《禁止酷刑和其他残忍、不人道或有辱人格的待遇或处罚公约》第 1 条第 1 款规定:"就本公约而言,'酷刑'系指为了向某人或第三者取得情报或供状,为了他或第三者所作或被怀疑所作的行为对他加以处罚,或为了恐吓或威胁他或第三者,或为了基于任何一种歧视的任何理由,蓄意使某人在肉体或精神上遭受剧烈疼痛或痛苦的任何行为,而这种疼痛或痛苦又是在公职人员或以官方身份行使职权的其他人所造成或在其唆使、同意或默许下造成的。纯因法律制裁而引起或法律制裁所固有或随附的疼痛或痛苦则不包括在内。"根据联合国《引渡示范条约》第 3 条的规定,如果"被要求引渡者在请求国内曾受到或将会受到酷刑或其他残忍、不人道或有辱人格的待遇或处罚,或者没有得到或不会得到《公民权利和政治权利国际公约》第 14 条所载的刑事诉讼程序中的最低限度保障",不得准予引渡。为了获取口供而对犯罪嫌疑人或被告人实施的刑讯逼供手段以及在监狱对被羁押人实施的法外刑罚或其他不人道行为,都属于酷刑。我国《引渡法》第 8 条第 7 项将"被请求引渡人在请求国曾遭受或者可能遭受酷刑或者其他残忍、不人道或者有辱人格的待遇或者处罚的"情形作为应当拒绝引渡的情形之一。《中华人民共和国和意大利共和国引渡条约》第 3 条第 6 项将"如有充分理由相信,被请求引渡人在请求方就引渡请求所针对的犯罪曾经遭受或者可能遭受酷刑或者其他残忍、不人道或者有辱人格的待遇或者处罚"的情形作为应当拒绝引渡的情形之一。

在实践中，酷刑问题是国家之间刑事司法合作的影响因素之一。在赖昌星案中，赖昌星的代理律师马塔斯一直以"赖昌星回到中国后会受到迫害和不公正待遇，会面临酷刑、刑讯逼供"为由，为赖昌星辩护，以延缓遣返。经过中国的努力，加拿大对中国法治状况有了了解，对中国关于人权等问题的承诺予以认可，促成了加拿大对赖昌星的遣返。在赖昌星难民诉讼中，辩论焦点集中于对中国人权、司法改革、诉讼制度的评判上。加拿大移民部向作为专家证人出庭作证的法学家们提出的 14 大类问题都和中国法治状况有关，包括中国人权状况、对私有财产的态度、法制改革以及从侦查、起诉、审判到监禁服刑的整个过程中的大量细节问题，如"双规"是否是非法拘留侵犯人权、监狱伙食、《刑法》第 306 条对律师的影响等。

8.人道主义考虑

人道主义，是指重视人类价值、维护人的尊严及权利的一种思想。人道主义关注的是人类的幸福，强调人与人之间的关爱、怜悯和互助。我国《刑法》、《刑事诉讼法》等法律也体现了人道主义的精神。根据 1992 年《关于办理引渡案件若干问题的规定》第 8 条之规定，"由于被要求引渡人的年龄、健康或者其他原因，引渡不符合人道主义精神"的，可以拒绝引渡。我国《引渡法》第 9 条第 2 项将"由于被请求引渡人的年龄、健康等原因，根据人道主义原则不宜引渡的"的情形作为可以拒绝引渡的情形之一。我国和其他国家缔结的双边引渡条约大多都有类似规定，如《中华人民共和国和哈萨克斯坦共和国引渡条约》第 4 条第 2 项将"特殊情况下，在考虑犯罪的严重性及提出请求的缔约一方利益的同时，如果被请求的缔约一方认为由于被请求引渡人的个人情况，引渡不符合人道主义精神"的情形作为可以拒绝引渡的情形之一。又如，根据《中华人民共和国和西班牙王国引渡条约》第 4 条第 3 项的规定，如果被请求方在考虑犯罪的严重性和请求方利益的情况下，认为由于被请求引渡人的年龄、健康或其他原因，引渡不符合人道主义考量，可以拒绝引渡。

9. 缺席审判

在刑事诉讼中，被告人享有公平审判权、辩护权、无罪推定等权利，而缺席审判剥夺了当事人的诉讼权利，尤其是辩护权，无法实现公正审判。辩护权是刑事被告人及其辩护人针对被控告的犯罪，从事实、证据、法律等诸方面进行辩驳以维护被告人的合法权益，使案件得到公正合法的审判的权利。为了保证对刑事案件能够得到公正合法的审判，联合国相关文件以及世界上大多数国家的法律不允许对刑事案件进行缺席审判，国家的引渡法或引渡条约也将缺席审判作为拒绝引渡的事由之一。《公民权利和政治权利国际公约》第14条对刑事诉讼程序中的最低限度保障作了详细规定。① 联合国《引渡示范条约》第3条"拒绝引渡之强制理由"规定："遇下述任一情况，不得引渡：……（7）请求国的判决系缺席判决，被定罪的人未获有审判的充分通知，也没有机会安排辩护，没有机会或将不会有机会在其本人出庭的情况下使该案获得重审。"我国《刑事诉讼法》对当事人的诉讼权利

---

① 《公民权利和政治权利国际公约》第14条："……二、凡受刑事控告者，在未依法证实有罪之前，应有权被视为无罪。三、在判定对他提出的任何刑事指控时，人人完全平等地有资格享受以下的最低限度的保证：（甲）迅速以一种他懂得的语言详细地告知对他提出的指控的性质和原因；（乙）有相当时间和便利准备他的辩护并与他自己选择的律师联络；（丙）受审时间不被无故拖延；（丁）出席受审并亲自替自己辩护或经由他自己所选择的法律援助进行辩护；如果他没有法律援助，要通知他享有这种权利；在司法利益有此需要的案件中，为他指定法律援助，而在他没有足够能力偿付法律援助的案件中，不要他自己付费；（戊）讯问或业已讯问对他不利的证人，并使对他有利的证人在与对他不利的证人相同的条件下出庭和受讯问；（己）如他不懂或不会说法庭上所用的语言，能免费获得译员的援助；（庚）不被强迫作不利于他自己的证言或强迫承认犯罪。四、对少年的案件，在程序上应考虑到他们的年龄和帮助他们重新做人的需要。五、凡被判定有罪者，应有权由一个较高级法庭对其定罪及刑罚依法进行复审。六、在一人按照最后决定已被判定犯刑事罪而其后根据新的或新发现的事实确实表明发生误审，他的定罪被推翻或被赦免的情况下，因这种定罪而受刑罚的人应依法得到赔偿，除非经证明当时不知道的事实的未被及时揭露完全是或部分是由于他自己的缘故。七、任何人已依一国的法律及刑事程序被最后定罪或宣告无罪者，不得就同一罪名再予审判或惩罚。"

作了详细列举，其第 227 条是直接提及"公正审判"保障的条款。① 根据我国 1992 年《关于办理引渡案件若干问题的规定》第 8 条之规定，"旨在对被要求引渡人执行刑罚的引渡请求是基于一项缺席判决提出的"，可以拒绝引渡，"除非请求国保证引渡后将重新进行审理"。我国《引渡法》第 8 条规定："外国向中华人民共和国提出的引渡请求，有下列情形之一的，应当拒绝引渡：……（八）请求国根据缺席判决提出引渡请求的。但请求国承诺在引渡后对被请求引渡人给予在其出庭的情况下进行重新审判机会的除外。"《中华人民共和国和法兰西共和国引渡条约》第 3 条第 6 项将"引渡请求涉及对被请求引渡人执行缺席判决，而请求方没有保证在引渡后重新进行审理"的情形作为应当拒绝引渡的情形之一。我国和其他国家签订的双边引渡条约也有类似规定。

10. 时效和赦免

时效是指经过一定的期限，对犯罪不得追诉或对所判刑罚不得执行的制度。时效分为追诉时效和行刑时效。追诉时效是指依法对犯罪人追究刑事责任的有效期限。在追诉时效内，司法机构有权追究犯罪人的刑事责任；超过追诉时效，司法机构就不能再追究其刑事责任。行刑时效是指对依法判处刑罚的人执行刑罚的有效期限。在行刑时效内，刑罚执行机构有权执行刑罚；超过行刑时效，刑罚执行机构就不能再执行刑罚。

虽然大多数国家的刑法都规定了时效制度，但早期的国际刑法文件并不涉及时效制度。在第二次世界大战以后，为了防止实施严重国际犯罪的人逃避追诉和惩罚，一些国际条约开始重视时效制度。迄今为止，直接规定追诉时效制度的国际条约只有三个：联合国大会于 1968 年 11 月 26 日通过的《战

---

① 《刑事诉讼法》第 227 条规定："第二审人民法院发现第一审人民法院的审理有下列违反法律规定的诉讼程序的情形之一的，应当裁定撤销原判，发回原审人民法院重新审判：（一）违反本法有关公开审判的规定的；（二）违反回避制度的；（三）剥夺或者限制了当事人的法定诉讼权利，可能影响公正审判的；（四）审判组织的组成不合法的；（五）其他违反法律规定的诉讼程序，可能影响公正审判的。"

争罪与反人类罪不适用法定时效公约》；欧洲理事会于 1974 年 1 月 25 日开放供签署的《战争罪和反人类罪不适用法定时效的欧洲公约》；1998 年联合国外交会议通过的《国际刑事法院罗马规约》。根据《战争罪和反人类罪不适用法定时效公约》第 1 条之规定，战争罪、危害人类罪、灭绝种族罪，不论其犯罪期日，不适用法定时效。《战争罪和反人类罪不适用法定时效的欧洲公约》和《国际刑事法院罗马规约》在时效问题上和《战争罪与反人类罪不适用法定时效公约》一脉相承。

我国《刑法》第 87 条"追诉时效期限"规定："犯罪经过下列期限不再追诉：（一）法定最高刑为不满五年有期徒刑的，经过五年；（二）法定最高刑为五年以上不满十年有期徒刑的，经过十年；（三）法定最高刑为十年以上有期徒刑的，经过十五年；（四）法定最高刑为无期徒刑、死刑的，经过二十年。如果二十年以后认为必须追诉的，须报请最高人民检察院核准。"《刑法》第 88 条和第 89 条分别对"追诉期限的延长"和"追诉期限的计算与中断"作了规定。《中华人民共和国刑事诉讼法》第 15 条规定："有下列情形之一的，不追究刑事责任，已经追究的，应当撤销案件，或者不起诉，或者终止审理，或者宣告无罪：……（二）犯罪已过追诉时效期限的……"我国与其他国家缔结的双边引渡条约也将已过时效作为拒绝引渡的理由之一，如《中华人民共和国和伊朗伊斯兰共和国引渡条约》第 6 条"应当拒绝引渡的理由"第 5 项将"根据任何一方的法律，由于时效已过或者赦免等原因，被请求引渡人已经被免于刑事责任"作为应当拒绝引渡的七种情形之一。1992 年《关于办理引渡案件若干问题的规定》第 8 条第 2 项将"依照我国法律或者请求国法律，对被要求引渡人因追诉时效已过或者赦免等原因而可以不予起诉或者处罚"的情形列为可以拒绝引渡的情形之一。我国《引渡法》第 8 条第 6 项将"根据中华人民共和国或者请求国法律，在收到引渡请求时，由于犯罪已过追诉时效期限或者被请求引渡人已被赦免等原因，不应当追究被请求引渡人的刑事责任的"情形规定为应当拒绝引渡的八种情形之一。

赦免和时效一样，也是阻却引渡的法定事由之一。我国在理论上将赦免分为大赦与特赦。大赦，是指由国家最高权力机关或国家元首以命令方式宣告，对某一时期内的特定罪犯或一般罪犯予以赦免的制度。特赦，是指由国家最高权力机关或国家元首以命令方式宣告，对已被判刑的特定罪犯赦免其刑罚的全部或一部分的制度。我国现行《宪法》没有规定大赦，只规定了特赦。由于《宪法》没有规定大赦，所以我国《刑法》第 65 条、第 66 条中所提及的"赦免"仅指特赦。《宪法》规定的特赦，由全国人大常委会决定，由国家主席发布特赦令。《刑事诉讼法》第 15 条将"经特赦令免除刑罚的"的情形作为"不追究刑事责任"的情形之一。

11. 军事犯罪

军事犯罪属于特殊类型的犯罪，是指军人违反职责，危害所在国国防利益和军事利益的行为。军事犯罪对其他国家以及国际社会的公共安全影响不大，不属于可引渡的犯罪。联合国《引渡示范条约》和许多国家的引渡法中都有军事犯罪不引渡条款，我国《引渡法》等文件以及我国与其他国家签订的双边引渡条约对此也有规定。1992 年《关于办理引渡案件若干问题的规定》第 7 条第 3 项将"请求国提出的引渡请求所依据的犯罪只是请求国军事法规中所规定的犯罪，而依照该国普通刑法不构成犯罪"的情形列为应当拒绝引渡的情形之一。根据我国《引渡法》第 8 条第 5 项之规定，"根据中华人民共和国或者请求国法律，引渡请求所指的犯罪纯属军事犯罪的"的情形属于应当拒绝引渡的情形。1993 年《中华人民共和国和泰王国引渡条约》第 3 条"应当拒绝引渡的情形"第 3 款将"引渡请求所涉及的犯罪只是请求方军事法规中所规定的犯罪，而根据该方普通刑法不构成犯罪"列为应当拒绝引渡的情形。《中华人民共和国和罗马尼亚引渡条约》第 3 条"应当拒绝引渡的情形"规定："有下列情形之一的，应当拒绝引渡：……（四）引渡请求所涉及的犯罪只是军事性质的犯罪，而根据普通刑法不构成犯罪。"《中华人民共和国和伊朗伊斯兰共和国引渡条约》第 6 条第 3 项将"引渡请求所针对的犯罪仅构成军事犯罪"作为应当拒绝引渡的情形。前述条约因故对军事犯罪不引渡的措辞不同，但含义相同。在我国，军事犯罪是指《刑法》分则第十章规定的第十大类犯罪"军人违反职责罪"，包括31个罪名：战时违抗命令罪（第421条），隐瞒、谎报军情罪（第422条），拒传、假传军令罪（第422条），投降罪（第423条）、战时临阵脱逃罪（第424条），擅离、玩忽军事职守罪（第425条），阻碍执行军事职务罪（第426条），指使部属违反职责罪（第427条），违令作战消极罪（第428条），拒不救援友邻部队罪（第429条），军人叛逃罪（第430条），非法获取军事秘密罪（第431条），为境外窃取、刺探、收买、非法提供军事秘密罪（第431条），故意泄露军事秘密罪（第432条），过失泄露军事秘密罪（第432条），战时造谣惑众罪（第433条），战时自伤罪（第434条），逃离部队罪（第435条），武器装备肇事罪（第436条），擅自改变武器装备编配用途罪（第437条），盗窃、抢夺武器装备、军用物资罪（第438条），非法出卖、转让武器装备罪（第439条），遗弃武器装备罪（第440条），遗失武器装备罪（第441条），擅自出卖、转让军队房地产罪（第442条），虐待部属罪（第443条），遗弃伤病军人罪（第444条），战时拒不救治伤病军人罪（第445条），战时残害居民、掠夺居民财物罪（第446条），私放俘虏罪（第447条），虐待俘虏罪（第448条）。

12. 国家安全

如果准予引渡，就有可能危及被请求引渡国的主权、领土完整与安全以及政权和制度的安全，则被请求国应当拒绝引渡。《中华人民共和国和意大利共和国引渡条约》第3条"应当拒绝引渡的理由"规定："有下列情形之一的，应当拒绝引渡：……（七）如果准予引渡可能会损害被请求方的主权、安全、公共秩序或其他重大利益，或者导致与其本国法律基本原则相抵触的后果，包括被请求方法律禁止的刑罚种类的执行。"

13. 豁免

基于对国家主权的尊重，对于享有外交特权与豁免权的人，应当或可以拒绝引渡。享有外交特权与豁免权的人员主要包括两类：一是外交代表及领事人员。1961年《维也纳外交关系公约》第31条第1项及相关条款和1963

年《维也纳领事关系公约》第 43 条第 1 项、第 44 条第 3 项及相关条款对此有明文规定；二是国家元首。国家元首是其本国的最高代表，当国家元首身处境外时，依照国际习惯法，除了享有礼仪上的殊荣外，还享有外交特权与豁免权。

根据 1992 年《关于办理引渡案件若干问题的规定》第 7 条第 5 项之规定，"被要求引渡人依照中华人民共和国法律或者公认的国际法享有刑事管辖豁免"的，应当拒绝引渡。我国《刑法》第 11 条规定："享有外交特权和豁免权的外国人的刑事责任，通过外交途径解决。"

（六）引渡的程序

引渡的基本程序可分为请求引渡国的请求提交程序和被请求引渡国的审查批准程序。

1.请求引渡国的请求提交程序

（1）引渡请求提交的途径

联合国《引渡示范条约》第 5 条"联系渠道和所需文件"第 1 款规定："引渡请求应以书面方式提出。请求书、佐证文件和随后的函件应通过外交渠道在司法部或缔约国指定的任何其他当局之间直接传递。"不同国家确定的引渡合作的联系途径和联系机关各不相同。我国《引渡法》第 4 条规定，中华人民共和国和外国之间的引渡，通过外交途径联系。中华人民共和国外交部为指定的进行引渡的联系机关。《引渡法》第 10 条规定："请求国的引渡请求应当向中华人民共和国外交部提出。"大多数国家指定的联系机关为司法行政机关或司法机关，如《中华人民共和国和埃塞俄比亚联邦民主共和国引渡条约》第 5 条"联系途径"规定："一、为本条约之目的，双方应当通过外交途径进行联系。二、实施本条约的中央机关，在中华人民共和国方面，是指外交部，在埃塞俄比亚联邦民主共和国方面，是指司法部。"又如，根据《中华人民共和国和葡萄牙共和国引渡条约》第 6 条"联系途径"之规定，中华人民共和国方面的联系机关为外交部，葡萄牙共和国的联系机关为共和国总检察院。意大利指定的联系机关也是司法部，①南非共和国的联系机关是司法及宪法发展部长。②

（2）引渡请求书及佐证文件或材料

请求引渡的案件，提出请求时，除正式请求书外，还需提供佐证文件及相关函件。联合国《引渡示范条约》第 5 条第 2 款规定："引渡请求书应附有以下材料：（一）在所有情况下……"

① 引渡请求书

根据我国《引渡法》第 11 条之规定，请求国请求引渡应当出具请求书，请求书应当载明：请求机关的名称；被请求引渡人的姓名、性别、年龄、国籍、身份证件的种类及号码、职业、外表特征、住所地和居住地以及其他有助于辨别其身份和查找该人的情况；犯罪事实，包括犯罪的时间、地点、行为、结果等；对犯罪的定罪量刑以及追诉时效方面的法律规定。

《上海合作组织反恐怖主义公约》对请求引渡恐怖主义犯罪的请求书及佐证文件要求等程序问题作了明文规定，根据该《公约》第 14 条第 1 款的规定，请求以书面形式提交。请求书应包括：请求方和被请求方的主管机关名称；请求的事项和理由；案件情况，包括开展立案审查、侦查或法院审理的案情说明（犯罪时间、地点和情节）；有关法律法规的文本，如不能提供，应阐明相关法律法规条款，或者说明可在请求方境内依法采取的被请求措施或与其效果相同的其他措施；如有必要，标明密级。根据该《公约》第 14 条第 2 款的规定，关于对法人采取处罚措施的请求，除本条第 1 款所列举的内容外，还应包括：关于法人名称、所在地及其注册地址的信息、该法人组织代表的资料；处罚措施；请求方希望被请求方遵循的具体程序；关于可能被查封和没收的财产的信息（其所在地、与犯罪的关系以及其他人对该财产拥有合法权益的任何信息）；请求方法院判决书或其他主管机关所作决定的

---

① 《中华人民共和国和意大利共和国引渡条约》第 6 条 "指定机关"。

② 《中华人民共和国和南非共和国引渡条约》第 6 条 "请求的提出"。

核对无误的副本，以及判决和决定的理由；请求方依据的事实，供被请求方依照本国法律作出执行决定。

② 引渡请求书的佐证文件或材料

根据我国《引渡法》第 12 条第 1 款之规定，请求国请求引渡，应当在出具请求书的同时，提供以下材料：为了提起刑事诉讼而请求引渡的，应当附有逮捕证或者其他具有同等效力的文件的副本；为了执行刑罚而请求引渡的，应当附有发生法律效力的判决书或者裁定书的副本，对于已经执行部分刑罚的，还应当附有已经执行刑期的证明。必要的犯罪证据或者证据材料。该条第 2 款规定，"请求国掌握被请求引渡人照片、指纹以及其他可供确认被请求引渡人的材料的，应当提供"。

请求国提供的请求书及佐证文件，在签字、盖章、文字使用方面须符合规定，我国《引渡法》第 13 条规定："请求国根据本节提交的引渡请求书或者其他有关文件，应当由请求国的主管机关正式签署或者盖章，并应当附有中文译本或者经中华人民共和国外交部同意使用的其他文字的译本。"

根据该《上海合作组织反恐怖主义公约》第 14 条第 3 款的规定，如果请求审讯嫌疑人或被告人，则应当附上核对无误的刑事案件材料的副本。

《上海合作组织反恐怖主义公约》除了规定前述书面形式的引渡请求书及佐证文件或材料外，还为请求方和被请求方规定了通知义务，《公约》第 14 条第 4 款规定，如果无其他约定，被请求方在收到请求之日起 30 日内通知请求方：关于针对请求所采取的行动及结果；关于阻碍执行或严重延迟执行的任何情况。《公约》第 14 条第 5 款规定，请求方应尽快通知被请求方：关于法院改判或关于对法人的制裁措施的判决和决定全部或部分失效的情况；关于造成根据本公约所采取的行动失去依据的情况变化。《公约》第 14 条第 6 款规定：一方根据同一判决，如向多方申请对法人采取处罚措施，应通知与执行该判决有关的其他各方。

2. 被请求引渡国的审查批准程序

被请求引渡国的审查批准程序，各国采用三种模式：行政审查制，即由行政机关负责审查；司法审查制，即由司法机关负责审查；双重审查制，即由行政机关和司法机关进行双重审查或混合审查。但一些国家在被请求引渡人同意的情况下，采用简易引渡制度，按照简易程序迅速进行引渡。

我国引渡审查采取的模式为"第一次行政审查—司法审查—第二次行政审查",① 即双重审查制。我国《引渡法》第二章第三节中相关条款对引渡审查的具体步骤规定如下：一是由我国外交部具体负责引渡请求书及其所附文件、材料是否符合《引渡法》第二章第二节和引渡条约的规定进行行政审查；外交部对请求国提出的引渡请求进行审查，认为符合《引渡法》第二章第二节和引渡条约的规定的，应当将引渡请求书及其所附文件和材料转交最高人民法院、最高人民检察院。二是由最高人民法院和最高人民检察院进行司法审查。第一，最高人民检察院的司法审查。最高人民检察院对引渡请求所指的犯罪或者被请求引渡人的其他犯罪是否应当由我国司法机关追诉以及是否提起诉讼进行审查，并将审查结果分别告知最高人民法院和外交部。第二，最高人民法院的司法审查。最高人民法院指定的高级人民法院对请求国提出的引渡请求是否符合《引渡法》和引渡条约关于引渡条件等规定进行审查并作出裁定。被指定的高级人民法院经审查后，认为请求国的引渡请求符合《引渡法》和引渡条约规定的，应当作出符合引渡条件的裁定；认为请求国的引渡请求不符合《引渡法》和引渡条约规定的，应当作出不引渡的裁定。之后，由最高人民法院对高级人民法院作出的裁定进行复核。最高人民法院复核后，认为高级人民法院作出的裁定符合《引渡法》和引渡条约规定的，应当对高级人民法院的裁定予以核准；认为高级人民法院作出的裁定不符合《引渡法》和引渡条约规定的，可以裁定撤销，发回原审人民法院重新审查，也可以直接作出变更的裁定。如果最高人民法院复核后，不核准引渡的，司法审查程序即告终结。但无论是引渡裁定还是不

① 周洪钧：《国际法与其他论文选辑》，法律出版社 2015 年版，第 143 页。

引渡裁定，都应当提交外交部。三是外交部接到最高人民法院不引渡的裁定后，应当及时通知请求国；接到最高人民法院符合引渡条件的裁定后，应当报送国务院决定是否引渡。国务院决定不引渡的，外交部应当及时通知请求国。至此，引渡审查程序全部终结。

我国的公安部在引渡程序中负责执行引渡拘留、引渡逮捕、引渡监视居住以及引渡。

3.引渡程序中的强制措施

为了防止被请求引渡人逃避引渡，确保引渡程序的顺利进行，在引渡程序中必须采取一定的强制措施。常见的强制措施主要有引渡拘留、引渡逮捕、引渡监视居住。

（1）引渡拘留

在请求国提出正式的请求书之前，如果遇有紧急情形，可以请求被请求国立即对被请求引渡人采取羁押措施，以免其逃逸。引渡拘留是根据请求国提出的临时羁押申请而采取的一种临时性的强制措施，具有应急性。我国《引渡法》第30条第1款规定："对于外国正式提出引渡请求前，因紧急情况申请对将被请求引渡的人采取羁押措施的，公安机关可以根据外国的申请采取引渡拘留措施。"

（2）引渡逮捕

引渡逮捕是被请求国根据请求国的请求书的内容和请求国对犯罪事实的陈述而采取的一种强制措施。我国《引渡法》第32条规定："高级人民法院收到引渡请求书及其所附文件和材料后，对于不采取引渡逮捕措施可能影响引渡正常进行的，应当及时作出引渡逮捕的决定。对被请求引渡人不采取引渡逮捕措施的，应当及时作出引渡监视居住的决定。"依据《引渡法》第36条之规定，在国务院作出准予引渡决定后，如果被请求引渡人尚未被引渡逮捕的，人民法院应当立即决定引渡逮捕。

（3）引渡监视居住

基于人道主义或人权保护的考虑，被请求国对于因年龄、身体等原因而不采取引渡逮捕措施的被请求引渡人采取的限制居住的方式,以确保引渡的顺利进行。根据我国《引渡法》第35条的规定,对于应当引渡逮捕的被请求引渡人,如果患有严重疾病,或者是正在怀孕、哺乳自己婴儿的妇女,可以采取引渡监视居住措施。

4.引渡的执行

被请求国作出引渡的决定后,应当通知请求国在指定时间内接收被请求引渡人,如果请求国逾期不接收者,被请求国应立即释放被请求引渡人,请求国不得再对该人提出引渡请求。

在我国,根据《引渡法》第38条之规定,引渡由公安机关执行。《引渡法》第38条至第41条对引渡执行的内容和程序作了规定。

我国如果需要向外国请求引渡,也应当按照程序进行。根据《引渡法》第47条的规定,我国请求外国准予引渡或者引渡过境的,应当由负责办理有关案件的省、自治区或者直辖市的审判、检察、公安、国家安全或者监狱管理机关分别向最高人民法院、最高人民检察院、公安部、国家安全部、司法部提出意见书,并附有关文件和材料及其经证明无误的译文。最高人民法院、最高人民检察院、公安部、国家安全部、司法部分别会同外交部审核同意后,通过外交部向外国提出请求。

二、引渡的替代措施

在国际社会,引渡的替代措施包括合法的替代措施和非法的替代措施,前者有非法移民的遣返、驱逐出境等,后者有绑架和诱骗。本书仅述及合法的替代措施。

(一)非法移民的遣返

非法移民的遣返,是指将不具有合法居留身份的外国入境者遣送回国,是遣返国为维护本国安全和秩序而单方面作出的决定。通过这种方式,在客观上产生了与引渡相同的效果，因而在理论上也被称为"事实引渡"。非法移民的遣返，需要追诉国的努力，追诉国可以通过给逃犯所在地国提供线索和证据，促使后者以遣返非法移民的方式，将逃往他国的犯罪人员遣送出境。

非法移民遣返，是我国近几年对普通犯罪进行跨国追逃追赃的重要途径和方式，赖昌星案就是典型案例之一。赖昌星在案发后，于1999年8月携家人逃往加拿大。经中加双方的努力，2011年7月23日，赖昌星被遣返回国，成为中国跨国追逃国际刑事司法合作的成功范例。由于中国和加拿大之间没有引渡条约，而加拿大奉行"条约前置主义"，故对赖昌星无法适用引渡措施，中国和加拿大虽然缔结了《中华人民共和国和加拿大关于刑事司法协助的条约》（1995年7月1日生效），但其第2条规定的"司法协助的范围"仅包括诉讼文书送达、协助调查取证、搜查和扣押、提供证据材料以及赃款赃物的返还措施，不包括引渡。对赖昌星只能采取引渡的替代措施，即非法移民遣返措施。

（二）驱逐出境

驱逐出境是强制犯罪的外国人离开本国的措施，具体由一国司法机关或军警机关执行。

我国法律规定的驱逐出境分为作为刑罚措施的驱逐出境和作为行政强制措施的驱逐出境两类。我国《刑法》第35条规定："对于犯罪的外国人，可以独立适用或者附加适用驱逐出境。"据此，驱逐出境既可以独立适用，也可以附加适用，适用对象仅限于犯罪的外国人。作为刑罚措施的驱逐出境，虽然与《中华人民共和国出境入境管理法》（自2013年7月1日起施行）第30条规定的驱逐出境都属于将外国人驱离我国的强制措施，但二者之间在性质和适用对象、适用的机关和法律依据、执行的时间等方面存在本质的区别。

三、国际引渡法的新发展

引渡制度的新发展主要体现为欧洲的逮捕令制度。由于传统引渡制度存在条件严苛、程序冗长、耗时低效等缺陷，欧盟一直致力于简化烦琐冗长的引渡程序和消除实体性引渡障碍，并为此颁布了一系列法律文件。其中，最有影响的是 2002 年 6 月 13 日欧盟理事会通过的第 2002/584/JHA 号《关于欧洲逮捕令和欧盟成员国之间移交程序的框架决定》(the Framework Decision on the European Arrest Warrant and the Surrender Procedures between Member States，简称《框架决定》，2004 年 1 月 1 日生效)。《框架决定》创立的欧洲统一逮捕令制度适用于"犯罪清单"列举的包括恐怖主义犯罪在内的 32 种严重犯罪行为。

《框架决定》包括前言和正文两部分。《框架决定》前言部分指出，为了在欧盟范围内建立自由、安全和司法区域，应当在成员国之间取消引渡制度，代之以司法机构之间的移交体系；在成员国之间应当适用欧洲统一逮捕令，以取代之前适用的所有引渡法律文件，包括规定引渡制度的申根公约第三部分的规定；[①] 取代建立在 1957 年 12 月 13 日《欧洲引渡公约》基础之上的多边引渡制度。[②] 根据《框架决定》第 1 条第 1 款之规定，欧洲统一逮捕令，是指由一个成员国为了刑事起诉、执行刑罚或羁押令而向另一成员国签发的逮捕并移交被请求人的司法决定。《框架决定》第 2 条规定："成员国执行欧洲统一逮捕令的基础是相互承认原则以及框架决定的规定"。

根据《框架决定》，逮捕令制度在欧盟范围内取代了传统的引渡制度，在程序上和实体方面做了重大变革。在程序方面，废除了复杂的引渡程序和

---

① 《框架决定》取代了 1957 年《欧洲引渡公约》、1977 年《欧洲惩治恐怖主义公约》、1995 年《关于简化引渡程序公约》、1996 年《关于欧盟成员国之间的引渡公约》以及《申根协定》的相关规定。

② 体现欧盟多边引渡制度的法律文件包括 1957 年《欧洲引渡公约》及 1975 年和 1978 年附加议定书、1995 年《欧盟成员国简易引渡程序公约》、1996 年《欧盟成员国间引渡公约》。

要求；司法审查代替了行政审查，移交的决定权属于司法机关，不再属于政府机关。在实体方面，废除了政治犯罪不引渡原则；排除了本国国民不引渡的强制性或选择性理由，可以有条件地引渡本国国民；规定了双重犯罪原则的例外。较之于传统的引渡制度，逮捕令制度冲破了传统引渡制度的藩篱，简化了办案程序，加强了欧盟成员国之间的刑事司法合作，是一种高效、快捷的移交被请求人的制度。①《框架决定》对欧盟成员国的国内立法产生了深远的影响，欧盟所有成员国已将《框架决定》的有关内容纳入本国立法，有些成员国为此修改了宪法。《框架决定》在帮助欧盟成员国打击犯罪方面，取得了较大成功。该制度虽因被请求移交人的程序性权利的保护等问题而留下了争议的空间，② 但欧盟在反恐立法及反恐国际合作方面发挥的先驱作用是毋庸置疑的。

四、我国《引渡法》和相关法律的不足

（一）关于本国国民不引渡原则立法的不足

我国《引渡法》第 8 条确立的本国国民不引渡原则，未能顺应引渡制度灵活化的国际潮流。在国际上，大多数条约中的本国国民不引渡原则不属于刚性原则，允许在一定条件下可以引渡本国国民。如《联合国引渡示范条约》将"本国国民不引渡"列为拒绝引渡的任择性理由，而非强制性理由。又如欧洲逮捕令制度已经放弃了本国国民不引渡原则。

---

① 自实施逮捕令以来，欧盟成员国之间移交被请求人的时间从过去的平均 9 个月缩短为 43 天。若被请求人同意移交，该时间可缩短为 13 天。

② 非政府组织"公平审判国际"（Fair Trials International）在 2011 年 5 月发布的一份详尽报告中，认为欧洲逮捕令制度在实施中存在缺陷，建议修改欧洲逮捕令制度，以加强对犯罪嫌疑人和被告人基本人权的保护。See Fair Trials International. "The European Arrest Warrant Seven Years on-the Case for Reform"（May 2011）. https://www.fairtrials.org/documents/FTI_Report_EAW_May_2011.pdf。

（二）缺少死刑不引渡原则

事实上，一国是否保留死刑与其是否承认死刑不引渡原则没有必然的联系，我国与其他保留死刑的国家如白俄罗斯、保加利亚等签订引渡条约时，缔约另一方均要求将死刑不引渡原则纳入引渡条约中。因此，为了克服死刑问题给我国与其他国家之间的国际刑事司法合作带来的障碍，可以在《引渡法》中增设死刑不引渡原则。

（三）缺少"或引渡或起诉"条款

"或引渡或起诉"条款要求被请求国在拒绝请求国的引渡请求时，应当在本国就引渡请求中列举的犯罪对被请求引渡人进行追诉或处罚。对此，包含国际司法合作条款的国际公约已有规定，我国与其他国家之间签订的双边引渡条约也作了明确规定，如根据《中华人民共和国和保加利亚共和国引渡条约》第5条之规定，如果被请求方根据本条约第3条第（一）项的规定，以"在就引渡作出决定时，被请求引渡人为被请求方国民"为由不同意引渡，该方应根据请求方的请求，将被请求引渡人转交主管机关，以便予以追诉。为此目的，请求方应向被请求方提交与该案有关的文件和证据。《上海合作组织反恐怖主义公约》第11条第9款规定："如犯有本公约所涵盖犯罪的人在被请求方境内，而该方仅以此人是其公民不予引渡，则应根据该方掌握的证据和有关材料，包括请求方提供的刑事案件材料，依照被请求方法律进行刑事诉讼。"据此，如果被请求方以被请求引渡的恐怖主义犯罪人是本国国民为由拒绝引渡时，则应当在其本国进行追诉。我国《引渡法》没有规定"或引渡或起诉"条款，在理论上是有缺陷的，一方面有悖于我国已经参加或缔结的相关国际公约或双边条约，另一方面有可能导致在我国领域外犯罪的我国公民逍遥法外。事实上，我国虽然在立法层面上没有规定"或引渡或起诉"条款，但在外交部、最高人民法院、最高人民检察院、公安部、司法部于1992年4月发布的《关于办理引渡案件若干问题的规定》中有类似条款，① 今后可以依据我国已经参加或缔结的相关国际公约或双边条约并参照该《规定》，在立法层面上规定"或引渡或起诉"条款。这样，一方面可以避免犯罪人逃避法律制裁，另一方面可以使国内法与我国参加或缔结的国际条约保持一致，从而有助于履行国际义务。

（四）缺少一事不再理原则

我国《刑法》尚未确立一事不再理原则。《刑法》第 10 条规定："凡在中华人民共和国领域外犯罪，依照本法应当负刑事责任的，虽然经过外国审判，仍然可以依照本法追究，但是在外国已经受过刑罚处罚的，可以免除或者减轻处罚。"据此，我国刑事司法不受外国判决效力的约束，这意味着对同一罪行有重复追诉的可能性。如果根据我国《刑法》第 7 条和第 8 条的规定，对我国公民或外国人在我国领域外实施的犯罪应当适用我国刑法，即使经过外国审判并已作出判决，我国仍然可以行使管辖权，这意味着行为人有可能受到双重审判。鉴于此，在《刑法》中应当在维护我国主权权益的基础上科学确立国际上一致认可的一事不再理原则，一方面可与我国已缔结或参

---

① 《关于办理引渡案件若干问题的规定》第 6 条规定："对于外国向我国提出的引渡请求，只在该项请求所依据的行为依照该国法律和我国法律均构成犯罪，并且符合下列条件之一的，方可同意：（一）对于旨在对犯罪嫌疑人追究刑事责任的引渡请求，请求国法律和我国法律就该项请求所依据的犯罪所规定的法定最高刑至少为两年有期徒刑；（二）对于旨在对罪犯执行刑罚的引渡请求，按照请求国法院所作判决，对该罪犯尚未执行的刑期至少为六个月有期徒刑。我国缔结或者参加的国际条约就特定犯罪规定缔约国有'或者引渡，或者起诉'义务的，该犯罪被视为符合前款规定的条件。"其第 10 条规定："我国缔结或者参加的国际条约就特定犯罪规定缔约国有'或者引渡，或者起诉'义务的，如果我国对于被指控或者被判定有该项犯罪的人决定不予引渡，应当依照有关国际条约的规定，将该人移送有关司法机关追究其刑事责任。我国拒绝向外国引渡具有中华人民共和国国籍的人，而该人的犯罪符合本规定第六条所列条件之一的，我国司法机关可以根据请求国的请求，依照我国法律规定的程序，对该人依法追究刑事责任；也可以按照对等原则，根据与该国商定的条件，执行该国司法机关对该人所判处的刑罚。"

加的相关国际条约保持一致，另一方面有助于避免对同一行为人的同一行为进行重复追诉。

第二节　其他国际刑事司法合作措施

一、刑事司法协助

我国《刑事诉讼法》第17条规定："根据中华人民共和国缔结或者参加的国际条约，或者按照互惠原则，我国司法机关和外国司法机关可以相互请求刑事司法协助。"该法没有对其中的"刑事司法协助"的范围作出界定，有人认为它属于广义上的刑事司法协助的概念，应包括引渡、诉讼程序移管、相互承认刑事判决等。1998年5月14日公安部发布的《公安部公安机关办理刑事案件程序规定》第341条规定："公安机关进行刑事司法协助和警务合作的范围，主要包括犯罪情报信息的交流与合作、调查取证、送达刑事诉讼文书、移交物证、书证和视听资料、引渡以及国际条约规定的其他刑事司法协助、警务合作事宜。"第341条等将引渡也纳入刑事司法协助的范围。该条属于该《规定》第十三章"刑事司法协助和警务合作"下的条款。2012年12月13日公安部发布的修订后的《公安机关办理刑事案件程序规定》（自2013年1月1日起施行）第十三章"刑事司法协助和警务合作"第365条规定："公安机关进行刑事司法协助和警务合作的范围，主要包括犯罪情报信息的交流与合作，调查取证，送达刑事诉讼文书，移交物证、书证、视听资料或者电子数据等证据材料，引渡、缉捕和递解犯罪嫌疑人、被告人或者罪犯以及国际条约、协议规定的其他刑事司法协助和警务合作事宜。"比较之下，新条款的内容有了变化，但新规定依然将引渡纳入了刑事司法协助的范围。1999年1月18日最高人民检察院公布的《人民检察院刑事诉讼规则》第十四章"刑事司法协助"中第440条规定："人民检察院司法协助的范围主要包括刑事方面的调查取证、送达刑事诉讼文书、通报刑事诉讼结果、移交物证、书证和视听资料、扣押、移交赃款、赃物以及法律和国际条约规定的其他司法协助事宜。"其第 441 条规定："办理引渡案件，按照国家关于引渡的法律和规定执行。"最高人民检察院于 2012 年 11 月 22 日公布的《人民检察院刑事诉讼规则（试行）》（高检发释字〔2012〕2 号，自 2013 年 1 月 1 日起施行）第十六章"刑事司法协助"第 679 条、第 680 条的规定与 1999 年《人民检察院刑事诉讼规则》第 440 条、第 441 条完全相同。由此可见，司法解释中的刑事司法协助是广义上的刑事司法协助。但根据 1990 年联合国《引渡示范条约》、《刑事事件互助示范条约》等文件的规定，应将刑事司法协助界定为狭义上的刑事司法协助，我国学术界也倾向于支持该主张。

　　本书论及的刑事司法协助是指狭义的刑事司法协助，不包括引渡、刑事诉讼移管、外国刑事判决的承认和执行等。刑事司法协助，亦称刑事司法互助，是指国家之间、国家与地区之间或者地区与地区之间在刑事事务方面，相互代为履行某些刑事司法行为的活动。国际刑事司法协助，是指国家之间在刑事事务方面通过代为一定的司法行为而相互给予支持和帮助的行为。具体而言，国际刑事司法协助，是指国家之间在询问证人和鉴定人、移交物证、实施搜查或扣押、查证和验证、送达文书、情报交换以及有关办理刑事诉讼手续等方面所进行的相互帮助与合作。联合国《刑事事件互助示范条约》第 1 条规定的司法协助事项包括：向有关人员收集证词或供述；协助提供被关押者或其他人作证或协助调查工作；递送司法文件；执行搜查或查封；检查物件和场地；提供资料和证据；提供有关文件和记录的原件或经核证之副本，包括银行、财务、公司或商务记录。我国与其他国家签订的相关条约中的刑事司法协助，也是指狭义的刑事司法协助。我国自 1987 年与波兰签署了民商事和刑事司法合作条约以来，已和其他国家签署了几十项民刑事司法协助条约或刑事司法互助条约。

（一）刑事司法协助的范围

　　我国参加或缔结的包含刑事司法协助的国际公约和双边条约对刑事司法

协助的范围做了界定，如根据《中华人民共和国政府和美利坚合众国政府关于刑事司法协助的协定》第1条之规定，双方应当在与刑事案件有关的侦查、起诉和诉讼方面相互提供协助。协助应当包括：送达文书；获取人员的证言或陈述；提供文件、记录或证据物品的原件、经证明的副本或影印件；获取并提供鉴定结论；安排人员作证或协助调查；查找或辨别人员；执行查询、搜查、冻结和扣押证据的请求；在没收程序中提供协助；移送在押人员以便作证或协助调查；不违背被请求方境内法律的任何其他形式的协助。又如，《上海合作组织反恐怖主义公约》第15条对刑事司法协助的范围作了类似界定。

（二）拒绝刑事司法协助的理由

拒绝刑事司法协助的理由与拒绝引渡的理由具有相似性，但也有明显区别，二者之间最显著的区别之处在于拒绝刑事司法协助的任择性理由多于强制性理由，国家之间的刑事司法协助条约中通常使用"可以"一词来表达拒绝的理由。"可以"一词意味着，虽存在拒绝刑事司法协助的情形，但在一定条件下可以开展刑事司法协助。如《中华人民共和国政府和美利坚合众国政府关于刑事司法协助的协定》第3条"协助的限制"第1款规定："有下列情形之一的，被申请方中央机关可拒绝提供协助：（一）请求涉及的行为根据被请求方境内的法律不构成犯罪；但双方可以商定，就某一特定犯罪或特定领域的犯罪提供协助，不论该行为是否根据双方境内的法律均构成犯罪；（二）请求涉及的犯罪纯属军事犯罪；（三）执行请求将会损害被请求方的主权、安全、公共秩序、重大公共政策或其他根本利益；（四）请求涉及政治犯罪，或请求系出于政治动机，或有充足理由认为，请求的目的是基于某人的种族、宗教、国籍或政治见解而对该人进行侦查、起诉、处罚或其他诉讼程序；（五）执行请求将有悖于被请求方宪法；（六）被请求方已经对请求所涉及的同一犯罪嫌疑人或被告人就同一犯罪作出最终裁决；或（七）请求提供的协助与案件缺乏实质联系。"据此，被请求方"可以"以双重犯罪原则、军事犯罪、维护国家安全、政治犯罪不引渡、请求违背宪法、一事不再理原则、请求与案件无实质联系等理由，拒绝提供司法协助。该《协定》第3条第2款规定："在根据本条拒绝协助前，被请求方中央机关应与请求方中央机关协商，考虑可否在其认为必要的条件下给予协助。如果请求方接受附加条件的协助，则应遵守这些条件。"该款更进一步体现了刑事司法协助拒绝理由的非强制性特点。该款意味着，被请求方本可以拒绝请求方的司法协助请求，但如果请求方能够接受被请求方提出的附加条件，则被请求方可以提供协助。

鉴于拒绝刑事司法协助的理由如双重犯罪原则、一事不再理原则等，与拒绝引渡的理由具有相似性，而在前文关于拒绝引渡的理由中已有详述，故在此不再对拒绝刑事司法协助的理由展开论述。

（三）刑事司法协助的请求和执行

刑事司法协助请求的提出，是刑事司法协助程序的开端。而请求的提出，请求国原则上应提交请求书作为正式的书面凭据，请求书应以被请求国的语言文字制作，但在紧急情况下，经被请求国同意，也可以以口头方式或其他方式提出，只需在事后一定期限内补交书面请求书即可。请求书的内容除了必须表达的具体事项外，还需提供证明文件和材料。

1. 提出和接收请求的中央机关

国家之间的刑事司法互助条约都对提出刑事司法互助请求和接收请求的中央机关作了约定，如根据《中华人民共和国政府和美利坚合众国政府关于刑事司法协助的协定》第2条"中央机关"的规定，中华人民共和国指定的中央机关为司法部；美利坚合众国指定的中央机关为司法部长或由司法部长指定的人。

2. 请求书和证明文件

请求书的内容一般包括：请求协助的机关、请求的目的、犯罪事实、所依据的法律、当事人的基本情况、执行请求所必需的其他资料。根据联合国

《刑事事件互助示范条约》第 5 条"请求书的内容"第 1 款的规定，要求提供协助的请求书应包含下列内容：请求机构的名称和进行该请求所涉调查或起诉的主管当局的名称；该项请求的目的和所需协助的简短说明；除请求递送文件的情况外，应叙述据称构成犯罪的事实以及关于相关法律的陈述或文本；必要情况下收件人的姓名或地址；请求国希望遵循的任何特定程序或要求的理由和细节，包括说明是否要求得到经宣誓或证实的证词或陈述；对希望在任何期限内执行有关请求的说明；妥善执行请求所必需的其他资料。该条第 2 款要求，依照本《条约》提出的请求书、佐证文件及其他函件应附有以被请求国语文或该国可接受的另一种语文提出的译文。该条第 3 款规定，如果被请求国认为请求书中载列的资料不足以处理该项请求，它可要求提供补充资料。

3. 司法协助请求的审查

一国接到他国的刑事司法协助的请求后，应根据本国法律和双方签订的双边协定或国际条约对请求协助的相关事项进行审查，作出接受请求或不接受请求的决定。对刑事司法协助请求的审查，大多数国家都规定了审查程序，一般采用司法审查和行政审查相结合的双重审查制。

（1）司法审查

司法审查，是指被请求国国内法规定的司法机关依据国内法和国际条约所规定的法律条件和程序，对请求国请求协助的相关事项进行审查。司法审查属于法律层面的审查，其主要内容包括：请求协助的条件、请求书的内容和规格、送达程序是否符合法律规定；是否存在不予协助的情形；请求国提供的证据材料是否充足。经司法审查通过后，即交付行政机关审查。

（2）行政审查

行政审查，是指被请求国的外交行政机关对请求国提交的证明文件和本国司法机关出具的司法意见进行审查。行政审查属于外交层面的审查，其主要内容包括：请求事项是否符合法律规定；请求是否有违国家主权原则、公共秩序、人权保障、双重犯罪原则、国家重大利益及两国间的外交关系等；

审查请求协助的事项是否纯属政治、军事等性质；在请求竞合时审查哪个请求国具有优先权等。审查后应作出拒绝或接受请求的决定；如果决定拒绝请求，应说明理由。

4. 司法协助请求的执行

被请求国对于司法协助请求审查后，认为符合本国法和双方签订的刑事司法协助条约，就应当执行。执行程序依照被请求国的国内法进行，请求国无权干预。联合国《刑事事件互助示范条约》第 6 条"请求的执行"规定："要求提供协助的请求应依照被请求国的法律和惯例加以立即执行，但须遵照本条约第 20 条之规定。只要符合其法律和惯例，被请求国应按请求国要求的方式执行请求。"[①]

二、刑事诉讼的移管

刑事诉讼的移管，又称刑事诉讼移转管辖、刑事管辖权的国际转移，是指对犯罪具有管辖权的国家由于某种原因，不能进行或完成追究该犯罪的刑事责任的刑事诉讼活动时，将案件移交给另一国进行刑事诉讼管辖的司法行为。当国家之间不存在引渡条约时，一国可以通过刑事诉讼移管的方式将刑事诉讼管辖权转移给另一国，由该国在其境内对行为人进行追诉。

刑事诉讼移管制度，最早确立于欧洲，1972 年 5 月，欧洲理事会成员国在斯特拉斯堡签订了《欧洲刑事诉讼移管公约》（European Convention on the Transfer of Proceeding in Criminal Matters），对欧洲理事会各成员国之间的刑事诉讼移管的范围、条件、程序以及刑事诉讼移管的原则等作了全面规定。1990 年联合国成员国签订的《关于刑事诉讼移管的示范条约》对刑事诉讼移管作了示范性规定。我国参加的 1988 年《联合国禁止非法贩运麻醉

[①]　联合国《刑事事件互助示范条约》第 20 条"费用"规定："除缔约国另有协议，执行请求的一般费用应由请求国负担。如执行该项请求将需涉及大笔或特殊性质的开支，缔约国应事先进行协商，确定执行该项请求的条件或承付费用的方式。"

药品和精神药物公约》、2000年《联合国打击跨国有组织犯罪公约》和2003年《联合国反腐败公约》中都有刑事诉讼移管条款。

（一）刑事诉讼移管的条件

1.提出刑事诉讼移管请求的国家必须对有关犯罪具有刑事管辖权

请求国对有关犯罪具有刑事管辖权是请求刑事诉讼移管的前提条件，但在国际刑事司法合作实践中，有的国家要求对犯罪具有属地管辖权的国家才可以提出刑事诉讼移管，如根据1972年《欧洲刑事诉讼移管公约》的规定，如果犯罪是在请求国境外实施的，则被请求国可以拒绝转移刑事诉讼的管辖权。

2.犯罪嫌疑人出现在被请求国境内

刑事诉讼移管的目的之一，是为了便于刑事诉讼的顺利进行。如果犯罪嫌疑人不在被请求国境内，被请求国即使接受了请求国转移管辖权的请求，也无法对案件进行有效的移交。

从各国立法和国际刑事司法合作的实践看，适用刑事诉讼移管制度的案件主要包括：不予引渡的案件；轻罪案件；数罪与共同犯罪案件；证据集中于外国的跨国案件；刑事附带民事诉讼案件；犯罪人正在被请求国就某一罪行或其他罪行接受审判或执行刑罚。[①]

（二）刑事诉讼移管的原则

1.双重犯罪原则

为了实现公平正义，刑事诉讼移管，也应遵守双重犯罪原则，即请求国（犯罪行为发生地国）和被请求国（被请求人所在地国）的法律都认为某一行为构成犯罪且应当追究刑事责任时，才有可能启动刑事诉讼移管程序。也就是，刑事诉讼移管请求中提出的犯罪行为，根据被请求国的法律也构成犯罪时，刑事诉讼管辖权才有可能进行转移。根据联合国《关于刑事诉讼移管

---

① 参见王铮：《国际警务合作中的刑事诉讼移转管辖》，《公安大学学报》1997年第4期。

的示范条约》第 6 条之规定，只有在据以提出请求的行为在被请求国也属于犯罪行为时，才能执行刑事诉讼移管请求。

2. 一事不再理原则

当请求国将本国拥有管辖权的案件交由被请求国管辖后，就不得对同一罪行进行重复起诉和审判。联合国《关于刑事诉讼移管的示范条约》第 10 条对刑事诉讼移管应遵守的一事不再理原则作了规定。

3. 从轻原则

虽然，在接受了移转的刑事案件后，被请求国是根据本国法律追究被请求人刑事责任的，但是，在请求国与被请求国对同一罪行的刑罚设置不尽相同的情况下，基于维护被请求人人权的考虑，应当适用更有利于被请求人的刑罚，以避免让被请求人承受刑事诉讼移管带来的不利后果。

（三）刑事诉讼移管的程序

1. 刑事诉讼移管请求的提出

刑事诉讼移管请求的提出，必须以书面形式进行，即以请求书的形式提出。请求书的正文部分应当包括基本案情、证据材料和所依据的国内法和国际条约等主要内容。

2. 刑事诉讼移管请求的受理

被请求国接到刑事诉讼移管请求之后，应当依法进行审查。审查合格后，被请求国可以作出转移刑事诉讼管辖权的决定，犯罪嫌疑人也可以就刑事诉讼管辖权的转移发表个人意见。

刑事诉讼管辖权转移之后，将在请求国和被请求国之间产生以下法律效力：一是请求国不再对已经转移给被请求国的案件行使管辖权；二是被请求国根据本国法对请求国转移来的案件行使管辖权；三是被请求国接受了移转的案件后，应将案件的处理情况告知请求国，告知的内容应当包括请求协助事项的处理经过、诉讼程序经过、裁判结果、违法所得或犯罪所得的处理结果等，并提供判决书或裁定书等法律文书的副本。

三、被判刑人的移管

被判刑人的移管（transfer of sentenced person），是指一国将触犯本国法律而被判处自由刑的外国人移交给其国籍国或者惯常居所地国，使其在自己熟悉的国家服刑的刑事司法合作方式。较之于传统的国际刑事司法合作方式，被判刑人的移管是一种崭新的合作方式。

当一国公民在另一国的监狱服刑时，往往要面临语言隔阂、文化差异、亲友探视不便等不利因素，矫正效果有限，不利于被判刑人改过自新、重返社会，同时也为监狱管理带来经济负担和其他困难。而开展被判刑人移管的国际合作，在被判刑人自愿的基础上，使其回到本国服刑，可以有效解决前述问题。可见，被判刑人的移管这一国际刑事司法合作方式具有存在的价值，它一方面体现了对被判刑人的人道主义关怀；另一方面减轻了服刑国的监管压力，因而，这一合作方式已逐渐被越来越多的国家所接受。

国家移管被判刑人的法律依据是其加入的国际公约、缔结的双边条约或协定以及其国内法。我国尚未加入有关移管被判刑人的国际公约，但有国内法依据，如我国《反恐怖主义法》第 70 条规定："涉及恐怖活动犯罪的刑事司法协助、引渡和被判刑人移管，依照有关法律规定执行。"我国和其他国家之间签订的关于移管被判刑人的条约是移管被判刑人合作的主要依据。到目前为止，我国与有关国家已签署了 10 个移管条约，其中，中俄、中乌、中西、中葡、中韩、中澳移管条约已生效，与另外 4 国的移管条约正在谈判中。① 在没有条约的情况下，可以根据互惠原则移管被判刑人。1997 年 9 月，我国首次尝试与乌克兰根据互惠原则开展了被判刑人移管的个案合作，将因在我国境内伙同两名俄罗斯人实施抢劫行为，并于同年 3 月被黑龙江省哈尔滨市中级人民法院判处 10 年有期徒刑的乌克兰公民克里米诺克·奥列格和

---

① 参见《中国移管罪犯呈双增长去年首向美移交美籍罪犯》，中国廉洁网：http://lianjiew.net/a/sifawaishi/sifaxiezhutiaoyue/20171017/12699.html（2018 年 6 月 3 日访问）。

舍夫佐夫·杰尼斯移交给了乌克兰，以便让这两名罪犯在其国籍国服刑。自20世纪90年代尝试被判刑人的移管合作至今，我国已根据条约或互惠原则向外国移管了90余名外籍被判刑人，移管的被判刑人来自俄罗斯、伊朗、韩国、哈萨克斯坦等20多个国家。

（一）被判刑人移管的原则

国家之间进行被判刑人移管合作，应当遵守一事不再理原则和有利于被判刑人原则，同时应当符合被判刑人移管的具体条件。

1. 一事不再理原则

为了实现法律的公平正义价值和保护被判刑人的人权，对同一个行为人的同一行为不得重复定罪判刑，也不得重复执行刑罚。这一原则体现在相关国际法文件中，如联合国《外国囚犯移管的示范条约》第13条规定了一事不再理原则，要求执行国应受判刑国对被移管囚犯定罪的约束，不得根据移管判决所针对的同一犯罪行为再次对其进行审判。

2. 有利于被判刑人的原则

国家之间移管被判刑人的主要目的是为了使被判刑人能够回到其国籍国或惯常居所地国服刑，以实现较好的矫正效果。这一原则在有关被判刑人移管的国际条约中都有体现，如《中华人民共和国和哈萨克斯坦共和国关于移管被判刑人的条约》第11条"刑罚的执行"第2款规定："如果移交方判处的刑罚种类或者期限不符合接收方的法律，接收方可以将该刑罚调整为本国法律对同类犯罪规定的刑罚予以执行。调整刑罚时，接收方应当遵循下列条件：……（四）调整刑罚不得加重移交方所判处的刑罚，也不得超过接收方法律对同类犯罪规定的最高刑期；（五）调整刑罚不受接收方法律对同类犯罪规定的最低刑期的约束……"《中华人民共和国和葡萄牙共和国关于移管被判刑人的条约》第10条中也有类似规定。有利于被判刑人原则意味着，移管被判刑人后，执行国对被判刑人执行的刑罚不得重于判刑国所判刑罚，在刑罚执行过程中，适用减刑、假释等行刑制度时，也应作出有利于被判刑人的选择。

（二）被判刑人移管的条件

国家之间开展被判刑人移管合作，必须满足一定的条件。国家之间签订的关于移管被判刑人的条约以及在未签订条约时的个案合作安排中都有具体要求，如《中华人民共和国和大韩民国关于移管被判刑人的条约》第 4 条"移管的条件"规定："一、只有符合下列条件，方可移管被判刑人：（一）被判刑人是接收方的国民；（二）对被判刑人判处刑罚所针对的行为按照接收方的法律也构成犯罪；（三）对被判刑人判处刑罚的判决已经发生法律效力，且不存在进一步上诉的可能；（四）在接到移管请求时，被判刑人还需服刑至少一年；（五）被判刑人书面同意移管，或者任何一方鉴于该人的年龄、身体或精神状况认为有必要时，经被判刑人的合法代理人书面同意移管；以及（六）双方均同意移管。"这些条件是国家之间开展被判刑人移管合作应当满足的基本条件。《中华人民共和国和哈萨克斯坦共和国关于移管被判刑人的条约》第 4 条"移管的条件"中也有类似规定。

1. 被判刑人是执行国的国民

如果被判刑人在其国籍国、惯常居所地国或祖国服刑，则有助于克服其在人生地不熟的他国服刑所遇到的种种困难，有助于其服刑改造，符合人道主义精神。被判刑人熟悉的国家除了其国籍国外，还可能是其惯常居所地国或其祖国，因此，有些国家在被判刑人虽不具有本国国籍但在本国有惯常居所或本国是被判刑人的祖国的情况下，仍愿意接受被判刑人在本国服刑。这种情况在双边条约中也有体现，如《中华人民共和国和澳大利亚关于移管被判刑人的条约》第 4 条"移管的条件"第 2 项规定："被判刑人为接收方公民；在例外情况下，双方可同意放弃此项条件。"

2. 被判刑人在判刑国所实施的犯罪按照执行国的法律也构成犯罪

一般情况下，国家之间移管被判刑人也应遵守"双重犯罪原则"，如《中华人民共和国和蒙古国关于移管被判刑人的条约》第 4 条"移管的条件"第

1款第2项规定："对被判刑人判处刑罚所针对的行为按照接收方的法律也构成犯罪。"

3.判决已发生法律效力且被判刑人在判刑国无其他未终结的诉讼

生效判决是执行刑罚的必备条件，故而移管被判刑人所涉犯罪的判决必须是生效判决。与此相关的另一个条件是，被判刑人在判刑国内不存在与所涉犯罪的或其他犯罪有关的刑事诉讼或民事诉讼。移管条约对此有相关规定，如《中华人民共和国和澳大利亚关于移管被判刑人的条约》第4条第4项规定："判决为终审判决，且在移交方境内不存在与所涉犯罪或其他犯罪有关的未完结诉讼。"《中华人民共和国和蒙古国关于移管被判刑人的条约》第4条第1款第3项规定："对被判刑人判处刑罚的判决已经发生法律效力，且不存在进一步上诉的可能。"

4.判刑国在接到移管请求时被判刑人尚有一定的余刑需要执行

国家之间在双边条约中都对余刑的刑度条件有约定，但有一定的灵活性。《中华人民共和国和澳大利亚关于移管被判刑人的条约》第4条第（三）项规定："在提出移管请求时，被判刑人尚未服完的刑期不少于一年；在特殊情况下，即使被判刑人尚需服刑的时间少于一年，双方也可同意移管。"《中华人民共和国和吉尔吉斯共和国关于移管被判刑人的条约》第4条第1款第（三）项规定："在接到移管请求时，对被判刑人判处刑罚的判决已经发生法律效力，且被判刑人还需服刑至少一年。"但该条第2款又规定："在例外情况下，即使被判刑人尚需服刑的期限少于本条第一款第（三）项规定的期限，双方亦可以同意移管。"

5.被判刑人同意移管

被判刑人的移管建立在被判刑人或其合法代理人真实意愿基础之上，被判刑人或其合法代理人必须以书面形式作出同意移管的意思表示。对此，国际条约作了规定，如《中华人民共和国和塔吉克斯坦共和国关于移管被判刑人的条约》第4条第1款第（五）项规定："被判刑人书面同意移管，或者任何一方鉴于该人的年龄、身体或精神状况认为有必要时，经被判刑人的合法代理人书面同意移管。"

6.判刑国和执行国均同意移管被判刑人

被判刑人的移管合作是国家之间刑事司法合作的方式之一，需要双方都同意移管被判刑人，方能顺利开展合作。对此，关于移管被判刑人的双边条约都有规定，如《中华人民共和国和蒙古国关于移管被判刑人的条约》第4条第1款第（六）项规定："双方均同意移管。"

一部分关于移管被判刑人的条约除了规定被判刑人移管的条件外，还对"移管的拒绝"以专门条款作了规定，根据《中华人民共和国和吉尔吉斯共和国关于移管被判刑人的条约》第5条"移管的拒绝"的规定，有下列情形之一的，可以拒绝移管：一方认为移管有损其主权、安全、公共秩序或者违反本国法律的基本原则；被判刑人因危害国家安全罪被判处刑罚；被判刑人在移交方境内有尚未完结的诉讼。根据该条第2款之规定，除前款规定的可以拒绝移管的情形外，任何一方均可自主决定是否同意另一方提出的移管请求。有的相关条约虽然未以专门条款的方式规定拒绝移管的情形，但在其他条款中有体现。

（三）被判刑人移管的程序

被判刑人移管的程序一般包括判刑国或执行国提交移管请求的途径、需要提供的文件、移管费用的负担、执行国关于刑罚执行情况的通报等。

1.判刑国或执行国提交移管请求的途径

首先，由被判刑人或其合法代理人向判刑国或执行国的主管机关提出移管申请。其次，判刑国或执行国通过外交途径向对方国家的中央机关提出移管请求。在关于移管被判刑人的条约中对移管请求途径和主管机关都有规定，如《中华人民共和国和大韩民国关于移管被判刑人的条约》第3条"中央机关"规定："一、为适用本条约的目的，双方应当通过各自指定的中央机关进行联系，或者在必要情况下，通过外交途径进行联系。二、本条第一款所述的中央机关，在中华人民共和国方面系指司法部，在大韩民国方面系指法务部长。三、一方如果变更其指定的中央机关，应当通过外交途径书面通知另一方。"据此，我国主管被判刑人移管事务的中央机关是司法部，韩国主管该项事务的中央机关为法务部长。

2. 移管请求书的内容及需要提供的文件

根据《中华人民共和国和澳大利亚关于移管被判刑人的条约》第 8 条第 1 款的规定，移管请求书应当包括以下内容：被判刑人的姓名、出生日期及出生地点；对被判刑人的国籍的说明；被判刑人被关押的场所。根据该条第 2 款的规定，如果双方都同意移管，移交方应当向接收方提供下列信息和文件：经证明无误的判决书副本，对据以定罪量刑的事实所作的说明，以及关于据以定罪的相关法律的说明；如可行，刑罚的终止日期、被判刑人已服完的刑期，包括审判前羁押的时间；如果已有国家向移交方提出引渡被判刑人的请求，这些请求的详细情况，或者任何已表示有兴趣引渡被判刑人的国家或移交方认为可能提出引渡请求的国家的详细情况；对被判刑人作出的矫正报告和医疗报告，包括被判刑人在移交方接受治疗的情况，以及将在接收方对其进一步治疗的建议；被判刑人提出移管书面申请的副本。根据该条第 3 款的规定，接收方应向移交方提供下列信息和文件：关于被判刑人是接收方公民的说明；关于第 4 条第 1 项所列条件已获满足的说明；关于接收方将如何对被判刑人执行所判刑罚的说明或信息。根据该条第 4 款的规定，在提出移管请求或就是否同意移管作出决定之前，判刑国或执行国中的任何一方均应依请求尽可能向对方提供有关文件、说明或信息。

3. 判刑国和执行国通知被判刑人有关事项的义务

判刑国和执行国均有义务将针对移管请求所采取的措施或作出的决定，以书面形式通知被判刑人。根据《中华人民共和国和葡萄牙共和国关于移管被判刑人的条约》第 7 条"通知被判刑人"的规定，双方应当在各自境内通知被判刑人，其可以被移管；双方应当将判刑方或者执行方根据本条约的相关条款就移管请求所采取的措施或者所作出的决定书面通知在其境内的被判刑人。

4.被判刑人同意的核实

判刑国应当根据本国法律确保被判刑人或者其代理人在完全知晓移管的法律后果的情况下自愿表示同意移管，并在同意移管的声明中对此予以确认。如果经执行国请求，判刑国应当提供机会，使执行国通过领事官员核实被判刑人已按规定的条件表示同意。如《中华人民共和国和葡萄牙共和国关于移管被判刑人的条约》第8条对此有规定。

（四）刑罚的执行

判刑国和执行国如果均同意移交，就应当尽快通过双方在关于移管被判刑人的条约中规定的途径协商确定移交的时间、地点和方式。在移交被判刑人之后，执行国即可对该被判刑人执行刑罚，但须符合关于移管被判刑人条约的规定。国家之间关于移管被判刑人的条约都对此作了规定，如根据《中华人民共和国和葡萄牙共和国关于移管被判刑人的条约》第10条"刑罚的执行"第1款的规定，执行方应当根据本国法律，按照判刑方确定的刑罚种类和期限，继续执行判刑方判处的刑罚。根据该条第2款的规定，如果判刑方判处的刑罚种类或者期限不符合执行方的法律，执行方可以将该刑罚转换为本国法律对同类犯罪规定的刑罚予以执行。转换刑罚时，执行方应当遵循下列条件：应当受判刑方判决关于事实的认定的约束；不得将剥夺自由的刑罚转换为财产刑；转换后的刑罚在性质上应当尽可能与判刑方判处的刑罚相一致；转换后的刑罚不得加重判刑方所判处的刑罚，也不得超过执行方法律对同类犯罪规定的最高刑期；不受执行方法律对同类犯罪规定的最低刑的约束；应当扣除被判刑人在判刑方境内被羁押的时间。根据该条第3款之规定，执行方根据该条第2款的规定转换刑罚的，应当及时将转换刑罚的法律文书副本送交判刑方。根据该条第4款之规定，执行方有权根据本国法律对被判刑人给予减刑或者假释。另外，关于移管被判刑人的条约也要求执行国应将刑罚执行情况通报给判刑国。

我国关于被判刑人移管的尝试始于1993年，当时我国将一位罗马尼亚籍服刑人员移交罗马尼亚。1997 年，又将两名乌克兰籍罪犯移交乌克兰，以便在乌克兰继续服刑。近年来，随着我国签订的关于移管被判刑人双边条约数量的增加，我国与外国相互提出的移管请求数量也快速增加，被判刑人移管也随之呈较快发展。姜某某移管案是根据条约移管被判刑人的典型案例，2014 年 8 月 28 日，中韩两国在上海就韩国籍被判刑人姜某某回国继续服刑举行交接仪式，这是我国首例在社区矫正期间移管被判刑人回国服刑的案件。被判刑人姜某某，因走私普通货物罪，于 2012 年 11 月 16 日被北京市第二中级人民法院判处有期徒刑 6 年。因患有运动神经元肌肉萎缩症，在 2013 年 1 月被决定暂予监外执行。期间，由其居住地上海市闵行区社区矫正部门对其依法实行社区矫正。2014 年 6 月，因姜某某病情继续发展，韩国驻华使馆应姜某某家属的申请，根据 2009 年 8 月 5 日生效的《中华人民共和国和大韩民国关于移管被判刑人的条约》，向条约指定的中方中央机关——中华人民共和国司法部提出将其移管回国服刑的请求。经核实有关情况，司法部根据《中华人民共和国和大韩民国关于移管被判刑人的条约》于 2014 年 8 月 6 日作出了《司法部关于将韩国籍被判刑人姜某某移交给韩国主管机关继续执行刑罚的决定》。2014 年 8 月 28 日 9 时，司法部司法协助与外事司、社区矫正管理局及上海市司法局等相关单位与韩国驻华大使馆、韩国法务部等韩方人员举行了移交仪式。姜某某乘坐 2014 年 8 月 28 日下午 13 时 35 分的大韩航空航班离境。[①] 我国和韩国之间移管被判刑人合作的依据是国内法和 2008 年 5 月 27 日签署的《中华人民共和国和大韩民国关于移管被判刑人的条约》。该《条约》共 20 条，对中央机关、移管的条件、所需文件、通知被判刑人、被判刑人同意及其核实、继续执行刑罚、管辖权的保留、过境、费用、条约的生效和终止等作出了规定。此外，我国与俄罗斯、澳大利亚、美国、乌克兰、土耳其、喀麦隆等国都有过合作。

---

① 参见张琰：《司法部：向韩方移管韩国籍走私犯罪嫌疑人回国服刑》，《中国日报》2014 年 8 月 29 日。

　　我国和其他国家之间也根据互惠原则成功移交了被判刑人。土耳其人米凯尔因犯组织他人偷越国（边）境罪于 2016 年被上海市高级人民法院终审判处有期徒刑 6 年，并处罚金人民币 6 万元及驱逐出境。土耳其司法部根据互惠原则向中方提出移管米凯尔回国服刑请求。中国司法部基于中土两国友好关系和双方互惠原则于 2017 年 1 月批准土方请求。2017 年 7 月 21 日，中国司法部、上海市司法局、监狱管理局、青浦监狱代表与土耳其驻沪领馆官员、土耳其刑罚执行机构的代表在上海举行移交仪式，将土耳其籍被判刑人米凯尔移管回土耳其服刑。移交仪式结束后，土方押解人员带米凯尔离境。该案是中土双方开展移管合作的首例成功个案。

　　从案例数量看，从我国向外"移出"的案例远远多于从外国向我国"移入"的案例。2013 年我国开始启动从外国向我国移管被判刑人的工作。崔某案是我国首次移管在境外被判刑的我国公民回国服刑的案例。2016 年 4 月 27 日，中俄双方在中俄边境"绥芬河—波格拉尼奇内"口岸举行移交仪式，将在俄服刑的中国籍被判刑人崔某移管回国服刑。崔某因行贿罪，于 2013 年 10 月被俄滨海边疆区弗拉基沃斯托克市佛隆京斯基区法院判处 5 年有期徒刑，并处罚金 105172340 卢布。崔某提出上诉，二审维持原判。我国司法部根据《中华人民共和国和俄罗斯联邦关于移管被判刑人的条约》向俄方提出移管崔某回国服刑请求，俄于 2016 年同意中方请求。司法部和黑龙江省司法厅、黑龙江省监狱管理局及相关监狱的代表与俄方代表参加了移交仪式。移交仪式结束后，中方监狱管理部门带崔某入境回国，押解至既定监狱服刑。崔某案是我国首例将在外国服刑的中国籍被判刑人向国内移管的成功个案。[①]

　　如前所述，在司法实践中已出现了我国根据与他国签订的关于移管被判刑人的条约接受他国"移入"被判刑人的案例，这意味着，我国在存在双边

[①] 参见周斌：《在国外获刑中国公民首次被移管回国服刑：当事人在俄犯行贿罪》，《法制日报》2016 年 4 月 29 日。

国际条约的前提下，可以承认和执行外国的刑事判决，但我国《刑法》第10条不承认外国的刑事判决，这与我国参与的国际刑事司法合作的立法与实践不一致。

四、刑事判决的相互承认与执行

此处的刑事判决是指生效的刑事判决，即主权国家的审判机关代表国家依照法定程序，对刑事案件经过审理所作出的具有法律效力的判决。对外国刑事判决的承认，是指当请求国将本国作出的业已生效的刑事判决提请被请求国执行时，被请求国依照法定程序审查后，表示认可该刑事判决的效力的司法活动。对外国刑事判决的执行，是指被请求国的主管机关，根据国际条约或者互惠原则以及本国法的有关规定，在本国执行请求国的刑事判决的司法活动。被请求国对外国刑事判决的承认是执行外国刑事判决的前提条件，但并不意味着必定要执行外国的刑事判决。

（一）承认与执行外国刑事判决的条件

1.外国的刑事判决必须是对所涉犯罪具有刑事管辖权的国家作出

作出刑事判决的国家必须对所涉犯罪具有刑事管辖权，否则，该刑事判决不具备承认和执行的必备条件，被请求国无法承认和执行。

2.外国的刑事判决必须是经过合法有效的诉讼程序作出

刑事判决必须是由请求国合法的审判机关按照合法的诉讼程序作出的生效判决。如果作出判决的诉讼程序不合法，则被请求国不会承认和执行该判决。

3.外国刑事判决的承认和执行不得损害被请求国的重大利益和公序良俗

世界各国的法律都有维护本国重大利益和公序良俗的规定，如果外国刑事判决的承认和执行会损害本国的重大利益和公序良俗，则被请求国不会承认和执行此类判决。

（二）承认与执行外国刑事判决的原则

1. 双重犯罪原则

为了尊重被请求国的司法主权和保护被判刑人的人权，外国刑事判决的承认和执行也应当遵守双重犯罪原则，即外国刑事判决确定的犯罪行为，根据被请求国的法律也构成犯罪。

2. 一事不再理原则

为了维护请求国和被请求国彼此的主权和法律的权威并保护被判刑人的利益，在外国刑事判决的承认和执行方面，应遵守一事不再理原则，即被请求国在承认和执行了外国的刑事判决之后，不能再针对行为人的同一行为进行起诉、审判和执行。

3. 有利于被判刑人原则

被请求国根据本国法对被判刑人执行的刑罚不能重于外国刑事判决中所确定的刑罚，无论是刑罚种类的转换还是行刑制度的适用，都应当作出有利于被判刑人的选择，以避免被判刑人承受因被请求国承认和执行外国刑事判决而产生的不利后果。

（三）承认与执行外国刑事判决的程序

对于外国刑事判决的承认，是对外国已作出的生效刑事判决的法律效力的认可，表示承认该判决合法有效。在作出承认之前，被请求国的司法机关须对请求国提交的文书和材料进行形式审查和实质审查，审查的内容主要是：文书和材料是否齐全；是否具备承认外国刑事判决的必要条件；是否存在拒绝承认的情形。刑事判决包括有罪判决和无罪判决，有罪判决中又包括科处刑罚的判决、宣告缓刑的判决和免于刑事处罚的判决。通常情况下，只有科处刑罚的判决才能进入执行程序，故而，承认外国的刑事判决，并不意味着必然要执行该刑事判决，但对外国刑事判决的承认是执行外国刑事判决的必经阶段。

　　一国对于外国刑事判决的执行，是对本国已经承认的外国刑事判决的实施。执行国在执行判刑国的刑事判决时，不得随意更改原判决认定的罪名、判处的刑种和刑期，但是，如果判刑国认定的罪名、判处的刑罚种类或者期限不符合执行国的法律，则执行国可以将该刑罚转换为本国法律对同类犯罪规定的刑罚予以执行。转换刑罚时，执行国的权力会受到一定限制，如不得更改原判决对案件事实的认定；不得将自由刑转换为财产刑；转换后的刑罚在性质上不得和原判刑罚相冲突；转换后的刑罚不得重于原判刑罚，且不得超过执行国对同类犯罪规定的最高刑期；转换后的刑罚不受执行国法律对同类犯罪规定的最低刑的约束；转换刑罚时应当扣除犯罪人在判刑国被羁押的时间。

主要参考文献

一、著作类

1. 黄风：《国际刑事司法合作的规则与实践》，北京大学出版社 2008 年版。

2. 高铭暄、马克昌：《刑法学》（第七版），北京大学出版社 2016 年版。

3. 刘宪权：《金融犯罪刑法学新论》，上海人民出版社 2014 年版。

4. 周洪钧：《国际法与其他论文选辑》，法律出版社 2015 年版。

5. 马长生：《国际恐怖主义及其防治研究：以国际反恐公约为主要视点》，中国政法大学出版社 2011 年版。

6. 赵秉志：《惩治恐怖主义犯罪理论与立法》，中国人民公安大学出版社 2005 年版。

7. 赵秉志：《国际恐怖主义犯罪及其防治对策专论》，中国人民公安大学出版社 2005 年版。

8. 简基松：《恐怖主义犯罪之刑法与国际刑法控制》，国家行政学院出版社 2012 年版。

9. 杜邈：《恐怖主义犯罪专题整理》，中国人民公安大学出版社 2008 年版。

10. 阮传胜：《恐怖主义犯罪研究》，北京大学出版社 2007 年版。

11. 杜邈：《反恐刑法立法研究》，法律出版社 2009 年版。

12. 何秉松：《中国有组织犯罪研究》（第一卷），群众出版社 2009 年版。

13. 黄风：《国际刑事司法协助国内法规则概览》，中国方正出版社 2012 年版。

14. 王燕飞：《恐怖主义犯罪立法比较研究》，中国人民公安大学出版社 2007 年版。

15. 张磊：《国际刑事司法协助热点问题研究》，中国人民公安大学出版社 2012 年版。

16. 赵秉志、陈弘毅：《国际刑法与国际犯罪专题探索》，中国人民公安大学出版社 2003 年版。

17. 赵维田：《论三个反劫机公约》，群众出版社 1985 年版。

18. 黄风：《或引渡或起诉》，中国政法大学出版社 2013 年版。

19. 赵秉志：《比较刑法暨国际刑法专论》，法律出版社 2004 年版。

20. 张智辉：《国际刑法通论》，中国政法大学出版社 2009 年版。

21. 刘仁山、尹生、简基松等：《国际恐怖主义法律问题研究》，中国法制出版社 2011 年版。

22. 黄风：《引渡制度》（增订本），法律出版社 1997 年版。

23. 王新清：《刑事管辖权基本问题研究》，中国人民大学出版社 2014 年版。

24. 赵维田：《国际航空法》，社会科学文献出版社 2000 年版。

25. 黄涧秋：《国际航空法研究》，中国法制出版社 2007 年版。

26. 马呈元：《国际刑法论》（增订版），中国政法大学出版社 2013 年版。

27. 黄瑶等：《联合国全面反恐公约研究——基于国际法的视角》，法律出版社 2010 年版。

28. 林欣、李琼英：《国际刑法新论》，中国人民公安大学出版社 2005 年版。

29. 黄风：《国际刑法学》，中国人民大学出版社 2007 年版。

30. 杨晖：《反恐新论》，世界知识出版社 2005 年版。

31. 师维、孙振雷、孙卫华等：《中国反恐怖主义法研究》，中国人民公安大学出版社 2016 年版。

32. 盛红生：《国际刑法热点问题研究》，法律出版社 2017 年版。

33. 邵沙平：《国际刑法学》（修改版），武汉大学出版社 2005 年版。

34. 冯殿美：《国际刑法国内化研究》，山东大学出版社 2014 年版。

35. 黄风：《中国引渡制度研究》，中国政法大学出版社 1997 年版。

36. 陈卫东：《涉外程序和刑事司法协助》，中国检察出版社 2017 年版。

二、论文类

1. 刘艳红：《象征性立法对刑法功能的损害——二十年来中国刑事立法总评》，《政治与法律》2017 年第 3 期。

2. 黎宏：《〈刑法修正案（九）〉中有关恐怖主义、极端主义犯罪的刑事立法——从如何限缩抽象危险犯的成立范围的立场出发》，《苏州大学学报》（哲学社会科学版）2015 年第 6 期。

3. 魏东、吕晓凤：《论组织、领导、参加恐怖组织罪的解释适用——兼议反恐刑事立法的完善》，《山东警察学院学报》2015 年第 3 期。

4. 赵新彬：《我国恐怖活动犯罪刑事立法完善研究》，《河南财经政法大学学报》2015 年第 5 期。

5. 高铭暄、陈冉：《全球化视野下我国惩治恐怖活动犯罪立法研究》，《法治研究》2013 年第 6 期。

6. 刑志人：《中国反恐怖主义专门立法问题研究》，《北京师范大学学报》（社会科学版）2015 年第 6 期。

7. 梁根林：《刑法修正：维度、策略、评价与反思》，《法学研究》2017 年第 1 期。

8. 高铭暄、张杰：《关于我国刑法中"恐怖活动犯罪"定义的思考》，《法学杂志》2006 年第 5 期。

9. 孙章季：《中国打击恐怖活动犯罪的刑事立法完善》，《战略决策研究》2014 年第 3 期。

10. 阴建峰、侯日欣：《我国新时期反恐刑法立法宏观问题论要》，《北京师范大学学报》（社会科学版）2015 年第 6 期。

11. 皮勇、张启飞：《论恐怖活动犯罪的主观要件》，《华东政法大学学报》2014 年第 6 期。

12. 赵秉志、商浩文：《论我国恐怖活动犯罪刑法制裁体系及其完善》，《新疆警察学院学报》2015 年第 1 期。

13. 皮勇：《全球化信息化背景下我国网络恐怖活动及其犯罪立法研究——兼评我国〈刑法修正案（九）（草案）〉和〈反恐怖主义法（草案）〉相关反恐条款》，《政法论丛》2015 年第 1 期。

14. 梅传强、李洁：《我国反恐刑法立法的"预防性"面向检视》，《法学》2018 年第 1 期。

15. 黎宜春：《论帮助恐怖活动罪的法律适用——以反恐怖主义融资为视角》，《学术论坛》2016 年第 5 期。

16. 胡江：《〈刑法修正案（九）〉恐怖主义犯罪规定的解读与思考》，《理论月刊》2016 年第 7 期。

17. 卢有学、吴永辉：《极端主义犯罪辨析——基础理论与立法剖析》，《西南政法大学学报》2015 年第 2 期。

18. 侯艳芳：《论我国网络恐怖活动犯罪的刑法规制》，《山东社会科学》2016 年第 3 期。

19. 王新：《零适用的审判现状：审视资助恐怖活动罪的适用》，《政治与法律》2012 年第 7 期。

20. 李云飞：《我国广义洗钱罪概念下的体系混乱及成因分析》，《政治与法律》2014 年第 8 期。

21. 马长生、辜志珍：《论刑法修正案（六）对洗钱罪的扩容》，《河北法学》2007 年第 9 期。

22. 侯国云、安利萍：《洗钱罪相关问题探讨》，《河南师范大学学报》（哲学社会科学版）2007 年第 1 期。

23. 许克军、秦策：《洗钱罪的故意与明知》，《时代法学》2015 年第 4 期。

24. 应悦：《洗钱罪的上游犯罪问题研究》，《上海大学学报》（社会科学版）2003 年第 6 期。

25. 周锦依、何进平：《全球犯罪协同治理下我国洗钱罪立法的基本立场》，《江西社会科学》2016 年第 2 期。

26. 刘伟丽：《互联网金融环境下我国洗钱犯罪的惩治与预防》，《法学杂志》2017 年第 8 期。

27. 吴占英：《论拒绝提供间谍犯罪证据罪的争点问题》，《法学论坛》2007 年第 3 期。

28. 王铮：《国际警务合作中的刑事诉讼移转管辖》（上），《公安大学学报》1997 年第 4 期。

29. 李春：《恐怖融资犯罪防控路径研究——以刑法第 120 条和 191 条为视角》（上），《犯罪研究》2015 年第 5 期。

30. 黎宜春：《中国与东盟国家反恐怖主义融资刑事立法之比较——基于〈制止向恐怖主义提供资助的国际公约〉的分析》，《社会科学家》2017 年第 3 期。

31. 刘仁义：《恐怖主义与刑法规范》，《中国法律评论》2015 年第 2 期。

32. 刘志伟：《〈刑法修正案（九）〉的犯罪化立法问题》，《华东政法大学学报》2016 年第 2 期。

33. 李琳、刘艳红：《〈刑法修正案（九）〉反恐立法研究——以"风险刑法"为论证视角》，《人民检察》2016 年第 3 期。

34. 刘宪权：《刑事立法应力戒情绪——以〈刑法修正案（九）〉为视角》，《法学评论》（双月刊）2016 年第 1 期。

35. 何荣功：《"预防性"反恐刑事立法思考》，《中国法学》2016 年第 3 期。

36. 刘仁文：《中国反恐刑事立法的描述与评析》，《法学家》2013 年第 4 期。

37. 王利宾：《反恐怖犯罪刑事法完善研究——兼论反恐怖系统化立法》，《政治与法律》2014 年第 10 期。

38. 杜邈：《恐怖活动犯罪的司法认定》，《国家检察官学院学报》2014 年第 4 期。

39. 田宏杰：《恐怖主义犯罪的界定》，《法律科学》2003 年第 6 期。

40. 姜涛：《恐怖主义犯罪：理论界定与应对策略》，《中国人民公安大学学报》（社会科学版）2013 年第 1 期。

41. 喻义东：《恐怖主义犯罪目的之辨析》，《湖南社会科学》2006 年第 3 期。

42. 皮勇、杨森鑫：《论煽动恐怖活动的犯罪化——兼评〈刑法修正案（九）（草案）〉相关条款》，《法律科学》2015 年第 3 期。

43. 张品泽：《恐怖活动等犯罪"特别规定"评析》，《国家检察官学院学报》2013 年第 4 期。

44. 童伟华：《论恐怖主义犯罪的界定》，《甘肃政法学院学报》2002 年第 4 期。

45. 马涛：《论恐怖主义犯罪罪名体系的演化及其本质——以〈刑法修正案（九）〉相关涉恐条款为中心》，《江南社会学院学报》2016 年第 3 期。

46. 王秀梅：《论恐怖主义犯罪的惩治及我国立法的发展完善》，《中国法学》2002 年第 3 期。

47. 胡江：《〈刑法修正案（九）〉恐怖主义犯罪规定的解读与思考》，《理论月刊》2016 年第 7 期。

48. 喻义东：《论恐怖主义犯罪在刑法分则中的地位》，《法学》2005 年第 2 期。

49. 刘卉：《我国恐怖活动犯罪刑事特别程序的构建》，《中国人民公安大学学报》（社会科学版）2016 年第 5 期。

50. 周洪波：《〈刑法修正案（九）〉新增恐怖犯罪的理解与适用》，《中国检察官》2015 年第 10 期。

51. 赵秉志、杜邈：《中国反恐刑法的新进展及其思考——〈刑法修正案（九）〉相关内容评述》，《山东社会科学》2016 年第 3 期。

52. 田刚：《我国恐怖主义犯罪的实证分析和未来刑法之应对》，《法商研究》2015 年第 5 期。

53. 张明楷：《论〈刑法修正案（九）〉关于恐怖犯罪的规定》，《现代法学》2016 年第 1 期。

54 梅传强：《我国反恐刑法立法的检讨与完善——兼评〈刑法修正案（九）〉相关涉恐条款》，《现代法学》2016 年第 1 期。

55. 王志祥、刘婷：《恐怖活动犯罪刑事立法评析——以〈刑法修正案（九）〉为重点的思考》，《法治研究》2016 年第 3 期。

56. 付晓雅：《惩治、防范恐怖主义犯罪的反思与应对》，《法学杂志》2010 年第

2 期。

57.杨少聪:《恐怖活动犯罪的刑法规定》,《公民与法》2016 年第 9 期。

58.杜邈:《中国恐怖活动组织和人员认定"双轨制"研究》,《中国人民公安大学学报》(社会科学版)2016 年第 1 期。

59.贾宇、李恒:《恐怖活动组织和人员认定标准研究——从恐怖主义再界定谈起》,《西北大学学报》(哲学社会科学版)2017 年第 3 期。

60.陈忠林:《我国刑法中"恐怖活动犯罪"的认定》,《现代法学》2002 年第 5 期。

61.陈忠林、张有胜:《恐怖主义犯罪论略》,《政法论丛》2002 年第 6 期。

62.于志刚:《恐怖活动犯罪中资助行为之内涵——从国际社会立法差异性角度进行的分析》,《云南大学学报》(法学版)2006 年第 2 期。

63.赵军:《论洗钱罪上游犯罪的相关问题——与〈联合国打击跨国有组织犯罪公约〉相协调》,《法学评论》(双月刊)2004 年第 4 期。

64.胡江:《论准备实施恐怖活动罪——以〈刑法修正案(九)〉为视角》,《北京警察学院学报》2016 年第 5 期。

65.苏永生:《在刑法规范与社会事实之间——宣扬恐怖主义、极端主义物品之司法判定问题研究》,《河南大学学报》(社会科学版)2018 年第 1 期。

66.王新:《〈刑法修正案(九)〉第 120 条前置化规制的法理分析》,《北方法学》2016 年第 3 期。

67.胡江:《论非法持有宣扬恐怖主义、极端主义物品罪——对刑法第 120 条之六的解读》,《西南政法大学学报》2018 年第 1 期。

68.杜邈:《强制穿戴宣扬恐怖主义、极端主义服饰、标志罪的司法认定》,《西部法学评论》2016 年第 6 期。

69.商浩文:《论宣扬恐怖主义、煽动恐怖活动行为的刑法规制》,《华北水利水电大学学报》(社会科学版)2015 年第 4 期。

70.孟庆华:《煽动暴力抗拒法律实施罪的几个构成要件问题研究》,《江西科技师范学院学报》2008 年第 2 期。

71.梅传强、张永强:《我国恐怖活动犯罪的现状、特征及防控对策》,《北京师范大学学报》(社会科学版)2015 年第 6 期。

72.赵军:《法治语境下极端主义犯罪治理定量研究》,《中国法学》2016 年第 6 期。

73.袁建伟:《编造、故意传播虚假恐怖信息罪研究》,《广西大学学报》(哲学社会科学版)2009 年第 2 期。

74.贾学胜:《编造、故意传播虚假恐怖信息罪之实证解读》,《暨南学报》(哲学社会科学版）2010 年第 6 期。

75. 杜邈：《中国反恐立法的回顾与展望》，《西部法学评论》2012 年第 6 期。

76. 赵秉志、张拓：《晚近 20 年中国反恐刑法修法问题研究》，《华南师范大学学报》（社会科学版）2018 年第 1 期。

77. 闵剑：《评〈防止和惩治恐怖主义公约〉》，《江苏警官学院学报》2005 年第 6 期。

78. 代承：《〈国际航空安保公约〉新发展下的劫持航空器罪》，《国家检察官学院学报》2015 年第 6 期。

79. 孙运梁：《惩治危害航空安全犯罪国际公约与我国刑法相关规定比较研究》，《中国民航飞行学院学报》2011 年第 2 期。

80. 彭凤莲：《从〈联合国打击跨国有组织犯罪公约〉看我国单位犯罪的立法趋势》，《法学杂志》2008 年第 5 期。

81. 莫洪宪、胡隽：《论〈联合国打击跨国有组织犯罪公约〉与我国刑事司法理念之转变》，《犯罪研究》2004 年第 5 期。

82. 范红旗：《法人国际犯罪主体问题探讨》，《中国刑事法杂志》2006 年第 6 期。

83. 陈雷：《评析〈联合国打击跨国有组织犯罪公约〉》，《福建政法管理干部学院学报》2004 年第 2 期。

84. 莫洪宪：《全球化视角下控制跨国有组织犯罪的对策》，《法学论坛》2004 年第 5 期。

85. 黄德明、魏怡然：《惩治恐怖主义犯罪的利剑：反对劫持人质国际公约》，《人民法院报》2006 年 2 月 27 日。

86. 王剑波：《惩治危害国际航空安全犯罪问题研究》，《河南师范大学学报》（哲学社会科学版）2008 年第 1 期。

87. 钊作俊：《论劫持航空器罪的几个问题》，《法学评论》2003 年第 2 期。

88. 张旭、刘芳：《危害国际航空犯罪研究》，《中国民航学院学报》2000 年第 2 期。

89. 赵永琛：《国际刑法发展新的里程碑——〈联合国打击跨国有组织犯罪公约〉述评》，《中国刑事法杂志》2001 年第 6 期。

90. 高智华：《打击危害国际民航安全非法行为的国际公约与我国刑法相关规定的完善》，《河北法学》2009 年第 1 期。

91. 赵秉志、牛忠志：《我国反恐刑法分则的完善之建言——以恐怖活动犯罪的罪刑规范为视角》，《南都学坛》2018 年第 2 期。

92. 林泉：《机长在防范和打击航空器内犯罪中的法律地位》，《河南社会科学》2009 年第 5 期。

93. 李寿平：《论 21 世纪航空安保国际法律规制面临的挑战和新发展——从马航 MH370 事件说起》，《法学评论》（双月刊）2014 年第 4 期。

94. 刘晓山：《论〈国际航空安保公约〉非法运输类犯罪及其与我国刑法之衔接》，《武汉大学学报》（哲学社会科学版）2015 年第 3 期。

95. 王虎华：《危害国际航空安全犯罪的理论与中国的实践》，《犯罪研究》2002 年第 5 期。

96. 谢望原、刘艳红：《论劫持航空器罪及其惩治》，《法制与社会发展》2003 年第 1 期。

97. 李斌、萨楚拉：《论国际航空安保法制的新发展——评 2010 年〈北京公约〉及〈北京议定书〉》，《北京航空航天大学学报》（社会科学版）2012 年第 1 期。

98. 刁伟民：《论国际航空安保公约在中国的适用》，《北京航空航天大学学报》（社会科学版）2012 年第 2 期。

99. 简基松：《完善上海合作组织反恐法律机制之建言》，《法律科学》2008 年第 4 期。

100. 张惠芳：《〈上海公约〉防治国际恐怖主义的法律机制及评析》，《政治与法律》2008 年第 4 期。

101 黄风：《"或引渡或起诉"法律问题研究》，《中国法学》2013 年第 3 期。

102. 蔡文强：《国际引渡制度与中国的立法实践》，《景德镇高专学报》2005 年第 1 期。

103. 庞仕平、韩霖：《论国家安全视野中的"政治犯罪"》，《国际关系学院学报》2006 年第 1 期。

104. 黄风：《我国主动引渡制度研究：经验、问题和对策》，《法商研究》2006 年第 4 期。

105. 郑远民、黄小喜：《论国际反恐怖的国际法律合作机制》，《时代法学》2011 年第 6 期。

106. 黄风、龙在飞：《我国反恐怖国际合作的立法与实践》，《人民检察》2015 年第 21 期。

107. 权大国：《欧洲逮捕令对我国区际逃犯移交制度的借鉴》，《学术论坛》2016 年第 9 期。

108. 马贺：《欧洲统一逮捕令的产生及其对引渡制度的变革》，《犯罪研究》2008 年第 1 期。

109. 林欣：《国际刑法中双重犯罪原则的新发展》，《法学研究》1995 年第 2 期。

110. 黄风：《开平案与国际刑事司法合作》，《中国法律》2009 年第 3 期。

111. 郇习项：《国家间刑事诉讼移管基础探讨》，《江苏警官学院学报》2011 年第 3 期。

112. 高建新：《国际司法协助及其在我国的发展》，《政治与法律》1991 年第 3 期。

113. 司法部司法协助与外事司：《三十年以来的司法协助工作》，《中国司法》2014 年第 6 期。

114. 于文沛：《欧盟刑事诉讼移管问题研究》，《求是学刊》2015 年第 5 期。

115. 周凌、赵金金：《论我国适用被判刑人移管制度之现实困境及路径选择》，《时代法学》2016 年第 3 期。

116. 刘志伟、左坚卫：《外国被判刑人移管的原则、条件及程序研讨》，《北京科技大学学报》（社会科学版）2003 年第 1 期。

117. 于志刚、李怀胜：《关于刑事管辖权冲突及其解决模式的思考——全球化时代中国刑事管辖权的应然立场》，《法学论坛》2017 年第 6 期。

118. 商浩文：《论惩治恐怖活动犯罪的国际刑事司法合作》，《贵州警官职业学院学报》2014 年第 6 期。

119. 袁晓河：《洗钱罪构成要件研究》，西南政法大学 2008 年硕士学位论文。

120. 徐晨：《防治恐怖主义的国际合作机制研究》，复旦大学 2014 年博士学位论文。

121. Sarah Mazzochi. "The Age of Impunity: Using the Duty to Extradite or Prosecute and Universal Jurisdiction to End Impunity for Acts of Terrorism Once and for All", Vol.32 Northern Illinois University Law Review（2011）.

122. Geert-Jan A. Knoops." International Terrorism: the Changing Face of International Extradition and European Criminal Law", 10 Maastricht J. Eur.& Comp. L.149（2003）.

123. "The Obligation to Extradite or Prosecute（aut dedere aut judicare）", Final Report of the International Law Commission（2014）. http://legal.un.org/ilc/texts/instruments/english/reports/7_6_2014.pdf.

后　记

恐怖主义事关国家安全！防治恐怖主义立法是维护国家安全的重要保障，在国家法律体系占有重要地位。近年来，我国明显加快了反恐怖主义立法尤其是相关刑事立法的进程，陆续颁布了反恐怖主义的法律、行政法规、地方性法规、部门规章，因而，较为完善的反恐怖主义法律体系基本形成。但从实践看，现行立法仍存在待完善之处。本书尝试在尽可能全面地阐述和分析我国恐怖活动犯罪刑事立法的沿革史、主要内容、相关案例和相关学术研究动态以及防治恐怖主义国际立法的主要内容和相关学术研究动态的基础上，针对部分问题表达个人观点，力求为相关领域的学术研究尽绵薄之力。

由于笔者平时教学任务繁重、时间精力有限、第一手资料缺乏、外文资料不足等因素的限制，很难保证本书不会出现任何纰漏。书中若有不妥之处，恳请学界同仁批评指正。

责任编辑：邓创业

封面设计：胡欣欣

图书在版编目（CIP）数据

恐怖活动犯罪刑事立法研究／张贵玲，念富强 著 . — 北京：人民出版社，
　2019.10

ISBN 978 - 7 - 01 - 021493 - 1

I. ①恐… 　Ⅱ. ①张… ②念… 　Ⅲ. ①恐怖活动－刑事犯罪－立法－研究－中国
　Ⅳ. ① D924.114

中国版本图书馆 CIP 数据核字（2019）第 235111 号

恐怖活动犯罪刑事立法研究
KONGBU HUODONG FANZUI XINGSHI LIFA YANJIU

张贵玲　念富强　著

人民出版社 出版发行
（100706　北京市东城区隆福寺街 99 号）

北京建宏印刷有限公司印刷　新华书店经销

2019 年 10 月第 1 版　2019 年 10 月北京第 1 次印刷
开本：710 毫米 ×1000 毫米 1/16　印张：16.25
字数：230 千字

ISBN 978 - 7 - 01 - 021493 - 1　定价：48.00 元

邮购地址 100706　北京市东城区隆福寺街 99 号
人民东方图书销售中心　电话（010）65250042　65289539